LA

SCULPTURE

DANS LES

CIMETIÈRES DE PARIS

MACON, PROTAT FRÈRES, IMPRIMEURS

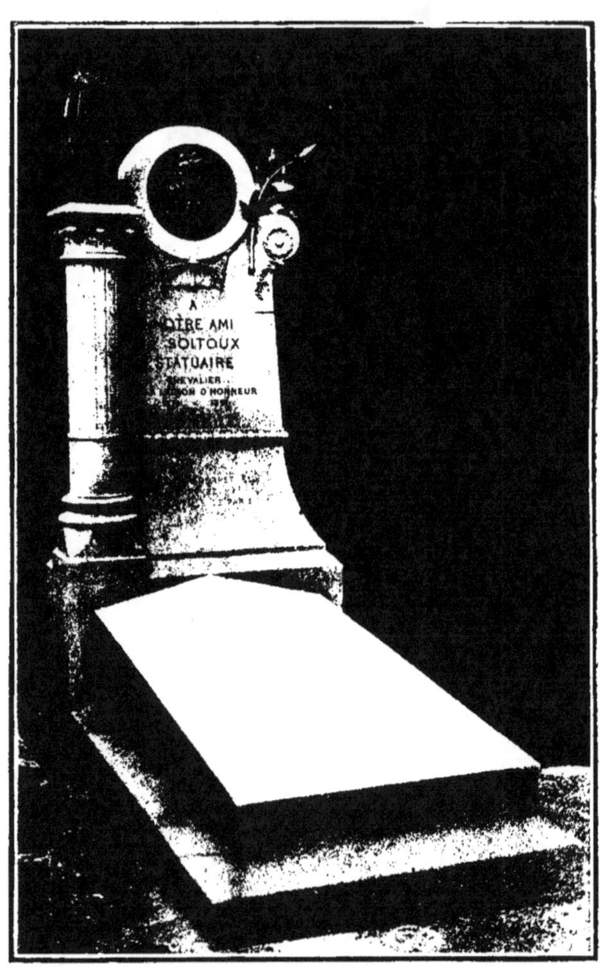

MONUMENT DE SOITOUX

PAR

Max. Bourgeois et L. Villeminot

Cimetière Montparnasse

LA SCULPTURE

DANS LES

CIMETIÈRES DE PARIS

(Le Père-Lachaise — Montmartre — Montparnasse)

OUVRAGE PRÉCÉDÉ DU

MUSÉE DE LA MORT

ET SUIVI DU

JOUR DE L'AN DES TRÉPASSÉS

PAR

HENRY JOUIN

AVEC UNE PLANCHE HORS TEXTE

TIRÉ A PETIT NOMBRE

n'est pas en vente

MACON

PROTAT FRERES, IMPRIMEURS

1898

LE MUSÉE DE LA MORT

Je viens de parcourir les grandes nécropoles de Paris.

Un cimetière où ne dort aucun des miens est pour moi sans tristesse.

C'est le rendez-vous de la vie.

Je le compare à une réception solennelle où il m'est donné de coudoyer des capitaines et des artistes, des poètes, des tragédiens, des danseuses, des hommes d'État.

La grande mêlée humaine est là, sous mes yeux, immobile, compacte, féconde en enseignements de toute sorte.

Dans ce Musée de la Mort, les portraits sont d'inégale importance. Il y a des figures équestres, des statues en pied, des bustes, des médaillons, de légers pastels, d'imperceptibles miniatures.

Chaque effigie est à la taille du modèle.

Car je ne juge point une représentation fidèle ces monuments fastueux qui recouvrent une cendre vulgaire.

L'image authentique et sincère de l'homme disparu est dans le souvenir qu'il éveille. Prononcez un nom dans les allées ombreuses du Père-Lachaise, aussitôt se dresse devant la pensée le souvenir d'un succès, d'un acte héroïque, d'un chef-d'œuvre, d'une larme peut-être. Ce triomphe, cet exploit, ce poème, cette larme résument toute une vie. Lorsqu'un nom prononcé ne dit rien à l'âme, c'est le nom d'un absent.

La tombe est vide.

Mais dans ce Paris d'hier, dans ce Louvre où toute gloire vient dormir, combien peu sont absents ! aussi le flot montant du souvenir fait battre les tempes !

Ces grands invisibles ont une langue inexprimable pour

vous émouvoir. Puis, les contestations, les haines, les ran-
cunes, le bruit de la presse, le tumulte de la rue, les cris du
Forum qui enlevaient au vivant une part de l'attention
publique, tout cela n'existe plus.

Les clameurs troublantes de la vie expirent sur le seuil de
la tombe. La vague incessante de la lutte s'est subitement
détournée de l'homme entré dans l'éternel ; de l'acropole où
il domine la cité, on n'entend rien d'amer. Son génie plane
sans conteste dans la lumière inaltérée de la mort. Et l'effigie
morale est gravée à jamais sur le diamant. Il n'y a plus à
craindre pour ce publiciste, ce politicien, ce philosophe, les
variations d'autrefois.

Il est et il demeure.

Tel vous l'appréciez aujourd'hui, tel il sera jugé dans trois
siècles. Voilà pourquoi la leçon qui monte de la tombe est
profitable.

Elle repose des vivants.

Au Père-Lachaise.

Entrons.

Rachel est près du seuil. Son monument m'a rappelé sa loge
dans la maison de Molière dont elle avait fait — la grande
artiste — la maison de Corneille ! Des mains intelligentes ont
sculpté un diadème au fronton de l'édicule.

Épitaphe de souveraine.

N'était-ce pas celle qui convenait le mieux à Phèdre ?

Paul de Saint-Victor — un disparu dont la cendre ne nous
est pas restée[1] — a écrit à propos de Rachel : « L'épitaphe de
l'art de la scène est NIHIL. Rien, rien qu'un souvenir vague,
la fumée d'un lustre, les lambeaux d'une affiche, les débris
d'un masque, l'écho d'un applaudissement. »

Saint-Victor est trop sévère. Andromaque, Aménaïde, Pauline, Marie Stuart, Chimène, Roxane, Athalie, Lucrèce,
toutes ces reines, toutes ces amantes, ces héroïnes, ces femmes
de haute race que nous admirons et qui sont les filles du

---

1. Inhumée d'abord à Versailles, la dépouille de Saint-Victor a été rapportée au
Père-Lachaise en décembre 1881.

génie, c'est Rachel qui les a fait vivre pour nous. Il y a de
l'incantation dans son nom. Elle eut le don de résurrection.
Aussi personne de nous n'a-t-il oublié cette journée doulou-
reuse et triomphale du 9 janvier 1858, où Rachel ensevelie
fut portée de la place Royale au Père-Lachaise, ayant pour
escorte tout ce que Paris comptait de supérieur dans les lettres
et dans l'art !

Elle était morte près de Cannes, chez Sardou, et avait
demandé qu'on la ramenât à Paris, place Royale, dans un
vaste appartement loué tout exprès, disait-elle, pour que ses
amis y fussent à l'aise le jour de ses funérailles. Rachel était
d'ailleurs superstitieuse, et un souvenir durable s'attachait
pour elle à la place Royale.

Lorsqu'elle revint d'Égypte au printemps de 1857, raconte
un contemporain, deux poètes de ses amis la vinrent saluer,
et, comme elle était triste et souffrante, plus qu'à l'ordinaire,
ils voulurent la plaisanter de ces tristesses.

« Riez, disait-elle, et moquez-vous du nombre treize !... et.
pourtant rappelez-vous ce dîner de la place Royale chez
M. Victor Hugo, après la reprise d'*Angelo*? Nous étions treize,
en effet, et voyez ce qui est arrivé : Mme de Girardin est morte
au plus beau moment de sa gloire; Mme Arsène Houssaye est
morte en pleine jeunesse et en pleine beauté ; Pradier est mort
frappé d'un coup de sang; Alfred de Musset est mort ; Perrée,
un brave homme et si jeune encore, il est mort; le comte
d'Orsay est mort; ma pauvre Rébecca est morte ; Gérard de
Nerval s'est tué de ses mains dans la rue de la Lanterne, à la
porte d'un égout; et moi, me voilà! En voilà neuf; les quatre
autres, Hugo, Mme Hugo, et ses deux fils... pis que morts, ils
sont dans l'exil. Maintenant riez du nombre treize, et moquez-
vous! »

Célimène est près d'Andromaque. *Mlle Mars* n'a fait graver
qu'un nom sur la demeure où elle est allée rejoindre sa fille
Georgina. Ce nom suffit pour éveiller le souvenir du marbre
élégant et superbe de M. Jules Thomas. J'ai cru que la noble
artiste avait quitté la rue Richelieu, et que peut-être elle se
promenait silencieuse sous les ifs du Père-Lachaise.

Un instant j'ai voulu l'attendre.

Et je me rappelais sa petite maison de Sceaux discrètement voilée par une futaie. Je me rappelais la vie somptueuse de la comédienne dans son hôtel de la rue La Rochefoucauld, où habite M. le prince de Wagram. Les lettres, l'art, la finance, la politique, ont connu ses salons dont les intimes se sont appelés Arnault, Bequet, comte de Mornay, Romieu, Véron.

Duchesnois! Une actrice et une femme de cœur. Elle aussi habita rue La Rochefoucauld, près de Mlle Mars, et ce qu'il faut redire, c'est qu'à l'époque des Cent-Jours, cette émule de Célimène a caché dans sa maison les victimes politiques de ces temps troublés. La mère du comte de Lavalette lui dut de ne pas être arrêtée, et Labédoyère dépista longtemps la police, blotti dans le grenier de Duchesnois.

Chilly m'appelle. C'est un des nôtres. Il est mort dans une fête. Le cycle de sa vie vous est connu. Il débute le 6 novembre 1833, dans le Juif de *Marie Tudor*. Il meurt frappé d'apoplexie, directeur de l'Odéon, le 11 juin 1872, assis en face de Victor Hugo, au banquet offert aux artistes qui venaient de reprendre *Ruy-Blas*. Aussi Hugo, qui aime les mots sybillins, a-t-il coutume de dire, quand on parle de Chilly : « Grande âme, dont j'ai été l'alpha et l'oméga! »

— Si vous êtes atrabilaire, morose, hypocondriaque, je ne connais qu'un remède : allez voir jouer *Debureau!*
Ainsi murmure un petit homme au pas saccadé, nerveux, prêt à la gambade. On dirait un reste de poudre sur ses tempes. Quel est ce malin revenant? Eh! c'est Debureau lui-même qui sort de chez son médecin, brisé, vaincu par la douleur, haletant sous l'étreinte d'un mal secret. Et le médecin qui n'a pas reconnu le mime railleur, caustique, malicieux, dans l'homme atterré qui le consulte, le renvoie vers Debureau pour se désopiler! O métamorphose d'un masque enfariné! Si Molière eût connu le médecin de Debureau, comme il l'eût arrangé!

Mais *Molière* est là. Voici son marbre.

Le pain qu'il nous servait de pleurs était pétri.

Ce vers, applaudi sur les lèvres de Coquelin à la Comédie-

Française, est d'un jeune poète de ce temps, Lucien Paté. L'hôte le plus ancien de ce salon glorieux du Père-Lachaise, c'est Molière. Il y vint en 1804. Cela se devine au délabrement de la tombe du poète. Allons, Messieurs de la Comédie, reprenez, dans le *Moliériste* et dans toute la presse, ce courageux projet du marquis de Chennevières au temps de sa fortune administrative. Un monument à Molière, je dirais volontiers, un temple à ce dieu de la scène. Régnier, vous vous en souvenez, fut le promoteur de la Fontaine-Molière. Régnier applaudirait encore, et qui sait si le noble artiste n'accorderait pas le concours de son talent à cet acte de justice, lui, le descendant de cette famille dramatique dont Molière est l'aïeul.

Étrange destinée de certains hommes. *Beulé*, celui que Sainte-Beuve appelait « l'heureux Beulé » parce que, disait-il, on le rencontrait toujours à la première place, est encore à une place de choix dans la grande nécropole. Sa cendre repose à quelques pas de l'entrée sur le bord de l'avenue principale.

Quand je fis cette rencontre, le soleil d'automne brillait d'un vif éclat. Il était dix heures du matin. Les feuilles jaunies répandaient une teinte chaude sur le paysage, et, le long du coteau, j'aperçus tout à coup la tête aristocratique d'*Alfred de Musset*. Elle était alternativement baignée d'ombre et de lumière par le saule tremblotant qui s'incline sur son front pâli. Il y eut pour moi, dans cette apparition soudaine du poète de nos jeunes années, je ne sais quoi de fantastique et de charmant. Je crus voir remuer ses lèvres. La nature, complice de mon rêve, rendait l'illusion de la vie à ce blanc fantôme, sculpté dans un bloc de Paros par le ciseau d'Auguste Barre.

— « Sainte-Beuve, le grand écrivain ! » Quelle est cette voix enrouée ? C'est le cicerone attitré du lieu, coiffé d'une casquette galonnée, une plaque au bras droit, une baguette dans la main, qui conduit trois Anglais et plusieurs *misses* à voiles verts.

— Sainte-Beuve, Sainte-Beuve ! me dis-je à part moi, Sainte-Beuve ! Mais il n'est pas au Père-Lachaise ? Sa tombe est à Montparnasse. Cependant le guide et ses Anglais approchaient d'une chapelle avec vénération. Et le plus lettré de la troupe de s'écrier :

— « Oh ! yes ! Causeries du lundi ? »

— « Sainte-Beuve, le grand écrivain, » reprit avec emphase le cicerone qui n'en sait pas plus long. Ne nous en plaignons pas, car rien n'est vrai dans ce qu'il dit. Les Sainte-Beuve qui dorment au Père-Lachaise, dans la chapelle « Sainte-Beuve et Picot », sont d'honnêtes citoyens qui n'ont probablement pas lu l'Histoire de Port-Royal.

Garat n'est pas loin. C'était un homme d'esprit. Un jour, au temps du Directoire, il avait fait une promenade hors Paris. Lorsqu'il voulut rentrer, les barrières étaient fermées. On lui demanda ses papiers, et comme il n'en avait pas, on le conduisit au corps de garde.

— « Citoyens, dit-il aux hommes qui l'avaient arrêté, laissez-moi aller, je suis Garat le chanteur. »

— « Vous êtes Garat le chanteur, c'est bien aisé à dire, mais comment nous le prouver ? »

— « Parbleu, leur dit-il, rien de plus facile… en chantant. »

Et il se mit alors à chanter la *Gasconne*, avec un art si parfait, un sentiment de la mesure si délicat, que ses auditeurs enthousiasmés, se prirent à répéter le mot de Sacchini, que sans doute ils ne connaissaient pas : « Il n'y a que Garat qui ait le don de chanter de la sorte. Garat est la musique même ! Qu'il aille en liberté. »

Et l'oiseau captif de quitter sa cage !

Debout, drapé à l'antique comme le représentant d'un autre âge, *le général Foy* est à la tribune et il parle. Le marbre national dans lequel l'a sculpté le ciseau viril de David, avec l'or de la France, est un type. Le geste qui nous frappe dans la statue de l'orateur — m'affirme un témoin — est bien de l'homme. L'artiste l'avait étudié aux plus redoutables moments. Ainsi apparut le général, le jour de l'expulsion de Manuel, lorsque, debout à son banc, il en appelait à la justice.

Rossini a dit je ne sais où que sa vie fut composée d'arrivées et de départs. Son dernier départ a été suivi de l'arrivée suprême au Père-Lachaise. Son monument a la forme d'une tente. Génie capricieux et boudeur, il est rentré dans son silence, d'où la gloire elle-même ne le faisait pas sortir aisément. Son tombeau me rappelle la tente d'Achille. Aucun signe caractéristique qui distingue la place du maestro de *Moïse* et de *Guillaume Tell*.

Je préfère le poétique tombeau de *Chopin*, dominé par la *Muse* de Clésinger. Là, du moins, je retrouve un souvenir. Le jugement de Moschelès me revient : « L'extérieur de Chopin est tout à fait en rapport avec sa musique, tous deux ont quelque chose de tendre et d'enthousiaste. » L'éloge de Moschelès n'est pas contredit par celui de Liszt. Celui-ci a raconté, dans un style brillant comme son doigté, cette soirée fameuse où Chopin se fit entendre, dans son appartement de la Chaussée-d'Antin, ayant pour auditeurs Meyerbeer, Heine, Nourrit, Hiller, Delacroix, Miçkiewicz, George Sand. Et Liszt compare cet entourage à un vin trop capiteux pour l'âme impressionnable de Chopin. Son génie, trempé de douceur et de recueillement mélancolique, s'est exhalé comme une élégie mélodieuse. Il convenait que de hautes herbes et des lianes emmêlées fissent à sa Muse de marbre un rempart et un abri.

Que restera-t-il de *Talma*? — Un nom. L'homme d'esprit qui a cru rabaisser Talma par ce mot resté célèbre, s'est trompé. Ne se survit pas qui veut dans un nom. C'est à l'extrémité de la galerie, je voulais dire du bosquet planté sur le versant droit de la colline, que vous trouvez Talma. Le grand artiste me ramène à la Chaussée-d'Antin, dans la maison qu'il devait à sa femme, Mlle Julie, et où était mort Mirabeau. Vous rappelez-vous l'engouement des Parisiens en cette année terrible de 1793, quand Dumouriez revint à Paris? Les comédiens français projetèrent de lui offrir un bal, et, faute de trouver un lieu convenable, Dugazon décida Talma à permettre que le bal eût lieu dans sa maison. Talma dépensa trente mille francs pour cette fête. Il avait fait couvrir son jardin, transformé en salon. L'affluence fut énorme, et Marat vint sans être invité, donnant pour prétexte qu'il était « curieux de voir une réunion de muscadins ». Cette soirée faillit coûter la vie au tragédien qui, durant la Terreur, vécut dans de continuelles alarmes. Pendant les derniers mois de Robespierre, il n'osait plus coucher dans sa maison. Dugazon et sa femme indiquaient chaque soir un nouveau gîte à Talma. Aujourd'hui la même quiétude et le même silence enveloppent les mausolées voisins de Talma et de Rosalie Lefèvre, femme de *Dugazon*. Quant à Dugazon, il est allé mourir dans le Loiret, où sa cendre repose près d'une église de village.

« On ne se figure pas, disait *le général de Nansouty*, ce que c'est que d'entendre de malheureux paysans se plaindre en français ! » Cette parole lui échappa pendant la guerre de France de 1814. J'en veux dire une autre, au moment où je salue ce noble soldat, dont le nom, perpétué jusqu'à nous, est synonyme de vaillance, d'étude et d'abnégation. A une affaire près de Fontainebleau, l'Empereur commande au général Nansouty d'enlever un retranchement d'où l'ennemi faisait un feu épouvantable ; des files entières de cavaliers tombent dans cette entreprise désespérée et inutile. Tout à coup le général Nansouty arrête les escadrons et s'avance seul hors des rangs. L'Empereur lui envoie demander la raison de cet ordre et pourquoi il cesse de marcher sur la redoute. « Dites-lui que j'y vais seul, répondit le général, il n'y a là qu'à mourir. » J'emprunte à Chateaubriand cette anecdote, que le fils du général Nansouty connaît aussi bien que moi, mais qu'il ne lira pas de longtemps sur cette page, car il est en ce moment bloqué pour six mois par les neiges du Pic-du-Midi.

Le cicerone me rejoint. Cette fois il conduit des Italiens. Le tombeau vide de *Bellini* les attire. Mon guide leur expose que Bellini, « le grand compositeur , est mort à trente-deux ans, parce qu'il était atteint du mal caduc, et que l'Ange aux ailes repliées, adossé au cippe funéraire, est dégradé par la piété filiale des Italiens, qui ne sont pas plus raisonnables que des Anglais. » Rien de trop flatteur, comme on voit. Je m'approche à mon tour. La statue est en effet très fruste. Encore quelques années, il n'en restera plus trace. Mais qu'importe ? Le granit du socle garde l'inscription :

CATANIA GRATIA ALLA FRANCIA
NEL RICHIAMARE LE CENERI ILLUSTRI
QUESTA LAPIDE POSE 15 SEPTEMBRE 1876

Je ne relève pas les audaces du cicerone.

Bellini vécut trente-quatre ans, et, de l'épilepsie dont le gratifie le guide du Père-Lachaise, il n'est question nulle part.

Un jeune mort qui, lui aussi, fut aimé de la muse, *André Chénier*, a son cénotaphe non loin de là. Quelle histoire lamentable que celle de ce poète ! Vous savez ? Vingt-quatre heures plus tard il eût été sauvé. Et c'est l'impatience de son père qui a hâté le bourreau ! Lorsque André Chénier eut été arrêté comme suspect, accusé de conspirer avec Siméon, Royer-Collard, Quatremère de Quincy et Pastoret, son frère parvint à cacher l'acte d'accusation sous des liasses qui devaient retarder l'interrogatoire du prévenu et permettre qu'on l'oubliât. Mais le père de Chénier, par ses obsessions, décida de la fin tragique d'André.

Barrère, sur son lit de mort, disait au statuaire David : « Nous voulions sauver le poète, mais son père venait chaque jour, tantôt avec des paroles de colère sur les lèvres, tantôt en suppliant, réclamer qu'on jugeât son fils. Il usait de la presse et des réunions publiques pour attaquer sans cesse un gouvernement qui ne voulait pas juger André Chénier. La cause fut instruite et le prévenu condamné. »

Où est sa cendre ? Où cette tête de trente ans, détachée par le couperet de l'échafaud, a-t-elle roulé ? Personne ne le pourrait dire. Je me trompe, un artiste de mérite, celui-là même qui a doté l'Anjou de la statue de David dont nous parlions tout à l'heure, M. Louis-Noël a représenté la *Muse d'André Chénier* couvrant de son geste maternel le billot funèbre sur lequel est posée la tête endormie du poète. Nous avons tous vu ce monument au Salon de 1872 et à l'Exposition universelle. Je voudrais que la Jeunesse allât frapper à la porte du statuaire, qu'elle lui demandât son marbre et qu'elle le portât triomphalement sur le tombeau vide du petit-fils d'Homère.

Duret, l'auteur du *Mercure* et du *Danseur*, l'homme intègre qui reprenait si volontiers Halévy sur les lacunes de ses éloges académiques, Duret a son buste encastré dans un cippe de marbre, et, au-dessous, l'image aérienne et voilée de la Sculpture monte à travers l'espace, écartant d'une main la draperie qui lui cache la figure de Duret, son disciple et son croyant.

La mort a, comme la vie, ses couples inséparables. Dans cette ruche de tombeaux, à travers lesquels errent en conversant du passé les vivants de la veille, il y a les amants, les frères d'armes, ceux que le lien de l'étude ou du malheur a tenu rapprochés.

Héloïse et Abélard ont un pompeux cénotaphe. D'antiques statues sommeillent sous la voûte ogivale de l'édifice. Alexandre Lenoir fut l'architecte de ce monument que visite l'émotion curieuse de générations successives. Hier, il y avait des fleurs, des couronnes toutes fraîches déposées sur le mausolée. — D'où venait cet hommage ?

Faisons quelques pas, voici *Béranger*. Voici l'homme dont la retraite à Passy, à Fontainebleau, à Tours, au quartier de Beaujon fut toujours l'objet de l'attention populaire. Sa tombe est devenue solitaire. Mais *Lisette* qu'il a chantée tant de fois repose à quelques pas de lui. Elle s'appelait Nicole-Françoise-Judith Frère. Elle est morte en 1857, la même année que le chansonnier. Et des couplets légers qu'elle inspira, il n'est plus question. La mort, une mort sérieuse et digne, a rayé tout cela pour ne laisser à l'histoire littéraire qu'un souvenir : celui de l'amitié fidèle qui unit ces deux êtres jusqu'à la tombe.

Un jeune couple tout ensoleillé m'apparaît. *Crocé-Spinelli* et *Sivel*, la tête entourée d'un nimbe lumineux, dorment la main dans la main, comme deux frères. O les vaillants ! Vous qui passez, jetez des fleurs sur ces jumeaux de la mort qui étaient en marche vers le soleil, et dont les âmes se sont éprises du ciel dans les hauteurs inaccessibles où les emportait le *Zénith*. Cruelle ironie ! La dépouille inanimée des jeunes hommes est tombée en tournoyant, comme un aigle foudroyé, à quelques pas de l'humble village de Ciron ! La jeunesse, l'audace, la science humaine n'auraient-elles devant l'éternité d'autre poids que celui d'un insecte chétif, insaisissable, oublié ?

Manibus date lilia plenis. Jetez les lys à pleines mains sur le bronze où Dumilâtre les a sculptés. Gaston Tissandier, le compagnon des deux aéronautes, est venu hier sur la tombe de Crocé-Spinelli et de Sivel. Et devant la pâleur de Tissandier, nous nous demandions : où est le vivant ?

Vous connaissez le mot de cet Anglais, habitué des soirées

du dompteur Van Amburg. L'Anglais épiait le jour où le dompteur serait dévoré. Un soir, l'Anglais s'attarde chez un ami, et Van Amburg est mangé par son tigre. « — Ah! dit l'Anglais, j'en étais sûr, et j'ai perdu ma journée! » L'étude, les lettres, l'art dévorent aussi tôt ou tard leurs dompteurs.

Madame Blanchard, la femme de l'aéronaute qui le premier traversa la Manche en ballon, en 1785, aéronaute elle-même, dans un but scientifique (elle cherchait la direction des ballons) repose à peu de distance de Crocé-Spinelli. On sait quelle fut sa fin. Elle s'était élevée du jardin de Tivoli, à Paris, en 1819; quelques heures plus tard, elle gisait, le crâne fracassé, sur la chaussée de la rue de Provence, auprès de son aérostat enflammé.

Voilà qui dépasse toute mesure. Pendant que je cherche Désaugiers dans ce pêle-mêle de la mort, — plus confus qu'un bal présidentiel, — je rencontre encore mon cicerone. Il guide un essaim de Nivernaises. D'un doigt rapide, je le vois indiquer la stèle de *Mazet*, lieutenant des volontaires de la Seine, tombé sous les balles de la Commune en 1871. L'une des provinciales demande très sérieusement si le lieutenant était un simple soldat. Le guide ne répond pas; il a pris le chemin de la Citerne, il gagne le chemin Clary entraînant son groupe de curieuses, et je l'entends dire :

— « Vous allez rire, Mesdames, vous allez rire. Allons voir *Sarah Bernhardt*. »

On sait que l'ex-sociétaire des Français a son monument préparé, non loin du tombeau de *Triqueti*, vers les hauteurs où dort *Allan-Kardec*. J'ai ouï-dire — mais je ne confie la chose qu'à mes intimes — que Sarah Bernhardt voudrait être témoin de ses propres funérailles, comme feu Charles-Quint.

Je me garde de courir après le guide. Mais voilà bien autre chose. Une voix lente et grave perce le massif. J'écoute.

— « Oui, Madame, dit la voix cassée, cette tombe est la plus ancienne du cimetière. C'est celle de Latude, le grand prisonnier d'État mort à la Bastille, après trente-cinq ans de captivité. On a retrouvé son corps dans les caveaux de la forteresse quand on l'a démolie le 14 juillet. »

Tout ému moi-même, je m'approche discrètement.

Une dame essuie ses larmes, et fixant d'un œil attendri la dalle funéraire :

— « Quel événement heureux que la prise de la Bastille ! Pauvre Latude ! »

— « Malheureusement, reprend l'homme à la voix cassée, Latude était mort. Les vainqueurs n'ont trouvé qu'un squelette. »

— « Pauvre Latude, murmure la dame. J'ai vu jouer la pièce, Monsieur, je connais Latude. »

Eh bien, cette idylle n'a qu'un défaut : elle repose sur une méprise. La tombe si bien décrite, par un jardinier du cimetière, en ruptures de plates-bandes, est celle de Claire-Josephe-Hippolyte Legris de Latude, dite *Mademoiselle Clairon* ! Que vient faire la Bastille en cette affaire ? Et le 14 juillet ? Et le squelette de Latude retrouvé dans les cachots de la forteresse, quand Latude, le vrai Latude, a prolongé sa vie jusqu'en 1805 ? Mais passons, non sans saluer l'égale de Lekain, la tragédienne chantée par Voltaire, et dont Rachel a été pour nous l'héritière.

Baltard et Bonnassieux ont élevé le monument d'*Ingres* ; Etex est l'auteur de celui de *Géricault*, mais il est surtout célèbre au Père-Lachaise par le mausolée de *Madame Raspail*. On veut revoir ce spectre de marbre, debout, drapé dans un suaire, levant un bras pour serrer la main d'un prisonnier à travers les barreaux d'un cabanon.

Tout proche, à une place d'honneur, est le bronze de Cortot, représentant *Casimir-Périer*. Sur le socle de la statue je saisis au passage cette inscription :

LA VILLE DE PARIS, POUR CONSACRER

LA MÉMOIRE D'UN DEUIL GÉNÉRAL

A DONNÉ A PERPÉTUITÉ LA TERRE OU REPOSE

UN GRAND CITOYEN

Moins somptueuse est la demeure de *Gérard de Nerval*, qui avait écrit, on s'en souvient, dans la *Main de gloire* : « Est-ce que vous tenez absolument à mourir d'une mort horizontale ? »

Coïncidence ou pressentiment, on le trouva pendu à la grille
d'un cloaque, le 24 janvier 1855. L'opinion publique crut à
un suicide, mais, dernièrement, le *Figaro* a laissé entrevoir,
par des documents pleins de vraisemblance, que peut-être
Gérard de Nerval est mort assassiné.

Inde fortuna et libertas. C'est la devise que je lis sur le monument d'*Eugène Scribe*. Elle ne me fait pas oublier le distique
dont cet homme d'esprit avait orné le frontispice de son cha-
let de Séricourt :

> Le théâtre a payé cet asile champêtre ;
> Vous qui passez, merci, je vous le dois peut-être.

Je ne m'arrête pas devant le monument de *Lesurques*, que
l'opinion populaire ne cessera pas de longtemps de considérer
comme une victime, en dépit de publications récentes.

Les souvenirs plaisants — comme les débardeurs dans un
bal costumé — guettent l'esprit à toutes les issues. Me voilà
nez à nez avec *Brillat-Savarin*, le La Bruyère de la table.
Comment ne pas admirer un homme qui a vu Louis XV,
Louis XVI, la Convention, la Terreur, le Directoire, l'Empire,
Louis XVIII et Charles X, sans qu'aucun changement politique
ait pu troubler sa digestion ?

Un contemporain de ce classique des gourmets, *Hue*, n'a
pas coulé des jours aussi paisibles. Il était valet de chambre de
Louis XVI, et sa silhouette ne se dessine qu'à l'heure des
périls et du délaissement. Il connaissait les poètes latins, et
tout son effort tendit à mettre en défaut le vieil Ovide, quand
il a dit :

> *Tempora si fuerint nubila, solus eris.*

Ovide était un timide. Hue ne regarda pas aux nuages, à
la défaveur, à l'éloignement. Le 10 août, après le départ du
Roi, ce fidèle serviteur était resté aux Tuileries. Avisant une
fenêtre, il saute dans le jardin, court à la Seine, sous une pluie
de balles, se jette à la nage, gagne un bateau où il se blottit,
et aborde peu après à la rive opposée. Le lendemain, dès
l'aube, il était aux Feuillants et il reprenait son service auprès
du Roi. Plus heureux que son maître, dont il consola les

derniers jours, ce type de l'honneur et de la fidélité n'a pas eu sa cendre profanée.

Je rencontre enfin *Désaugiers*, le poète aimable de *la Treille de sincérité*. *Duvert, Plouvier, Roger de Beauvoir* m'invitent à m'attarder encore. *Véron* me raconte un chapitre inédit de ses *Mémoires d'un Bourgeois de Paris*; *Thiers* est entouré surtout des hommes de sa génération, notre âge ne lui demeure pas fidèle. *Dorian* me rappelle la résistance, *Lecomte* et *Clément Thomas*, les deuils ineffaçables. Puis, à l'heure où je quitte le Père-La-chaise, — ce salon carré du Louvre mortuaire — pour entrer dans une galerie latérale, *Desclée*, dont l'éloge a été si bien tracé par Alexandre Dumas, *Auber, Boieldieu, Mélingue, Déjazet* causent ensemble de leurs grands jours d'outre-tombe.

A Montmartre.

J'entre à Montmartre, et j'aperçois *Delphine Gay*. Elle est ce que vous l'avez connue : éclatante sans orgueil. Sa grande chevelure blonde flotte sur ses épaules comme une gerbe d'or brunie par le soleil d'Orient, et certaine d'être toujours jeune, elle passe en murmurant ces strophes, moins chantées que pleurées, où elle demande à Dieu de lui accorder un enfant. Je saisis au passage ce cri maternel :

> Que seraient les années ?
> Son âge et non le mien.

Greuze eût aimé la peindre. Il est là, le peintre de *la Cruche cassée*, mort au Louvre aussi pauvre, aussi délaissé, que s'il fût mort à l'hôpital. Il avait supplié son ami Berthélemy de suivre son convoi. « Tu seras seul, lui avait-il dit, comme le chien du pauvre. » Et en effet, la fille de Greuze et Berthélemy formèrent tout le cortège de cet artiste, dont les œuvres se vendent de nos jours au poids de l'or.

« Il était vulgaire, mais il était inspiré. Il arrivait sur la scène sans savoir ce qu'il allait dire, mais il le trouvait presque toujours. Il avait les façons d'un homme du peuple, il en avait l'énergie, et la force et l'ironie. »

Tel est le jugement d'un écrivain de race, sur *Frédérick Lemaître*. On venait de lire aux comédiens le drame de *Ruy-Blas*. Frédérick Lemaître s'approcha du poète et lui dit :

— Vive Dieu, les belles guenilles, je veux faire applaudir.

— Quel rôle espérez-vous donc, dit le poète.

— Don César de Bazan.

— Vous vous trompez, Frédérick ; ce n'est pas Don César qui est pour vous, c'est Ruy-Blas.

Ce fut la déception du comédien, et ce fut son succès. Puis, ce neveu de Talma, ignorant d'Athènes et de Rome, mais qui, en revanche, avait traversé les tavernes et les palais de ce temps, Frédérick Lemaître fit succéder à Ruy-Blas, au Joueur, à Robert-Macaire, à Othello, Don César en personne.

Jules Janin, — un maître, — dont j'ai cité le nom tout à l'heure, raconte qu'il vit *Alfred de Vigny* trois jours avant sa mort. « Je lui fus conduit, dit-il, par son fils adoptif ; il nous attendait sur son lit de repos, il s'était enveloppé dans son manteau militaire, et sa noble tête, où toutes les douleurs étaient empreintes, faisait face au portrait de Regnard, peint par Largillière. Il était parent de l'auteur des *Folies amoureuses*. » Ainsi parle le critique, dans son discours écrit à la porte de l'Académie, en avril 1865. Il espérait succéder à l'auteur d'*Eloa* et de *Cinq-Mars*, sous les voûtes du palais Mazarin. Il s'en fallut de quelques voix, et Janin disait en souriant : Ah ! si les morts pouvaient ! je serais académicien. Vigny aurait certainement voté pour moi.

Oh ! la belle et suave pensée d'avoir posé la *Jeunesse* effeuillant des roses sur la tombe de *Murger !* Il fut l'un des enchanteurs de notre génération disparaissante. N'eût-il signé que *le Manchon de Francine*, il aurait droit à la gratitude et à l'adulation de la jeunesse.

Je salue la tombe de *Moïse Millaud*, un des précurseurs de la presse en ce siècle. *Le Lutin, le Gamin de Paris, le Conseiller du peuple* ont été des étapes ; *Ma nièce et mon ours*, une halte ; *le Petit Journal*, une découverte. Il fut l'ami de Lamartine, qui lui céda son buste, œuvre magistrale, esquissée chez Victor Hugo, en 1828, quand le poète des *Méditations* lut, devant un cercle d'initiés, ses premières *Harmonies*. Une petite-fille de Moïse Millaud s'appelle *Némésis*. Vous la connaissez bien ?

Je lis sur un carnet d'artiste sous la date de 1830 : « J'ai dîné hier chez Chateaubriand ; il avait invité un groupe élégant et choisi pour l'inauguration du buste dont je lui ai fait hommage. Pendant toute la soirée, le grand homme a été distrait, mangeant peu, la tête inclinée sur l'épaule gauche, le regard au plafond, l'air contemplatif. De temps à autre, la douce voix de *Béatrix* le rappelait à nous par des riens pleins de tendresse et d'exquise mesure. On eût dit un homme offrant un repas d'adieu. Il ne prenait aucune attention au luxe de sa table, et je le regardais sourire, avec complaisance et un peu de mépris, aux réflexions de sa voisine de droite, vieille douairière du faubourg Saint-Germain, dont j'ai oublié le nom. L..., homme superficiel, prenait sans cesse la parole et ne disait que des choses vagues ou sans portée.

« Humboldt, observateur toujours fin, ne racontait de ses voyages que les détails amusants. Arago, timide, cherchait à se donner de l'assurance en élevant la voix, mais, tout occupé de ce qu'on allait penser de lui, il s'appliquait en même temps à atténuer l'énergie de ses opinions, et ce travail paralysant sa pensée il n'atteignait pas à sa vraie hauteur. *Ballanche*, l'œil constamment fixé sur *Béatrix*, était trop absorbé pour ouvrir la bouche. Moi-même, naturellement timide, j'observais sans rien dire. Tels étaient les convives. »

Béatrix, l'objet de la muette contemplation de Ballanche, mon lecteur l'a deviné, c'est *Madame Récamier*. Son dernier « salon » est à Montmartre ; et comme il était dans la destinée de cette femme de toujours vivre entourée d'amis, elle a fait une place dans son mausolée au silencieux convive de Chateaubriand. L'auteur de *la Vision d'Hébal* dort sous le même monument que Mme Récamier : ils peuvent s'entretenir encore à demi-voix, pendant les longues nuits d'hiver, des princières réceptions de l'Abbaye-aux-Bois.

— Bonjour Figaro ! — Je me retourne et j'aperçois la tombe de *Monrose*. Un ami m'a devancé, et son salut au « premier valet de l'Europe » me dispense de rappeler Sganarelle, Scapin, Mascarille. Tous ces types de verve comique, d'entrain, de sang-froid, d'esprit, sont éclipsés, en effet, par Figaro. On dit que Beaumarchais avait entrevu le personnage : Monrose l'a créé.

Quel est ce globe de flamme qui fuit en rasant le sol? C'est *Emma Livry*. Pauvre jeune fille. Alors qu'elle enchantait le regard avec ses « pas » de gazelle, ses « enchaînements », ses « temps battus » ou « croisés », on l'appelait « une étoile »; et quand la flamme aveugle, insensée, barbare, enveloppa ce corps de vingt ans qu'elle fit resplendissant comme un météore, il fallut l'appeler « une martyre! »

Camille Roqueplan, le peintre, *Nestor Roqueplan*, le rédacteur du *Figaro*, l'habitué de la « loge infernale » de l'Opéra, dont il devint le directeur à la veille de la seconde République, sont unis dans la mort comme ils le furent dans la vie. Je passe rapidement devant eux, craignant quelque saillie mordante du publiciste, l'homme redouté des « *Nouvelles à la main.* »

Ernest Feydeau, le conteur célèbre de *Fanny*, l'historien moins connu des *Usages funèbres et des sépultures dans l'antiquité*, sommeille non loin de Gozlan. *Fanny* était de la famille de *Madame Bovary*, mais l'œuvre de Feydeau lui appartient. Ses couleurs sont d'un peintre.

Comment omettre, en parlant de l'auteur de *Fanny*, de dire que son frère Alfred Feydeau, architecte de talent, homme du monde toujours serviable et charmant, est l'inspecteur général des cimetières de Paris à la préfecture de la Seine? Il est le duc d'Antin de ce vaste domaine, plus durable que toutes les listes civiles. La mort est l'éternel souverain. Cependant, ô souhait singulier! je ne désire pas que ce surintendant des nécropoles soit de longtemps rapproché de son frère! Je fais des vœux pour qu'il n'entre que tardivement dans ces régions dont il est le proconsul, et qui sont pour tous la « terre promise ».

— Comment, Léon, vous ici? Je m'adresse à *Léon Gozlan*. — Je vous trouve à Montmartre et vous avez signé *les Nuits du Père-Lachaise*? — Je vous défends de chanter jamais le refrain :

Chacun revient toujours
A ses premières amours.

J'aperçois l'image d'une Muse planant au-dessus d'un sarcophage en granit bleu, qui de loin ressemble à un bloc d'azur.

> Priez Dieu pour son âme, et par des fleurs nouvelles,
> Remplacez en pleurant les pâles immortelles,
> Et les bouquets anciens.

Ainsi parle la pierre éloquente de ce poète, *Théophile Gautier*. Godebski a placé le médaillon de Gautier entre les mains de la Muse. La pensée n'est pas seulement gracieuse, elle est juste. Gautier, l'enfant du rêve, de la fantaisie, n'a pas suffisamment posé le pied sur notre sol pour y jeter les assises d'un monument. Mais en retour, dans cette atmosphère qui est la sienne, entre le réel et l'imaginaire, à mi-chemin du ciel, que de stances heureuses, que de pages achevées sont tombées de ses lèvres et de sa plume ! Essayez donc de relire sans angoisse ce chef-d'œuvre en cent lignes : *l'Enfant aux souliers de pain !*

Jules de Goncourt, Méry, Heine, les *Ampère* voudraient me retenir ; je m'arrête en face de *Chaudey*, l'écrivain, le magistrat municipal fusillé le 23 mai 1871 à Sainte-Pélagie, par un peloton de cannibales que commandait Raoul Rigault. Plus loin, je rencontre l'*abbé Simon*, curé de Saint-Eustache, arrêté comme Chaudey par la Commune. On sait qu'il ne dut son salut qu'à l'intervention courageuse et tenace des « dames de la Halle ». Qu'est-ce donc que cette tempête, qui a confondu dans le même ostracisme, jeté dans le même cachot, un rédacteur du *Siècle* et un prêtre ? A tout le moins, l'un des deux devait trouver grâce. Leurs doctrines étaient différentes. Mais, en ce temps-là, il n'y avait plus de logique, et Maxime Du Camp, le Tacite de cette époque lamentable, a bien fait d'intituler son livre « Convulsions ».

Un soir de l'année 1854, la fille de *Daniel Manin*, ancien président de la République vénitienne, proscrit par l'Autriche, s'éteignait à Paris, tuée par l'exil. La douleur du proscrit ne connut plus de bornes. On crut qu'il allait mourir. Pendant la nuit, Ary Scheffer pénétra dans la maison de Manin ; il se rendit auprès de la jeune morte, et d'un doigt que guidait l'amitié non moins que le génie, l'artiste renouvelant l'acte à jamais fameux du Tintoret, traça d'*Emilia Manin* un portrait vivant. Puis, le lendemain, quand la dépouille mortelle de l'enfant eut disparu, Ary Scheffer suspendit, dans la chambre du père, l'image de celle qui l'attachait hier à la vie. A cette vue, Manin parut reprendre quelques forces. Parfois un sourire errait sur ses lèvres quand il contemplait cette tête de jeune fille que le peintre lui avait rendue. On eût dit un Transteverin devant sa Madone. Mais déjà la femme de *Manin* était morte en cette cruelle année 1854. Il succomba lui-même trois ans plus tard. Et Ary Scheffer, qui s'était fait le consolateur du patriote italien, emporta ses restes dans son mausolée. Aujourd'hui, *Scheffer* repose solitaire dans le monument où il avait recueilli la cendre abandonnée de Manin, de sa femme et de sa fille. Il a pour lui le souvenir de ses *Femmes soulioles*, de sa *Mort de Géricault* et de sa bonne action. Quand ses hôtes de la tombe l'ont quitté, son ombre ne s'en est pas affligée. Lui-même, avant de descendre à sa dernière demeure, n'avait-il pas gravé sur la pierre :

Aspettando in esperanza della patria.

La patrie a entendu cette supplication, Venise est venue chercher les cendres de Manin.

Allez voir *Delaroche, Horace Vernet, Tony Johannot*, ces généraux de la grande armée de 1830. Ils sont riches de belles œuvres, d'anecdotes, de glorieux souvenirs.

Baudin a sa statue couchée sur une dalle funèbre. Cette pierre a l'aspect d'un tremplin. Combien d'hommes, aujourd'hui célèbres, ont pour point de départ la tombe de Baudin !

Le bronze de *Godefroy Cavaignac* est près de l'entrée. J'évoque le souvenir de ce publiciste impatient. La figure d'*Eugène Cavaignac* se dresse devant moi dans toute la majesté que confèrent l'oubli de soi-même, le culte de la patrie, de fières et hautes convictions.

Mais le jour baisse, il se fait tard ; je me souviens que le bronze fameux couché sur ce monument est d'un maître sculpteur, François Rude, endormi sous les saules de Montparnasse. Je n'ai que le temps d'y aller.

A Montparnasse.

Rude, fils de forgeron, forgeron lui-même et peintre en bâtiments avant que Devosges lui eût révélé sa vocation, a sa cendre et son buste près du mausolée de Gérard. Cabet a sculpté la tête patriarcale de Rude. Ses élèves, demeurés fidèles à la camaraderie qui les unit à l'atelier, s'assemblent encore mensuellement après une dispersion d'un demi-siècle. Au mois d'octobre de chaque année « les Rude » — c'est ainsi qu'on les nomme — font une collecte pour orner la tombe de leur maître. Et ce sont les plus illustres qui tiennent à honneur de déposer eux-mêmes les fleurs nouvelles et la couronne de chêne sur le monument du statuaire.

Le baron *Gérard*, contemporain de Rude, est rapproché de lui dans la mort. — « Si mon ancêtre Louis XIV eut Largillière, j'ai le baron Gérard. » Ceci est un mot que l'on prête à Louis XVIII. Je ne sais s'il l'a dit, mais en vérité, je ne m'en soucie guère. Il n'y a pas que Louis XVIII qui fût capable de dire cette parole : toute la France l'eût trouvée. Elle est vraie. On ferait un Versailles des portraits de rois, d'empereurs, de princes, de généraux, d'artistes, de comédiennes, de cantatrices, laissés par ce peintre cornélien.

Les *Bertin*, ces puissants de la plume, sont là. Vous souvenez-vous de cette grande famille, généreuse, indépendante, douce à quiconque débutait dans les lettres, l'art ou la politique, pour peu qu'un souffle de liberté passât dans le verbe, l'œuvre ou l'acte du nouveau venu ?

Madame *Ancelot* qui a raconté dans son *Salon de Paris*, avec une émotion si pénétrante, la mort de Gérard, repose à quelques pas de lui.

« Fi! disait *Sainte-Beuve* d'une maison pleine de chefs-d'œuvre, mais dont les vitres sont mal lavées. Je veux qu'on regarde en passant mes tableaux, mes livres et le portrait de mes amours. » Ce sera la gloire de cet esprit délié, à la plume acérée et légère, d'avoir aimé et cherché partout la lumière.

Mais à travers les vitres claires, son successeur à l'Académie ne s'est pas défendu de tout voir. Et dans le discours qu'il prononça en prenant la place du critique : « Messieurs, disait-il, pour exprimer ici toute ma pensée, une chose a manqué à M. Sainte-Beuve, l'exemple et le conseil de l'épouse. »

Or, voyez combien différente sera la parole qu'il faudra prononcer sur un ami de Sainte-Beuve, illustre comme lui, *Littré*. C'est précisément « l'exemple et le conseil de l'épouse » qui ont été sa force et sa lumière.

Littré arrivait il y a trois ou quatre ans à Lion-sur-Mer. Il s'établit rue aux Poulains, dans une maison modeste au fond d'un jardin.

Je connais la maison.

A peine avait-il débouclé ses malles que le curé de la paroisse qui, ce jour-là, quêtait pour son église, sonne à la porte. Littré était seul. On introduit le prêtre. Le savant le fait asseoir, s'enquiert du but de la visite dont il est honoré, puis, sans ostentation, sans phrases, en homme de bien, Littré met deux cents francs dans les mains de l'ecclésiastique. Celui-ci, très touché de l'offrande, demande à son généreux donateur de lui faire connaître son nom.

— « Mon nom, dit en souriant le philosophe, mon nom vous est bien connu. D'ailleurs, ma femme sera votre paroissienne pendant notre séjour ici, car ma femme, Monsieur le curé, ma femme est une sainte. »

Et sur de nouvelles instances du prêtre, il répondit : « Je suis Littré.

« — Littré, de l'Académie française, reprit l'ecclésiastique ?

« — Oui, Monsieur. »

Ainsi ce grand esprit avait subi le charme de l'exemple et du conseil de l'épouse.

Toutes les nécropoles ont leur poète malheureux. *Hégésippe Moreau* repose à Montparnasse : toutes ont, sous leur glèbe remuée, de jeune soldats tombés à la première bataille : Saluons *Henri Regnault* et *l'abbé Perreyve*. La *Sœur Rosalie*, l'ange visible du pauvre de Paris ; *Boucicault*, un homme d'intelligence et de grand cœur ; *Dumont d'Urville*, qui triompha des orages, des récifs et de tous les périls pour mourir étouffé par la vapeur d'une locomotive, m'obligent à refouler mes souvenirs.

Madame Dorval! Le drame. Vous n'avez pas oublié la vie torturée de l'artiste, dont l'occupation la plus grande au milieu de ses victoires qui se sont appelées *les Enfants d'Édouard, Antony, Chatterton, Marion Delorme*, a été le culte de son petit-fils Georges, mort adolescent. Peut-être ne savez-vous pas que Mme Dorval a tenu le pinceau. Le jour de ses obsèques on trouva sur sa table un sachet de soie. On l'ouvrit. Il renfermait un écran en bois de citronnier, sur lequel étaient peints un nid renversé, un œuf brisé; la mère revient, regarde et meurt. Ce dessin, tracé par Mme Dorval en un jour de loisir de l'année 1832, au temps de sa gloire et de ses joies intimes, résume la seconde partie de l'existence de la femme et de la mère.

Je me détourne de la tombe des *Quatre sergents de La Rochelle*, et je ne dirai point, après Élie Berthet, le drame inutile et sauvage de cette quadruple exécution.

*
* *

La nuit est venue. Je quitte mes nécropoles. Je me sépare de ces causeurs enjoués ou sérieux, de ces grandes mémoires dont le voisinage élève la pensée, fait l'âme et le cœur plus vaillants. Mais à cette assemblée des vivants d'hier, il manque plus d'un nom. *Chateaubriand* domine comme un phare le vaste océan dans son île du Grand-Bé. *Jules Janin* s'en est allé de ce Paris qui l'aimait. *Saint-Victor* a son coin de terre dans la ville de Louis XIV, à défaut d'un sarcophage antique, près de la maison de Sophocle[1]. *Berryer, Changarnier, Dufaure, Guizot* ne nous sont pas restés.

Villemessant repose à Auteuil. C'est le gendre de Léon Gozlan qui lui a élevé son mausolée. Quelques fleurs funéraires et des lys en composent la parure. Sa tombe sera visitée par les pauvres qu'il a secourus.

---

[1]. On a vu plus haut que le corps de Saint-Victor a été rapporté au Père-Lachaise en décembre 1881. Son inhumation définitive sous le monument décoré de son buste par *Eugène Guillaume* eut lieu le 5 juillet 1882.

Et maintenant, lecteur, vous qui d'ordinaire êtes si friand de savoir qu'on ne vous a pas oublié, vous ne m'en voulez pas, je le présume, de mon silence. Vous, Madame, qui parcourez chaque jour d'un regard anxieux le *Carnet d'un Mondain*, en vous demandant si la plume a daigné parler de votre salon, de votre lunch, de votre ameublement ou de vos dentelles, je gage qu'il vous est doux de penser que je n'ai rien dit de vous dans ces pages. Cependant, Madame, convenez-en, que de choses exquises j'aurais pu révéler, que de paroles je vous aurais empruntées s'il m'eût fallu décrire votre « appartement au Père-Lachaise! » Mais ces fines anecdotes que vous contez si bien, ces mots charmants auxquels vous donnez tant de netteté, de grâce, d'abandon, de douce raillerie, j'irai les entendre de nouveau à votre prochain « mardi ».

Nous y aurons gagné l'un et l'autre.

Octobre 1881.

AU LECTEUR

L'art est l'interprétation de la nature, mais il s'en faut que l'artiste dispose de ressources équivalentes pour atteindre à l'illusion de la vie selon qu'il est peintre ou sculpteur. Les deux arts diffèrent essentiellement. Au peintre, les scènes historiques, le portrait, l'anecdote, l'arbre, la plante, la fleur, l'oiseau, la mer, les montagnes, le désert, l'aurore et le crépuscule. Au sculpteur, l'homme et l'animal, observés dans leur type bien plus que dans leur individualité ; l'homme et l'animal isolés ou groupés avec parcimonie. Une bataille, une chasse sont intraduisibles en sculpture. Plus étrangère encore au ciseau du statuaire est la représentation des sites, de la fleur ou de l'oiseau. Les sites ne séduisent que par l'ampleur du cadre, l'indécision des détails, la poésie de l'horizon. Le marbre et le bronze n'autorisent pas des proportions trop grandes ; le marbre et le bronze sont tangibles, par conséquent rien de vague, d'indécis dans l'œuvre sculptée. La fleur et l'oiseau ne séduisent pas par leur forme. C'est la couleur qui attire vers eux. J'excepte toutefois l'aigle ou le vautour dont les grandes proportions prêtent à la sculpture. Mais on ne conçoit guère un rouge-gorge en marbre ou une mésange en bronze.

Sans doute la sculpture polychrome permet à l'artiste d'étendre quelque peu les frontières du relief. Mais notre œil n'est pas familiarisé avec ce genre d'interprétation. C'est le marbre, le bois ou le bronze qu'il faut prévoir comme parure dernière de l'œuvre modelée. D'ailleurs, n'est-ce pas l'argile que travaille le sculpteur lorsqu'il cherche l'expression de sa pensée ? L'argile est monochrome. Les couleurs, si l'artiste en poursuit l'effet, ne peuvent être appliquées que tardivement sur son œuvre initiale ; elles seront en quelque sorte surajoutées au relief. De là, une cause d'infériorité. Le sculpteur a d'abord cherché la forme ; c'est à travers les pleins, les saillies, les dépressions méplates, les contours qu'il a vu sa pensée traduite ; la couleur ne sera donc guère qu'un vêtement d'occasion pour son œuvre. L'observateur ne s'y trompera pas. Le peintre au contraire a vu dès le premier instant les jeux de lumière, les gradations de tons, la gamme retentissante ou discrète qui convenaient à l'expression du sujet dont il est hanté.

La sculpture, dans ses manifestations les plus célèbres, les plus admirées, depuis les marbres du Parthénon jusqu'à ceux de *San-Lorenzo* de Florence, est monochrome.

Il s'ensuit que l'art du relief est plus conventionnel encore que l'art du peintre. Il exige, pour être saisi et goûté, une complicité de l'œil et de l'esprit que ne réclame pas la peinture. Celle-ci reproduit la couleur des chairs ; la sculpture n'atteint que la forme d'une tête ou d'une main, et, par surcroît, elle simplifie, elle idéalise, elle tend à l'impersonnel lorsqu'elle a devant elle la personne. Un buste, une statue sont-ils jamais ressemblants, d'une manière absolue si on les compare au modèle vivant ? Oui, pour le spectateur qui sait lire la langue des formes, et qui, par conséquent, sait à quelles lois précises, inéluctables, est soumise cette langue essentiellement simple et sévère. Non, pour celui dont l'œil sans expérience, sans initiation préalable se reporte avec exigence sur le modèle pour s'enquérir de la vérité de l'image. La sculpture n'a pas pour mission de reproduire textuellement les traits, la carnation de la tête humaine, elle évoque, elle rappelle l'impression que la vue de l'homme de pensée, de la femme, de la jeune fille provoquait par l'ascendant irrésistible du génie ou de la beauté. C'est un poète du marbre qui a dit : « La sculpture ne peut jamais prétendre à nous rendre l'illusion complète de la vie. Elle est l'apparition de l'âme ; c'est à l'âme qu'elle doit s'attacher, car il n'y a que l'âme qui soit immortelle. Le corps, avec ses imperfections maladives, doit rentrer dans la terre ; l'âme, au contraire, doit se refléter sur la terre par une statue. » La sculpture est au premier chef un art fait de synthèse. Elle exprime, elle ne doit pas traduire. Or, le langage sommaire qui lui est propre est en harmonie avec le souvenir qui survit en nous à l'éloignement ou à la mort. L'être disparu ne tarde pas à nous apparaître dans ses lignes essentielles, dégagé de toute trace de caducité, de toute lacune physique, comme aussi de toute défectuosité morale. La mort embellit ceux qu'elle arrache à notre amour. Nous les voyons irréprochables, idéalisés, même dans ce qu'ils ont eu de plus fragile au temps de leur pèlerinage terrestre, je veux dire l'enveloppe humaine. Cette tendance généreuse de notre nature désignait le sculpteur pour être l'artisan des tombeaux. Entre tous, d'ailleurs, n'a-t-il pas coutume de travailler la matière durable ? N'est-il pas un tailleur de marbre, un « pétrisseur de bronze » ? — Le mot n'est pas de nous, il est de Victor Hugo. — Et la douleur, qui se juge éternelle, ambitionne des manifestations impérissables. C'est ce qui explique encore pourquoi dans les temples où la peinture est cependant à l'abri de l'outrage du temps, on ne conçoit guère le mausolée décoré par le peintre. Le statuaire que nous citions plus haut a dit aussi avec beaucoup de justesse : « La sculpture, plus durable et plus grave sous sa teinte monochrome que la peinture, parut aux Grecs un moyen de rendre avec moins de lacunes la majesté des dieux et des héros, le marbre étant de nature à faire naître dans la pensée une vague sensation d'éternité glorieuse. » C'est le sculpteur, l'homme du marbre et de la pierre, que l'on choisit pour honorer ses morts.

Nous venons de parler des temples. Leur caractère sacré sied aux sépultures. De tous temps, les personnages illustres ont eu leurs tombeaux dans les églises. Florence a *Santa-Croce*, Venise a la chapelle des *Frari*, Londres a Westminster, Paris a eu d'innombrables mausolées dans ses églises paroissiales ou conventuelles. Cette tradition que la Révolution a rompue en France revêt à l'étranger un charme particulièrement attachant. Il semble que le silence et la gravité des temples ajoutent au respect que commande par elle-même la mémoire des hommes éminents ensevelis sous les dalles. Je ne sais pourquoi les monuments de Canova, de Titien à Venise, de Vasari, de Galilée à Florence, de Chaucer, de Milton à Westminster ont réveillé en moi des souvenirs d'une intensité que je ne ressens pas dans les cimetières de Paris. Sans nul doute, la sélection des tombes dans un temple, le choix des personnages, leur passé, leur valeur entrent pour une large part dans l'émotion dont je parle, mais le silence, l'obscurité du temple aident aussi aux vibrations de la pensée en face des sépultures qu'il abrite sous ses voûtes. Combien de visiteurs se rendent de nos jours auprès des tombeaux de Racine et de Pascal à Saint-Étienne-du-Mont, de Colbert à Saint-Eustache, de Napoléon aux Invalides, de Victor Hugo au Panthéon, et de quels pèlerinages perpétuels la basilique de Saint-Denis, notre Westminster, n'est-elle pas honorée ? Mais c'est au Louvre que depuis un siècle il nous faut chercher les monuments fragmentés des Poncher, des Chabot, des Birague, de Mazarin et mainte œuvre rare sortie de la main de Pilon, de Prieur, de Guillain, de Richier, de Sarazin, qui jadis étaient la parure de chapelles conventuelles aujourd'hui disparues.

Avec le XIXᵉ siècle, les monuments funéraires n'ont plus leur place dans les temples. C'est à peine si les évêques ont conservé le droit d'être inhumés dans leurs cathédrales. Grands ou petits, illustres ou inconnus, à de rares exceptions, sont appelés à dormir leur dernier sommeil dans la terre commune du cimetière. Seule, la superficie de la concession distinguera le riche d'avec le pauvre. Sur le terrain concédé, beaucoup feront construire des chapelles minuscules, ornées souvent avec goût; d'autres érigeront de superbes effigies, statues pédestres ou même équestres, bas-reliefs, bustes, médaillons. Mais de quelque mérite que soient ces ouvrages, ils se trouvent dispersés, perdus au milieu de tombes modestes et sans caractère. Supposez un instant une vaste basilique construite sur la crête du Père-Lachaise et toutes les sépultures magnifiques que renferme la nécropole groupées avec goût dans le temple dont elles seraient l'ornement, quel ensemble grandiose de compositions achevées qui, du moins, seraient ainsi préservées, alors qu'actuellement les marbres les plus remarquables, sculptés depuis un demi-siècle, s'effritent sous l'action de la pluie et du soleil !

L'ordre de choses actuel est-il un progrès sur l'ordre ancien ? Nous ne le pensons pas. En effet, les tombes, dans le temple, étaient l'élite; dans la nécropole, elles sont la foule.

Le désordre, le caprice, l'incohérence, le tumulte sont inséparables de l'entassement funèbre des cimetières. On dirait au premier aspect qu'il y a eu précipitation de la part des vivants à se débarrasser des dépouilles de leurs morts. Elles semblent déposées ici et là au hasard de la fantaisie ou de l'emplacement disponible. Les tombes obscures, sans ornements font obstacle à l'attrait des grandes sépultures. Elles en masquent la perspective, elles en détruisent l'effet. L'encombrement exclut l'harmonie ; il est la négation de toute ordonnance.

Il y a plus. Le temple attire ; la nécropole repousse. L'église est un lieu de prière et d'espérance ; le cimetière évoque les larmes ou l'angoisse. Le silence gardé dans le temple est commandé par la majesté de l'édifice. Les visiteurs aphones de nos nécropoles cèdent sans y songer aux tortures d'un regret ou d'un pressentiment. Là, tout était lumière, apaisement, orgueil ; ici tout est ténèbres, inquiétude, humiliation. C'est malgré nous que nous franchissons la barrière des nécropoles modernes, conduits dans le « champ funèbre » par nos deuils personnels, et, aussi souvent que nous nous sentirons sollicités de revoir les superbes monuments de Jean Reynaud, de Couture, de Foy, de Vivant Denon, de Pradier, une sorte de malaise intérieur nous empêchera de donner libre cours à notre impulsion. Quelque souvenir amer se dressera devant notre désir d'admirer de belles œuvres,

On diffère, et la vie à différer se passe !

Conclusion : les tombeaux sans cesse visités dans les temples sont à peine connus depuis qu'on les a relégués dans les cimetières.

Il résulte de ce fait une situation mauvaise pour le renom de notre école, une déperdition de gloire pour les maîtres du marbre. Car, ne craignons pas de l'affirmer, en réalité, le vrai musée de la sculpture française en ce siècle ce sont les cimetières de Paris. C'est là qu'il faut chercher les plus belles œuvres des Bosio, des Cartellier, des David, des Duret, des Pradier, des Rude, des Chapu. Il n'est donc pas permis d'écrire sur ces maîtres sans s'être imposé la tâche de revoir et d'étudier les monuments de haut style, signés par eux, que renferment les trois grands cimetières de Paris. Rechercher ces sculptures, en marquer la place, les grouper sous le nom de leur auteur, les mesurer, les décrire, en retracer brièvement l'histoire ne laissaient pas d'être chose laborieuse. Aussi me suis-je associé dans l'exécution de ce travail aride un ami de longue date, M. Chauvat, mon collaborateur discret et dévoué en mainte occasion, et que j'ai nommé déjà dans l'introduction de divers ouvrages. Nous avons donc fait ensemble le récolement des sculptures de mérite conservées dans les cimetières de l'Est, du Nord et du Sud, c'est-à-dire au Père-Lachaise, à Montmartre et à Montparnasse. Hâtons-nous de dire qu'un très grand nombre d'œuvres ne portent pas de signature, et notre tâche devenait irréalisable si MM. les Conservateurs des trois grandes nécropoles de Paris n'avaient mis à nous seconder la plus entière obligeance. C'est grâce à leur entremise, aux indications sans nombre qu'ils nous ont libéralement fournies, non sans un véritable travail de leur part, qu'il nous a été possible de faire la lumière sur les points obscurs. M. Welsch, receveur au bureau du Cimetière de l'Est, a également droit à l'expression de notre vive gratitude pour l'empressement et l'infatigable bonne grâce avec lesquels il n'a cessé de nous venir en aide. Ce relevé ne constitue pas un livre : c'est un document. Mais plus d'un historien, plus d'un critique verront sans doute leur travail facilité, leurs heures épargnées par la publication, nécessairement monotone, que nous mettons au jour. C'est notre espoir. Et lorsque tant de fureteurs de ce temps s'inquiètent avant tout du profit monnayé de leurs moindres découvertes, il ne nous déplaît pas de mettre à la portée de tous, avec un entier désintéressement, des notes nombreuses, aussi précises qu'il nous a été permis de les faire, et que nous n'avons pas recueillies, on vient de le voir, sans quelque peine.

LA SCULPTURE

CIMETIÈRES DE PARIS

I

CIMETIÈRE DE L'EST

(*Le Père-Lachaise.*)

ADAM-SALOMON (Antony-Samuel).

Dupont (Gustave-François), docteur médecin, né en 1824, décédé en 1872. — Buste en marbre (H. 0ᵐ 57). Signé : *Adam-Salomon, 1874.* (15ᵉ div.)

Adam-Salomon.

Marchal de Calvi (Charles-Jacob), médecin, né à Calvi (Corse), le 4 juin 1815, décédé à Paris le 27 janvier 1873. — Buste en bronze (H. 0ᵐ 70). Signé : *Adam-Salomon, 1874. Boyer et Rolland, fondeurs.* (57ᵉ div.)

Adam-Salomon, et Dubois-Davesnes (Mˡˡᵉ Marguerite-Fanny).

Scribe (Augustin-Eugène), auteur dramatique, membre de l'Académie française, né à Paris le 24 décembre 1791, décédé dans la même ville le 20 février 1861. — Monument composé d'une pyramide à base quadrangulaire. Sur la face antérieure est le médaillon en marbre de l'auteur dramatique, par *Adam-Salomon* [1]. Sur la base sont sculptés en relief des masques, des flûtes, etc. Signé : *Paul Lebègue invᵗ* [2]. Dans la face postérieure est pratiqué un enfoncement formant une sorte de chapelle dans laquelle sont placés les médaillons de

---

1. Renseignements fournis par M. *Paul Lebègue* (28 août 1897).
2. Ces attributs ont été exécutés en 1879. Renseignements fournis par M. *Paul Lebègue* (28 juin 1897).

Scribe et de Marie-Julie-Clarisse MARDUEL, v^{ve} Eugène Scribe, née à Paris le 19 avril 1808, décédée à Paris le 20 avril 1884. Ces médaillons, en plâtre, ont été modelés par Melle M.-F. *Dubois-Davesnes* [1]. (35ᵉ div.)

Adam-Salomon.

SERRES (Etienne-Renaud-Augustin), professeur à la Faculté de médecine de Paris, membre de l'Académie de médecine, directeur de l'école d'anatomie des hôpitaux, professeur au Muséum d'histoire naturelle, membre de l'Académie des Sciences, décédé le 24 janvier 1868, dans sa 82ᵉ année. — Médaillon en marbre blanc (Diam. 0^m 46), par *Adam-Salomon*. La sculpture décorative du monument est de *Paul Lebègue* [2]. (30ᵉ div.)

AGIOUT (Antonino d').

BEAUCHESNE (Élisa Hodgson, vicomtesse de), née le 11 juillet 1818, décédée le 3 avril 1882. — Statue en bronze (Long. 1^m 85) : jeune femme couchée ayant un bouquet de roses dans la main gauche. Signée : *V° Antonino d'Agiout, Naples, 1883.* (57ᵉ div., 2ᵉ section.)

AIZELIN (Eugène-Antoine).

DESFORGES DE VASSENS (Charles-Eugène-Adolphe), né en 1820, décédé en 1871. — Demi-ronde bosse ovale, en bronze (H. 0^m 40. L. 0^m 35). Signée : *E. Aizelin, 1874.* (5ᵉ div.)

ALLAR (André-Joseph).

MAQUET (Auguste), romancier et auteur dramatique, né en 1813, décédé en 1888. — Médaillon en bronze (Diam. 0^m 60). Signé : *A. Allar.* Le monument de Maquet a été élevé sur les dessins d'*Edmond Guillaume*, architecte. Ce monument est décoré d'un entablement orné de feuilles et de rosaces; sur les côtés sont des initiales encadrées et des couronnes d'immortelles; une guirlande de fleurs est sculptée au-dessous du médaillon. Cette décoration est due au ciseau de *J. Héritier* [3]. (54ᵉ div.)

---

1. Renseignements fournis par M. Biollay, gendre d'Eugène Scribe (15 juin 1897).
2. Renseignements fournis par M. *Paul Lebègue* (28 août 1897).
3. Renseignements fournis par M. *J. Héritier* (26 juillet 1897).

ALLIAUD (Jean-Baptiste).

ALLIAUD (Jean-Baptiste), statuaire, né en 1782, décédé en 1865. — Bas-relief en pierre (H. 1 ^{m} 65. L. 0 ^{m} 83) : monument funéraire simulé. Au centre, une urne recouverte d'un voile ; de chaque côté, une femme debout, drapée à l'antique, pose d'une main une couronne d'immortelles sur une colonne qu'elle entoure de son bras ; de l'autre main elle tient une palme ou une branche d'olivier. Au-dessous du bas-relief est gravé : « *Alliaud*, statuaire, ayant commencé ce tombeau peu de temps avant sa mort, il ne put l'achever. » (74 ^{e} div.)

ALLIER (Antoine).

CHAUSSIER (François), médecin, professeur à la Faculté de médecine de Paris et à l'École polytechnique, membre de l'Académie des sciences, médecin de l'hospice de la Maternité, né à Dijon en 1746, décédé à Paris le 9 juin 1828. — Buste en marbre (H. 0 ^{m} 50). Signé : *Allier, 1828.* Le tombeau, élevé d'après les dessins de *Baltard*, architecte, a été gravé par *L. Normand* [1], par *Collette*, d'après un dessin de *Quaglia* [2], et par *Marlier*, d'après un dessin de *Demont* [3]. (18 ^{e} div.)

ALLOUARD (Henri-Émile).

CARSON (J.-A.), né en 1799, décédé en 1868. — Médaillon en marbre (Diam. 0 ^{m} 38). Signé : *H. Allouard, 1868.* (32 ^{e} div., 2 ^{e} section.)

Allouard.

LAMOTHE (Georges), né en 1842, décédé en 1894. — Stèle en marbre blanc. Dans la face antérieure est sculpté un médaillon (Diam. 0 ^{m} 45) soutenu par un enfant. Au bas, fleurs et banderole sur laquelle est gravé : « A mon cher mari. » Signé : *H. Allouard, 1895.* (44 ^{e} div.)

ANFRIE (Charles).

WION-PIGALLE (M ^{me}), maîtresse sage-femme, décédée le

---

1. *Monuments funéraires choisis dans les cimetières de Paris et des principales villes de France, dessinés, gravés et publiés par L. Normand aîné.* Paris. 1832-1847. 2 vol. in-fol., t. I, pl. XXII.

2. *Le Père-Lachaise, ou Recueil de dessins au trait des principaux monuments de ce cimetière, dessinés, lithographiés et publiés par Quaglia.* Paris, s. d., in-4°, pl. IX.

3. *Recueil de divers tombeaux composés ou exécutés dans les cimetières de Paris. Vingt-quatre planches dessinées par Demont et gravées par Marlier.* Paris, 1852, in-4°, pl. V.

23 décembre 1874. — Buste en bronze (H. 0^m 72). Signé :
C. Anfrie s. (68e div.)

ARNAUD (Charles-Auguste).

Donzel (Marie-Charles), peintre, né le 6 février 1824,
décédé le 20 mars 1889. — Médaillon en bronze (Diam.
0^m 25), en exergue duquel on lit : « Charles Donzel
A° MDCCCLX. » Signé : *Aug. Arnaud sc.* (53e div.)

AUBAN (Paul).

Blanvillain (François-Louis-Honoré), né le 16 mai
1839, décédé le 16 février 1894. — Médaillon en bronze
(Diam. 0^m 22). Signé : *P. Auban, 1894.* (44e div.)

AUBÉ (Jean-Paul).

Vuidet (Gaston), décédé le 8 juillet 1891, à l'âge de
37 ans. — Statue en bronze (grandeur nature) : Vuidet est
représenté assis. Signée : *P. Aubé. Thiébaut frères, fondeurs.*
Sur le piédestal, en marbre rose, sont fixées une lyre et une
palme en bronze. (95e div.)

BAILLY (Charles-Eloy).

Grandidier (Julie Kieffer, Mme), née à Saverne (Bas-
Rhin) en 1805, décédée à Paris en 1887. — Buste en bronze
(H. 0^m 60). Signé : *Bailly.* (53e div.)

BARBEZAT.

Sagne (Constant), décédé le 27 octobre 1863, et Louise
Sagne, née Vaucher, décédée le 29 décembre 1862. — Bas-
relief en fonte (H. 0^m 40. L. 0^m 37) : une femme ailée et
voilée, ayant un genou en terre, entoure de ses bras une urne
funéraire décorée d'une guirlande d'immortelles sur laquelle
elle pose la tête. Signé : *Barbezat. Val d'Osne.* (6e div.)

BARRE (Jean-Auguste).

Musset (Alfred de), poète, membre de l'Académie française, né à Paris le 11 décembre 1810, décédé dans la même
ville le 2 mai 1857. — Édicule formant abri à sa partie supérieure. Au centre est placé le buste en marbre du poète
(H. 0^m 55). Signé : *A. Barre f^{it}, 1858.* Au-dessous du buste

sont sculptées une lyre et des palmes entrelacées. Sur le soubassement on lit ce début de *Lucie* :

> Mes chers amis, quand je mourrai,
> Plantez un saule au cimetière,
> J'aime son feuillage éploré ;
> La pâleur m'en est douce et chère,
> Et son ombre sera légère
> A la terre où je dormirai[1].

Le monument, élevé sur les dessins de *A.-A. Jal*, architecte, a
été gravé par *Obermayer*[2]. (4ᵉ div. 1ʳᵉ section.)

BARRIAS (Louis-Ernest).

La Forge (Anatole de), défenseur de Saint-Quentin, né
le 1ᵉʳ avril 1821, décédé le 6 juillet 1892. — Statue en bronze
(grandeur nature). De La Forge est représenté debout, en
costume d'officier. Il brandit l'épée nue, de la main droite,
tandis que de la main gauche il indique le point à défendre.
Derrière lui, un poteau brisé gît à terre. Sur la pancarte atte-
nant au poteau, on lit : « Saint-Quentin. » Signée : *E. Barrias, 1893, Thiébaut frères, fondeurs*. Le monument a été élevé
sur les dessins de *Gerhardt*, architecte. Nous relevons l'inscription gravée sur la face antérieure : « A la mémoire d'Anatole de La Forge, le vaillant défenseur de Saint-Quentin,
le fidèle serviteur de la démocratie. Souscription nationale,
8 octobre 1893. » (66ᵉ div.)

Barrias.

Guérinot (Antoine-Gaëtan), architecte du Gouvernement, né en 1830, inhumé le 5 décembre 1891 ; et Jeanne-
Amanda Roberts, née Guérinot, 1824-1892. — Au sommet
du tombeau est un socle surmonté d'une colonne. Une
jeune femme, assise sur le socle, est adossée à la colonne.
Elle tient une couronne de fleurs dans la main droite. Cette
statue en marbre (grandeur nature) est signée : *E. Barrias,*

---

1. Il a été tenu compte du désir exprimé par le poète ; mais le saule, gêné jusqu'à
ce jour, dans sa végétation, par des arbres voisins, ne parvient pas à faire d'om-
brage au tombeau d'Alfred de Musset.

2. *Architecture funéraire contemporaine. Spécimens de tombeaux, chapelles funéraires,
mausolées, sarcophages, etc.. choisis principalement dans les cimetières de Paris*, par César
Daly. Paris, 1871, in-fol., 1ʳᵉ section C, pl. 1.

1893. Aux pieds de la femme est un plan demi-déroulé sur lequel on lit : « Hôtel de ville de Poitiers dessiné par l'architecte *Guérinot.* » (55ᵉ div.)

Barrias.

Roslin (Emma-Adèle Blanche, Mᵐᵉ), peintre, inhumée le 13 juillet 1883. — Médaillon en marbre blanc (Diam. 0ᵐ 35). Signé : *Barrias.* Sur le médaillon est écrit « *Emma Roslin, 1884.* » (22ᵉ div.)

Barrias.

Bigot (Charles), écrivain, né en 1840, décédé en 1893. — Médaillon en bronze (Diam. 0ᵐ 40). Signé : *E. Barrias, 1894.* Le monument, construit sur les dessins de *J. Guadet,* architecte, a été élevé par les amis de Charles Bigot. L'inauguration a eu lieu en juillet 1894[1]. (44ᵉ div.)

Barrias. Voy. Noël (Edme-Antony-Paul, dit Tony).

BECQUET (Just).

Vernier (Émile), peintre, né à Lons-le-Saulnier (Jura), le 29 novembre 1829, décédé à Paris le 23 mai 1887. — Médaillon ovale en bronze (H. 0ᵐ 46. L. 0ᵐ 40). Signé : *Becquet.* (90ᵉ div.)

BERNARD (Antoine-Louis).

Doisteau (Gabriel-Michel-René), décédé le 18 avril 1860. — Buste en bronze (H. 0ᵐ 54). Signé : *1855, L. Bernard.* (74ᵉ div.)

BERTAUX (Léon).

Gautier (Jean-François-Eugène), compositeur, professeur au Conservatoire de musique, né le 27 février 1822, décédé le 1ᵉʳ avril 1878. — Médaillon en bronze (Diam. 0ᵐ 60). Signé : *Léon Bertaux.* (1ʳᵉ div.)

BETTANNIER (Albert).

Cartier (le Conseiller Ch.), né en 1828, décédé en 1887. —Dans le fronton d'une chapelle est encastré un médaillon en bronze (Diam. 0ᵐ 50), par *A. Bettannier*[2]. (92ᵉ div.)

---

1. Voy. le *Journal des Arts* du 21 juillet 1894.
2. Renseignements fournis par M. *A. Bettannier* (8 septembre 1897).

BOGINO (Frédéric-Louis-Désiré).

Amussat (Jean-Zulima), chirurgien, membre de l'Académie de médecine, né à Saint-Maixent (Deux-Sèvres) le 21 novembre 1796, décédé à Passy le 13 mai 1856. — Médaillon ovale en bronze (H. 0^m 59. L. 0^m 53). Signé : *F. Bogino.* (15e div.)

BOISSEAU (Émile-André).

Rossignol (Charles), fabricant de jouets d'enfants. — Buste en marbre (H. 0^m 80 environ), placé dans un enfoncement circulaire pratiqué dans le fronton d'une chapelle. Une guirlande de roses entoure le bord extérieur de l'enfoncement. De chaque côté du buste est un petit génie, nu, accroupi, en pleurs ; l'un tient une palme, et l'autre une branche de laurier. Ces génies sont également en marbre. Signé : *E. Boisseau, 1891.* Autour du buste sont gravés ces mots : « Patriotisme, Travail, Bienfaisance. » La chapelle a été construite d'après les dessins de *Henri Parent,* architecte. (64e div.)

BONNASSIEUX (Jean-Marie).

Ingres (Jean-Auguste-Dominique), peintre, membre de l'Institut, sénateur, né à Montauban le 1er septembre 1780, décédé à Paris le 14 janvier 1867. — Buste en marbre blanc (H. 0^m 55). Signé : *B...[Bonnassieux], 1868.* Le monument, qui consiste en un édicule de style grec, a été construit d'après les dessins de *Victor Baltard,* architecte [1]. Gravé par *Gibert* [2]. (23e div.)

Bonnassieux.

Levaigneur (Louis-Félix), commissaire-priseur, né en 1815, décédé en 1889. — Buste en marbre (H. 0^m 65), par *J.-M. Bonnassieux, 1890* [3]. (16e div.)

BORREL (Valentin-Maurice).

Lourmand (A.-D.), fondateur et professeur pendant 32 ans du cours normal gratuit pour les institutrices, né le

---

1. Voy. *l'Artiste*, année 1868, p. 283.
2. *Architecture funéraire contemporaine*, 2e section D, pl. XV.
3. Renseignements fournis par Mme Levaigneur (12 juin 1897).

10 avril 1795, décédé le 1er juin 1864. — Médaillon en bronze (Diam. 0m 20). Signé : *Borrel, 1858.* Une inscription nous apprend que le monument élevé à la mémoire de Lourmand est un « souvenir d'affection de ses élèves reconnaissantes. » (53e div.)

BOSIO (François-Joseph, baron).

Masséna (André), duc de Rivoli, prince d'Essling, maréchal de France, né à Nice le 6 mai 1758, mort à Paris le 4 avril 1817. — Buste en marbre blanc (H. 0m 40), par *Bosio*[1]. Le monument de Masséna, élevé sur les dessins de *Méry Vincent*, architecte, a été gravé par *L. Normand*[2], par *Collette*, d'après un dessin de *Quaglia*[3], et par *de Jolimont*[4]. (28e div.)

BOSIO (Astianax-Scévola).

Crozatier (Charles), fondeur, né au Puy (Haute-Loire) en 1795, décédé à Paris le 8 février 1855. — Monument quadrangulaire en marbre veiné vert, à fronton cintré, divisé au centre par un petit génie ailé en bronze. Le sommet est surmonté d'un vase à anses, également en bronze, sur lequel sont assis deux enfants dos à dos, tenant dans leurs mains les attributs du fondeur. Le vase est en outre décoré de bas-reliefs; l'un représente un cippe simulé : une femme voilée s'accoude sur le cippe, pendant qu'une deuxième femme vient y poser une couronne d'immortelles; l'autre figure le médaillon de Crozatier. Dans la face antérieure du monument, deux niches dans lesquelles sont placés le buste en bronze (H. 0m56) du fondeur, et un buste de femme (sans doute la femme de *Crozatier*), en marbre (H. 0m 57). Au-dessus des bustes, dans le fronton du monument, une enfant nue, ailée, assise, tient dans chaque main un bouquet formé de branches de cyprès, de chêne, etc. Au-dessous des bustes se trouvent trois bas-reliefs en bronze (H. 0m 22, L. 0m 29) ayant pour sujets des scènes d'atelier où l'on voit *Crozatier* donnant des ordres à ses ouvriers[5]. (49e div., 2e section.)

---

1. C'est le graveur *L. Normand* aîné qui, dans son ouvrage, attribue le buste de Masséna à *Bosio*.

2. *Monuments funéraires*, etc., t. I, pl. xiv.

3. *Le Père-Lachaise*, etc., pl. xvii.

4. *Les mausolées français. Recueil des tombeaux les plus remarquables érigés dans les cimetières de Paris, par T. de Jolimont.* Paris, Firmin-Didot, 1821, in-4°.

5. Aucune signature ne nous autorise à nommer *Bosio* neveu comme auteur de ce

BOSSETTI ou **ROSSETTI** (**A.**).

ANDRIANOFF (Hélène), décédée le 26 octobre 1857. — Statue en marbre de jeune femme, couchée (Long. 1ᵐ 70). Signée : *A. Bossetti. f. Roma, 1861* [1]. (49ᵉ div., 2ᵉ section.)

BOTTA.

YAKOWLEFF (Jean de), né le 15 septembre 1804, décédé à Paris le 12 avril 1882. — Petite chapelle en forme de basilique russe. La porte et les grilles sont en bronze doré. Dans le fronton de la chapelle est peint un *Saint Alexis*. A l'intérieur, l'autel est décoré d'un *Saint Jean Chrysostome*. Ces deux peintures sont dues au pinceau de M. *Fédoroff*. Le monument, construit à Saint-Pétersbourg en 1885, a été exécuté sur les dessins de l'architecte *Novitzky*. M. *Botta* est l'auteur de la partie sculpturale. Ce monument a été élevé à la mémoire de Yakowleff par le prince Alexis Soltykoff, son petit-fils. (82ᵉ div.)

BOUCHER (**Alfred**).

BOUYER (Louis-Charles), entrepreneur de maçonnerie, né le 11 janvier 1812, décédé le 29 novembre 1880. — Buste en bronze (H. 0ᵐ 45). Signé : *A. Boucher, 1881*. (35ᵉ div.)

Boucher.

AUDIFFRED (François-Joseph), avocat, adjoint au maire du IVᵉ arrondissement, juge au Tribunal de Commerce de la Seine, vice-président de la « Paternelle », président de la Société académique de l'Aube, né à Troyes le 24 janvier 1807, décédé à Paris le 18 février 1892. — Buste en marbre blanc (H. 0ᵐ 78). Signé : *A. Boucher, 1894*. (28ᵉ div.)

Boucher. Voy. **Chapu** (**Henri**).

monument, mais *Crozatier*, décédé le 8 février 1855, par son testament en date du 27 janvier précédent, charge *Bosio*, « son ami », d'exécuter, moyennant une somme de 40.000 francs, un tombeau de famille dans lequel sera déposée sa dépouille ainsi que celles de sa mère, de sa femme, de son beau-père et de sa belle-mère. Ce tombeau devra être placé au Père-Lachaise. Nous ne mettons pas en doute que *Bosio* ne se soit acquitté de la tâche qui lui était confiée, car le même artiste a sculpté la fontaine monumentale du Puy dont *Crozatier*, dans le testament précité, l'avait chargé, et un buste de *Crozatier* par *Bosio*, offert au Musée du Puy par son auteur, nous paraît être une réplique de celui qui décore le tombeau dont nous nous occupons ici.

1. Nous n'osons affirmer que l'initiale du nom de l'artiste soit un B plutôt qu'un R.

BOUGRON (Louis-Victor).

Bourgeois (E.-G.), maire du ve arrondissement, juge au tribunal de Commerce, né le 18 février 1780, décédé le 6 avril 1834. — Buste en marbre (H. 0^m 60). Signé : *L. V. Bougron, 1835.* Ce monument a été érigé à Bourgeois par ses concitoyens du ve arrondissement, sa veuve et ses enfants. (21e div.)

BOURET (Eutorpe).

Bouvier (Alexis), homme de lettres, 1836-1892. — Buste en bronze (H. 0^m 65). Signé : *Bouret, 1892.* (47e div.)

BOUSSARD.

Florens (A.), 1875-1885. — Bas-relief en marbre blanc (H. 1^m 80. L. 1^m 10) : une enfant s'élevant au ciel; elle pose un doigt sur ses lèvres; de l'autre main elle laisse tomber des fleurs. Signé : *Boussard, inv^t.* (47e div.)

BOVERIE (Eugène-Jean).

Dubost (Germaine), morte à 20 ans. — Statue en pierre (H. 1^m 20) : jeune fille assise ayant les mains jointes et la tête inclinée, dans l'attitude de la rêverie. Signée : *Boverie.* (21e div.)

BRA (Théophile-François-Marcel) et **CRAUK (Gustave-Adolphe-Désiré).**

Béclard (Pierre-Auguste), professeur d'anatomie à la Faculté de médecine de Paris, chirurgien en chef de la Pitié, né à Angers le 12 octobre 1785, mort à Paris le 16 mars 1825. — Buste en bronze (H. 0^m 52). Signé : *Bra, 1826.* Gravé par *Collette,* d'après un dessin de *Quaglia* [1]. — Béclard (Jules-Auguste), doyen de la Faculté de médecine de Paris, secrétaire perpétuel de l'Académie de médecine, né à Angers le 17 décembre 1817, mort à Paris le 9 février 1887. — Buste en bronze (H. 0^m 53). Signé : *Crauk.* Ce monument a été élevé par la famille, les élèves, les collègues et les amis des Béclard. (8e div., 3e section.)

---

1. *Le Père-Lachaise,* etc., pl. II.

Bra.

HAUTIN (Mme Anne-Monique), décédée le 9 mai 1832. — Buste en bronze (H. 0^m 55), par *Th. Bra*[1]. (36e div.)

Bra.

VALLESTROS (François), général en chef des armées d'Espagne, ministre de la guerre, mort en exil, à Paris, le 28 juin 1832. — Buste en bronze (H. 0^m 70). Signé : *Bra, sculpt^r, Soyer et Ingé fond^rs*. (28e div.)

BRUCHON (Émile) et DESCHAMPS (Léon).

RUEL (Louise), née en 1855, décédée en 1877. — Jeune fille debout ayant près d'elle une enfant qui tend la main pour prendre des fleurs; groupe en granit (grandeur nature). Signé : *E. Bruchon*[2]. Sur la face antérieure du piédestal de la statue est fixé un bas-relief, en marbre, de forme rectangulaire (H. 0^m 55. L. 0^m 30), représentant un enfant. Dans l'angle supérieur gauche, on lit ce simple nom : « Renée. » Signé : *Léon Deschamps*, 1890. (81e div.)

BRUN (Sylvestre-Joseph).

SAVART (François-Louis), fabricant de bronzes, né le 6 juin 1780, décédé le 6 novembre 1828. — Buste en bronze (H. 0^m 51). Derrière le piédouche est gravé : « Modèle de souvenir par *S. J. Brun* en février MDCCCXXIX, ciselé par *Vuarin*. » Gravé par *L. Normand*, d'après un dessin de *Boisselier*[3]. (25e div.)

Brun.

GOSSEC (François-Joseph), compositeur, membre de l'Institut, né à Vergnies (Hainaut) le 17 janvier 1734[4], décédé à Passy le 16 février 1829. — Médaillon en marbre (Diam. 0^m 43). Signé : *S. J. Brun f.*, 1829. (13e div.)

CADIOT (Noémie). Voy. VIGNON (Claude).

---

1. L'original, en marbre blanc, daté de 1832, est la propriété de Mme veuve Launay-Hautin, demeurant à Choisy-le-Roi. Renseignements fournis par M. Paul Doria (6 juillet 1897).
2. Le modèle de ce groupe a figuré au Salon de 1880, sous le n° 6140.
3. *Monuments funéraires*, etc., t. I, pl. XLII.
4. Fétis fait naître Gossec en 1733.

CAILLOUETTE (Louis-Denis). Voy. DAVID D'ANGERS.

CAPELLARO (Charles-Romain).

Capellaro.

Capellaro (Famille). — Statue en marbre (H. 1^m 85) : jeune femme ailée, les yeux levés vers le ciel, prête à s'élever dans les airs. Signée : *C. Capellaro, 1863.* (81e div.)

Capellaro.

Allan-Kardec (Hippolyte-Léon-Denizard Rivail, dit), fondateur de la philosophie spirite, né le 30 octobre 1804, décédé le 31 mars 1869. — Buste en bronze (H. 0^m 53). Signé : *Capellaro, 1870, F^{du} par V^{or} Thiébaut.* (44e div.)

Capellaro.

Houel (Charles-François), décédé le 18 juillet 1870, à l'âge de 45 ans, et Houel (Ferdinand), décédé le 5 avril 1893, à l'âge de 37 ans. — Statue en pierre (H. 1^m 55) : un ange en pied, debout, ayant les ailes ouvertes et les bras croisés. Signée : *C. Capellaro.* (62e div.)

Capellaro.

Leclert (Émile), né en 1862, décédé en 1895. — Médaillon en marbre blanc (Diam. 0^m 55). Signé : *C. Capellaro.* (52e div.)

CARLIER (Émile).

Carlier (Marie-Anne-Adélaïde Brillet, femme de l'architecte Ernest-Joseph-Jean-Baptiste), décédée en 1878 dans sa 36e année. — Groupe en bronze (H. 1^m 35) : un ange, qui vient de terrasser Lucifer, s'élève au ciel emportant une jeune femme drapée. Signé : *E. Carlier, sculp. J. Graux et Cie, fondeurs. Paris, 1879.* (63e div.)

CARLÈS (Antonin-Jean).

Cernuschi (Henri), homme politique et collectionneur, né en 1821, décédé en 1896. Une forte stèle, de forme ronde, en marbre blanc, surmontée d'un dôme, est décorée d'un médaillon de l'amateur ayant pour fond un drapeau dont les plis sont fouillés dans la stèle. Signé : *Antonin Carlès, 1897.* Les armoiries de Rome, Milan et Paris complètent la décoration du monument. (66e div.)

CARLUS (Jean).

VALLÈS (Jules-Louis-Joseph), journaliste, né au Puy (Haute-Loire) le 10 juin 1832, décédé à Paris le 14 février 1885. — Buste en bronze (H. 0ᵐ 65). Signé : *Carlus, 1887. Griffoul et Lorge, fondeurs à Paris.* Sur la face antérieure du tombeau sont gravés ces mots : « Ce qu'ils appellent mon talent n'est fait que de ma conviction. J. V. » (66ᵉ div.)

CARRIER-BELLEUSE (Albert-Ernest).

WITTMAN (Mᵐᵉ). — Dans une chapelle est placé le buste de Mᵐᵉ Wittmann, en marbre blanc (H. 0ᵐ 45), exécuté en 1869. Signé : *Carrier-Belleuse*[1]. (29ᵉ div.)

CARTELLIER (Pierre).

DENON (le baron Dominique VIVANT), dessinateur et graveur, archéologue, diplomate, né à Chalon-sur-Saône le 4 janvier 1747, décédé à Paris le 27 avril 1825. — Statue en bronze (H. 1ᵐ 55) : Denon, assis, en costume moderne, la tête nue, tient un crayon dans la main droite. Signée : *P. Cartellier, 1826.* Gravé par *Collette,* d'après un dessin de *Quaglia*[2]. (10ᵉ div.)

CAVELIER (Pierre-Jules).

TITEUX DE FRESNOIS (Philippe-Auguste), architecte, grand-prix de Rome (1842), né à Paris le 13 septembre 1814, décédé à Athènes le 1ᵉʳ février 1846. — Médaillon en bronze (Diam. 0ᵐ 35). Signé : *J. Cavelier, Roma, 1847.* (39ᵉ div.)

Cavelier.

CAVELIER (A.-L.-M.), architecte dessinateur, né à Paris le 9 janvier 1785, décédé le 1ᵉʳ février 1867. — Médaillon en bronze (Diam. 0ᵐ 38). Signé : *J. Cavelier, 1867.* (8ᵉ div., 1ʳᵉ section.)

Cavelier.

MOORE (Edmond). Médaillon en marbre blanc (Diam. 0ᵐ 43). Signé : *J. Cavelier, 1878.* Le tombeau a été élevé à la mémoire de Moore par ses parents et ses amis. (65ᵉ div.)

---

1. Le marbre appartient à M. Wittmann. Renseignements fournis par le propriétaire du buste. le 10 septembre 1897.
2. *Le Père-Lachaise,* etc., pl. x.

CESARI (Colonna).

Verdier (Paul), né en 1827, décédé en 1886. — Buste en terre cuite (H. 0ᵐ 55). Signé : *Colonna Cesari, 1862.* (96ᵉ div.)

CHABERT (C.).

Keller (Ferdinand-Théodore), né à Strasbourg le 3 avril 1812, décédé à Paris le 28 février 1885. — Médaillon en bronze (Diam. 0ᵐ 27). Signé : *C. Chabert, 1870.* (96ᵉ div.)

CHALLI (Giuseppe).

Besson-Bey (Dora de Steinberg, veuve de l'amiral), décédée le 5 janvier 1839. — Buste en marbre blanc (H. 0ᵐ 77). Signé : *Giuseppe Challi.* (4ᵉ div., 2ᵉ section.)

CHANNEBOUX.

Lebrun (Charles-François), duc de Plaisance, homme d'État, littérateur, né à Saint-Sauveur (Manche) le 19 mars 1739, décédé à Saint-Mesme (Seine-et-Oise) le 16 juin 1824. —Monument surmonté d'un fronton porté par huit colonnes. Au-dessous, un sarcophage rectangulaire décoré de bas-reliefs en marbre (H. 0ᵐ 95. L. 2ᵐ 20 et 0ᵐ 75). Côté gauche : médaillon de Lebrun sculpté au centre d'une couronne de chêne ; de chaque côté est un génie ailé accoudé sur la couronne. — Côté droit : Au centre, une femme ailée, debout, pose une couronne de chaque main sur deux stèles simulées supportant les bustes d'Homère et du Tasse ; deux génies nus, ailés, présentent chacun une tablette aux deux maîtres ; on lit sur l'une de ces tablettes : « Traduction de la *Jérusalem délivrée* », et sur l'autre : « Traduction de l'*Iliade* d'Homère ». — Face antérieure : Femme debout, drapée, coiffée d'une couronne murale, s'appuyant de la main gauche sur une proue de vaisseau décorée d'armoiries, lions posant leurs pieds sur un écusson ; au bas est gravé : « Gᵛ de la Hollande. » — Face postérieure : Femme debout, drapée, ayant une couronne murale sur la tête ; les mains sont croisées sur la poitrine ; le coude droit pose sur une proue de vaisseau sur laquelle est sculpté un lion passant. Au bas, on lit : « Gᵛ de Gênes. » Ces bas-reliefs ne comportent aucune signature, mais à la base du monument est gravé : « *Channeboux,* sculpteur à Volvic, dép[t] du Puy-de-Dôme », et « *L.-T. Van Cléemputte*, architecte[1] ». Gravé par *L. Normand*[2]. (5e div.)

CHAPU (Henri-Michel-Antoine) et BOUCHER (Alfred).

Barbedienne (Ferdinand), fondeur, né à Saint-Martin-de-Fresnoy (Calvados) le 10 janvier 1810, décédé à Paris le 21 mars 1892. — Stèle quadrangulaire, en granit, surmontée du buste en bronze de Barbedienne (H. 0[m] 85). Signé : *H. Chapu*[3]. A droite de la stèle, une jeune femme debout tenant d'une main un marteau et de l'autre une palme ; à gauche une jeune femme coiffée d'un casque, ayant une palme dans la main droite. Une jeune fille, demi-nue, est assise sur la pierre tumulaire ; d'une main elle tient une torche renversée. Ces figures, en bronze (grandeur nature), sont de *A. Boucher*. (53e div.)

Chapu et David (Pierre-Jean).

Reynaud (Jean-Ernest), philosophe et homme politique, né à Lyon le 14 février 1806, décédé à Paris le 28 juin 1863. — Haut-relief en marbre blanc (H. 2[m] 95. L. 1[m] 80) : le génie de l'*Immortalité*, nu, sans ailes, monte dans l'espace comme la pensée, emporté vers le ciel par son propre poids. Les deux bras sont levés ; une flamme brille sur le front ; les plis tombants d'une draperie qui suit le mouvement du corps marquent la vitesse de l'élan. Signé : *H. Chapu*[4]. Au-dessous du haut-relief, se trouve le médaillon en bronze du philosophe (Diam. 0[m] 65). Signé : *David, 1838*. (63e div.)

Chapu.

Agoult (Marie-Sophie-Catherine de Flavigny, comtesse d'), dite Daniel Stern, née à Francfort-sur-le-Mein le 31 décembre 1805, décédée à Paris le 5 mars 1876. — Haut-relief en marbre (H. 2[m] 30. L. 1[m] 45) : la *Pensée* est représen-tée par une jeune femme assise, soulevant son voile de la

---

1. M. le comte de Maillé, sénateur de Maine-et-Loire, nous écrit, à la date du 13 juillet 1897, que le monument du duc de Plaisance a été élevé à sa mémoire, en 1831, par Mme de Chabot-Volvic et que celle-ci avait choisi *Channeboux*, sculpteur à Volvic, pour exécuter la sépulture dont elle avait pris l'initiative.

2. *Monuments funéraires*, etc., t. II, pl. xx et xxi.

3. Le marbre d'après lequel a été fondu ce bronze a figuré au Salon de 1882, sous le n° 4198.

4. Le modèle de ce haut-relief a figuré au Salon de 1880, sous le n° 6177, et le marbre au Salon de 1882, sous le n° 4197.

main droite; à sa gauche, le buste de Goëthe posé sur une stèle simulée[1]. Dans la partie supérieure du monument est encastré le médaillon en marbre (Diam. 0^m 50) de la comtesse d'Agoult. Ce monument est signé : *H. Chapu.* (54ᵉ div.)

Chapu.

Cogniet (Léon), peintre, membre de l'Institut, né à Paris le 29 août 1794, décédé dans la même ville le 20 novembre 1880. — Monument en marbre formé d'un soubassement, de colonnes et d'un fronton. Dans la face antérieure est sculpté le médaillon du peintre (Diam. 0^m 60), par *H. Chapu.* A la base du monument sont sculptés une palette, des pinceaux, une couronne de laurier et une palme. (15ᵉ div.)

Chapu.

Picard (Louis-Joseph-Ernest), avocat, député, membre du Gouvernement de la Défense nationale, ministre des Finances, ministre de l'Intérieur, ambassadeur, sénateur, né en 1821, décédé en 1877. Demi-ronde bosse en marbre blanc (Diam. 0^m 40). Signée : *H. Chapu.* La sculpture ornementale a été exécutée par *J. Héritier.* Elle se compose d'une antéfixe avec fleurs de liseron retombant autour du médaillon; au-dessous, une guirlande traversée par des branches de cyprès; à la naissance de la guirlande sont des doubles culots d'où partent de petites fleurs. (8ᵉ div., 2ᵉ section.)

Chapu.

Bancroft (Clara E. Peabody widow of Eduard), of Boston Mass U. S. A., décédée le 3 septembre 1882 à l'âge de 52 ans. — Haut-relief en bronze (grandeur nature) représentant mistress Bancroft, en pied, debout, tenant un bouquet de fleurs. Signée : *H. Chapu*[2]. (41ᵉ div.)

Chapu. Voy. **Mercié (Antonin).** Voy. **Pech (Gabriel).**

CHAPUY (A.).

Provost (Louis), instituteur primaire, né le 13 janvier

---

1. Le modèle de ce haut-relief a figuré au Salon de 1877, sous le n° 3643.

2. Mistress Bancroft, qui avait d'abord été inhumée à Passy, fut transportée au Père-Lachaise le 28 mai 1884. Une inscription gravée sur la face postérieure du monument nous apprend qu'il a été élevé, en témoignage d'un pieux souvenir, par « son gendre et ses petits-enfants pour accomplir les dernières volontés de sa fille la comtesse Tyszkiewicz. »

1815, décédé le 9 juillet 1865. — Médaillon en marbre blanc (Diam. 0ᵐ 40). Signé : *A Chapuy, statuaire, 1866*. En exergue du médaillon est gravé : « A la mémoire de M. Provost ses élèves reconnaissants. » (49ᵉ div., 2ᵉ section.)

CHAPUY (Jean).

LACHAT (Jean), artiste dramatique. — Médaillon en bronze (Diam. 0ᵐ 40). Signé : *Jean Chapuy, 1876*. — DELA-BROUSSE (Marie LACHAT, Mᵐᵉ), décédée le 7 janvier 1884 à l'âge de 50 ans. — Médaillon en bronze (Diam. 0ᵐ 23). *Non signé*. (46ᵉ div.)

CHARDIGNY-DEMOUGE (Pierre-Joseph).

GAMBEY (Henri-Prudence), ingénieur mécanicien, membre du Bureau des longitudes et de l'Académie des sciences, né à Troyes le 8 octobre 1787, décédé à Paris le 29 janvier 1847. — Buste en bronze (H. 0ᵐ 52). Signé : *Chardigny-Demouge Fᵗ Paris, 1847. Fⁱᵉ de Eck et Durand*[1]. (15ᵉ div.)

CHARNOD (A.).

ELSON (Philippe d'), né à Saint-Pétersbourg en 1785, décédé à Paris le 4 novembre 1867. — Buste en bronze (H. 0ᵐ, 48). Signé : *A. Charnod fondeur 1878*. (56ᵉ div.)

CHARODEAU.

POINAT (Gabriel), chef du 94ᵉ bataillon de la garde nationale de Paris, 1870-1871, maire d'Yvry-sur-Seine, né en 1811, décédé en 1879. — Buste en bronze (H. 0ᵐ 55). Signé : *Charodeau. J. Bigan, fondeur*. (46ᵉ div.)

CHARRIER (Pierre-Édouard).

HACHIN (Édouard), président d'honneur de la Lice chan-sonnière. — Médaillon en bronze (Diam. 0ᵐ 30). Signé : *Édouard Charrier, 1892*. Le monument d'Édouard Hachin a été élevé à sa mémoire par sa famille et ses amis. (71ᵉ div., 1ʳᵉ section.)

---

1. Le modèle de ce buste a figuré au Salon de 1848, sous le nº 4661.

CHATROUSSE (Émile-François).

SOYER (Ernest), décédé le 19 octobre 1857. — Buste en pierre (H. 0^m 45). Signé : *E. Chatrousse, 1852.* (73e div., 2e section.)

CHAVALLIAUD (Léon-Joseph).

PAUPY (Barthélemy), industriel, né à Noaille (Creuse) le 6 février 1826, mort à Paris le 17 mars 1892. — Buste en bronze (H. 0^m 68). Signé : *D'après photographie, Chavalliaud, 1892.* (92e div.)

CHEVALIER (Jacques-Marie-Hyacinthe).

LEFÉBURE-WÉLI (Louis-James-Alfred), organiste, compositeur, né à Paris le 13 novembre 1817, décédé dans la même ville le 31 décembre 1869. — Buste en marbre (H. 0^m 50), par *H. Chevalier*[1]. Au-dessous du buste, un bas-relief en marbre (H. 1^m 02. L. 0^m 95) : la Musique, personnifiée par une figure ailée, drapée, est debout; de la main droite elle dépose une palme sur le clavier d'un orgue dont le buffet est recouvert de tentures de deuil; dans la main gauche, pendante, est une harpe. Signé : *H. Chevalier, statuaire, 1873.* Le monument de *Lefébure-Wéli* a été élevé par sa famille, ses élèves et ses amis. La sculpture décorative est due au ciseau de M. *Paul Lebègue*[2]. (4e div., 2e section.)

Chevalier.

MOUTON (l'abbé Eugène), aumônier de la marine, décédé à Paris le 24 avril 1862. — Médaillon en bronze (Diam. 0^m 30). Signé : « A mon ami A. E. Mouton, *H. Chevalier, 1855.* » (50e div.)

Chevalier.

LERENDU (Louise), décédée le 29 mars 1882 à l'âge de 13 ans. — Demi-ronde bosse en marbre blanc (Diam. 0^m 45), par *H. Chevalier*[3]. (60e div.)

---

1. Renseignements fournis par M. *Paul Lebègue* (28 juin 1897).
2. *Ibidem.*
3. Renseignements fournis par M. Justin Peytoureau, gérant de la maison G. Trouvain (27 juin 1897).

CHOISELAT (Ambroise).

Barillet (Jean-Pierre), jardinier en chef de la ville de Paris, architecte paysagiste, né à Saint-Antoine, près Tours, le 7 juin 1824, décédé le 12 septembre 1873. — Buste en bronze (H. 0ᵐ 65). Signé : *Amb. Choiselat, 1875.* Le buste a été érigé par les amis de l'artiste. Le monument, dont la décoration sculpturale est due au ciseau de *Jacomard*, a été élevé sur les dessins de l'architecte *P. Bénard*. (69ᵉ div.)

CLÉSINGER (Jean-Baptiste-Auguste).

Soulié (Frédéric), littérateur et romancier, né le 24 décembre 1800, décédé le 23 septembre 1847. — Demironde bosse en bronze (Diam. 0ᵐ 44). Signé : *Clésinger, sculpteur*. La sculpture décorative du monument a été exécutée par *Roland*. (48ᵉ div.)

Clésinger.

Chopin (Frédéric), compositeur, né à Zaelozowa-Wola (Pologne), décédé à Paris le 17 octobre 1849. — Statue en marbre (H. 1ᵐ 07) : figure allégorique de la Musique, assise, drapée à l'antique, et tenant une harpe; la tête, couronnée de verveine, est inclinée dans l'attitude d'une profonde douleur. Signée : *J. Clésinger, 1850.* Sur la face antérieure du piédestal de la statue est encastré le médaillon ovale en marbre de *Chopin* (H. 0ᵐ 45. L. 0ᵐ 32). Signé : *J. Clésinger.* (11ᵉ div.)

COMERRE-PATON (Mᵐᵉ Jacqueline).

Paton (Emilie Pacini, Mᵐᵉ Jules), écrivain, membre de la Société des gens de lettres, décédée le 19 janvier 1887, dans sa 67ᵉ année. — Médaillon en bronze (Diam. 0ᵐ 60) placé dans le fronton d'une chapelle. Signé : *Jacqueline Comerre, née Paton*. On lit en exergue du médaillon, exécuté en 1887 : « Jacques Rozier ». Ce nom est le pseudonyme sous lequel Mᵐᵉ Paton, qui était officier d'académie, a publié ses romans et ses critiques sur les Salons [1]. (81ᵉ div.)

CORDONNIER (Alphonse-Amédée).

Legrand (Pierre), publiciste, député de Lille, ministre,

---

[1]. Renseignements fournis par *Mᵐᵉ Jacqueline Comerre*, fille de Mᵐᵉ Paton (10 septembre 1897).

né à Lille le 13 mai 1834, décédé à Paris le 31 mai 1895. —
Sur l'acrotère d'une chapelle est placé le buste en marbre blanc
de l'homme d'État (H. 0^m 80), par *A.-A. Cordonnier.* Sur
le socle du buste est gravé : « A Pierre Legrand, ses amis. »
La chapelle, érigée sur les dessins de M. *Alexandre Marteau,*
architecte, est construite en granit de Montjoie (Manche).
L'attique, formant avant-corps, est supporté par deux colonnes
monolithes avec chapiteaux ioniques. L'acrotère est à volutes
pour ménager l'emplacement du buste ; les volutes sont reliées
par une guirlande de feuilles de laurier, de chêne et de rubans,
sculptée dans le granit. Le dôme, d'un seul bloc, est évidé à
l'intérieur pour former coupole afin de recevoir le lampadaire.
Ce dôme, qui comprend la corniche d'entablement, est à res-
sauts et a une hauteur de 1^m 33. La croix surmontant le
dôme est également d'un seul bloc, avec rosace dont les
extrémités ancrées comportent une pomme de pin. La porte
de la chapelle, en bronze fondu et ciselé, est à deux vantaux.
Chaque panneau est décoré d'une branche de palmier à
feuilles ajourées, avec une petite branche grimpante de lierre[1].
(92e div.)

CORTOT (Jean-Pierre).

Casimir-Périer, homme d'État, né à Grenoble le
21 octobre 1777, décédé à Paris le 16 mai 1832. — Monument quadrangulaire surmonté de la statue en bronze (H.
2^m 90) de l'homme d'État. Il est représenté en pied, debout,
la main gauche posée sur la tribune dont la face antérieure
porte : « Charte de *1830.* » Signée : *Cortot, 1837.* Des
bas-reliefs en marbre (H. 1^m. L. 2^m) décorent trois côtés du
monument. — Face antérieure : *l'Éloquence,* debout, la tête
laurée, lève la main droite, tandis que la main gauche serre
un manuscrit. — Côté droit : *la Justice,* debout, drapée à l'antique, s'appuie d'une main sur une épée nue et, de l'autre,
tient les balances. — Côté gauche : *la Fermeté,* debout, drapée à l'antique, est coiffée d'une dépouille de lion ; elle a un
rameau de chêne dans la main gauche et s'accoude sur un fût
de colonne. Ces bas-reliefs sont également dus au ciseau de

---

1. Nous devons ces renseignements à l'obligeance de M. *Alexandre Marteau* (21 juin
1897).

Cortot. — Sur l'entablement du monument on lit : « Sept fois élu député, président du Conseil des ministres sous le règne de Philippe Iᵉʳ, il défendit avec éloquence et courage l'ordre et la liberté dans l'intérieur, la paix et la dignité nationale à l'extérieur. » — Au-dessous de *l'Éloquence* est gravé : « La Ville de Paris, pour consacrer la mémoire d'un deuil général, a donné à perpétuité la terre où repose un grand citoyen. » — L'inscription suivante est gravée sur la face postérieure : « La reconnaissance publique a érigé ce monument sous la direction d'*Achille Leclère* architecte, de *Cortot* statuaire, et par les soins des commissaires. » Gravé par *L. Normand*[1] et par *Marlier*, d'après un dessin de *Demont*[2]. (Rond-point Casimir-Périer[3].)

COUPON (Jean-Joseph).

Destouches (Louis-Nicolas-Marie), né le 20 mai 1788, décédé le 24 janvier 1851, et Armandine-Edmée Destouches, née Charton, décédée le 8 juillet 1831. — Leurs deux portraits accolés dans un médaillon en marbre (Diam. 0ᵐ 50). Signés : *Coupon, 1853*. Le tombeau des époux Destouches, élevé d'après les dessins de *Caristie*, architecte, a été gravé par *L. Normand*[4]. (38ᵉ div.)

COURTET (Xavier-Marie-Benoît-Auguste, dit Augustin).

Baroche (Ernest), chef du 12ᵉ bataillon des gardes mobiles de la Seine, tué au Bourget le 30 octobre 1870. — Buste en bronze (H. 0ᵐ 65). Signé : *A. Courtet, 1872*. (4ᵉ div., 2ᵉ section.)

Courtet.

Uhrich (Jean-Jacques-Alexis), général de division, né à Phalsbourg (Meurthe) le 15 février 1802, décédé à Paris le 9 octobre 1886. — Buste en bronze (H. 0ᵐ 75). Signé : *A. Courtet, 1872*[5]. (50ᵉ div.)

Courtet. Voy. Lequesne (Eugène-Louis).

---

1. *Monuments funéraires*, etc., t. II, pl. XLV et XLVI.
2. *Recueil de divers tombeaux*, etc., pl. X.
3. Ce monument, élevé au moyen d'une souscription nationale à laquelle ont pris part 24.000 souscripteurs, a coûté 58.639 fr. 50.
4. *Monuments funéraires*, etc., t. I, pl. XXX.
5. Ce buste a figuré au Salon de 1872, sous le n° 1622.

COUTAN (Jules-Félix).

ALPHAND (J.-Charles-Adolphe), ingénieur, inspecteur général des ponts et chaussées, directeur des travaux de Paris, membre de l'Institut, né à Grenoble (Isère) le 26 octobre 1817, décédé à Paris le 6 décembre 1891. — Buste en bronze (H. 0ᵐ 80). Signé : *Jules Coutan, 1890.* Le monument a été construit sur les dessins de l'architecte *Formigé* (66ᵉ div.)

COUTAN (Mᵐᵉ Laure).

LAURENT (Marcel), sous-officier, décédé à Phu-Lang-Thuong (Tonkin) le 2 mai 1888, à l'âge de 22 ans. — Demi-ronde bosse ovale en bronze (H. 0ᵐ 40. L. 0ᵐ 36). Signée : *L. Martin Coutan.* (36ᵉ div.)

Coutan (Mᵐᵉ.)

GILL (Louis-Alexandre GOSSET DE GUINNES, dit André), caricaturiste, né à Paris le 17 octobre 1840, décédé à Charenton le 2 mai 1885. — Buste en bronze (H. 0ᵐ 80). Signé : *Laure Coutan, 1887.* (95ᵉ div.)

Coutan (Mᵐᵉ.)

BALON (Camille-Constantin), décédé le 27 juillet 1892, âgé de 46 ans. — Demi-ronde bosse ovale en bronze (H. 0ᵐ 45. L. 0ᵐ 35). Signé : *Laure M. Coutan, 1893.* (36ᵉ div.)

CRAUK (Gustave-Adolphe-Désiré).

BÉCLARD (Léon-Philippe), ministre plénipotentiaire, né en 1820, décédé à Tanger le 7 mars 1864. — Tombeau en marbre surmonté de la *Douleur*, statue en bronze (H. 1ᵐ 25) : jeune femme affaissée, entourant de son bras gauche un édicule sur la face antérieure duquel est sculpté le portrait de Béclard. Signé : *Crauk, 1864.* (4ᵉ div. 1ʳᵉ section.) [1]

Crauk.

ABOUT (Edmond-François-Valentin), littérateur, membre de l'Académie française, né à Dieuze (Meurthe) le 14 février 1828, décédé à Paris le 26 janvier 1885. — Statue en bronze (grandeur nature) : About est représenté assis dans un fauteuil, tenant un livre dans la main gauche et une plume dans

---

1. Voy. *le Petit Moniteur universel* du 10 février 1888.

la main droite. Signée : *Crauk. Thiébaut frères fondeurs*. Le monument d'Edmond About, élevé par souscription, a été exécuté sur les dessins de *W.-O.-W. Bouwens*, architecte. L'inauguration a eu lieu le 20 décembre 1887. (36ᵉ div.)

Crauk. Voy. Bra (Théophile-François-Marcel).

CUGNOT (Et.) et CUGNOT (Louis-Léon).

Lafabrègue (Pierre-Alexandre), né le 26 décembre 1795, décédé le 5 juin 1849. — Médaillon ovale en bronze (H. 0ᵐ 25. L. 0ᵐ 22). Signé : *Et. Cugnot, 1849.* —M.-L. Laperlier, veuve Lafabrègue, décédée le 23 janvier 1880, dans sa 68ᵉ année. — Médaillon ovale en marbre (H. 0ᵐ 22. L. 0ᵐ 19). Signé : *Cugnot Léon, 1859.* (32ᵉ div.)

CUGNOT (Louis-Léon).

Clément-Thomas (Jacques-Léonard), représentant du peuple, général commandant en chef la garde nationale de Paris en 1848 et en 1870, né à Ronzac (Gironde) le 31 décembre 1809, et Claude-Martin Lecomte, général de brigade, né à Thionville (Meurthe) le 8 septembre 1817. Ces deux généraux furent fusillés par les fédérés le 18 mars 1871. — Monument en granit très orné, sur la face antérieure duquel est sculptée en haut-relief (H. 2ᵐ 30) la figure allégorique de la *Justice*, debout, brandissant une épée de la main droite et ayant une couronne dans la main gauche. Signé : *Cugnot*. Le monument a été construit sur les dessins de M. *Ernest-Georges Coquart*, architecte. — L'inscription suivante est gravée sur le monument : « République française. L'Assemblée nationale a adopté, le Président du Conseil, chef du pouvoir exécutif de la République française, promulgue la loi dont la teneur suit : Art. 1ᵉʳ. L'assassinat des généraux Clément-Thomas et Lecomte est un deuil public auquel l'Assemblée appelle le pays tout entier à s'associer. — Art. 2. L'Assemblée nationale assistera à un service solennel qui sera célébré à cette occasion dans la cathédrale de Versailles. — Art. 3. Un monument funèbre sera élevé aux frais de l'État aux généraux Clément-Thomas et Lecomte. Loi du XXVI mars MDCCCLXXI. » (4ᵉ div. 1ʳᵉ section.)

DAGAND (Michel).

Al. exmo Sr D. Pedro Jose de Cardenas conde de Campo Alegre, 1786-1854. — Tombeau quadrangulaire surmonté d'une statue en marbre (H. 1ᵐ 10) : jeune femme à genoux, voilée, les mains jointes; elle prie devant une croix placée au sommet du monument; la tête est inclinée dans l'attitude d'une profonde douleur. Signée : *Dagand, 1855.* (44ᵉ div.)

DALLIER (Jules).

Dasson (Henry), fondeur, décédé en 1896. — Buste en bronze (H. 0ᵐ 70). Signé : *J. Dallier.* (82ᵉ div.)

DALOU (Aimé-Jules).

Blanqui (Louis-Auguste), homme politique, né à Puget-Théniers (Alpes-Maritimes) le 7 février 1805, inhumé le 5 janvier 1881. — Statue couchée en bronze (Long. 1ᵐ 75). Signée : *Dalou. Fondu par E. Gonon.* Le monument de Blanqui, élevé au moyen d'une souscription populaire, a été inauguré le 9 août 1885. (91ᵉ div.)

Dalou.

Amouroux (Charles), ouvrier chapelier, membre de la Commune (1871); conseiller municipal de Paris (1875); conseiller général de la Seine (1881); député de la Seine (1881); député de la Loire (1885), né à Chalabre (Aude) le 24 décembre 1843, décédé à Paris le 23 mai 1885. — Médaillon en bronze (Diam. 0ᵐ 35). Signé : *Dalou.* Sur la face antérieure du monument est gravé : « Nouméa, 1872-1880. » (76ᵉ div.)

Dalou.

Boussingault (Jean-Baptiste), membre de l'Institut, né à Paris le 2 février 1802, décédé le 11 mai 1887. — Buste en bronze (H. 0ᵐ 70). Signé : *Dalou. Gruet, fondeur.* (95ᵉ div.)

Dalou.

Noir (Yvan Salmon, dit Victor), journaliste, né à Attigny (Vosges) le 27 juillet 1848, tué par le prince Pierre Bonaparte le 10 janvier 1870. — Statue couchée, en bronze (grandeur nature). Signée : *Dalou, 1890.* Le tombeau de Victor Noir a été élevé au moyen d'une souscription nationale. L'inauguration a eu lieu le 15 juillet 1891 [1]. (92e div.)

Dalou.

Wolff (Albert), publiciste, né à Cologne (Prusse rhénane) le 31 décembre 1835, décédé à Paris le 23 décembre 1891. — Buste en bronze (H. 0m 65), par *Aimé-Jules Dalou* [2]. (96e div.)

DANTAN (Antoine-Laurent).

Dantan (Famille). Tombeau de forme antique sur lequel sont sculptés des palmes, une couronne, un buste et des outils de sculpteur. Derrière le tombeau se dresse un monument avec entablement, frise et acrotères. De chaque côté du monument est une Cariatide. Les deux Cariatides, vêtues de longs voiles de deuil sur lesquels rampent des branches de lierre, se cachent le visage dans leurs mains. Au-dessus de chaque Cariatide existe un chapiteau corinthien dont les acrotères sont décorés d'anges assis sonnant de la trompette. Sur la face antérieure du monument sont modelés quatre médaillons en marbre renfermés dans des couronnes d'immortelles : 1° Antoine-Joseph-Laurent *Dantan,* sculpteur, né en 1762, décédé en 1842 ; 2° Marie-Charlotte Martine, épouse *Dantan,* née à Anet en 1767, décédée en 1823 ; 3° Antoine-Laurent *Dantan* aîné, statuaire, né le 8 décembre 1798, décédé le 25 mai 1878 ; 4° Jean-Pierre *Dantan* jeune, statuaire, né le 28 décembre 1800, décédé le 6 septembre 1869. Dans la partie rentrante du tombeau est une tête d'enfant en marbre blanc. Les médaillons sont en outre entourés de légères guirlandes polychromes en lave émaillée. Signé sous la Cariatide de droite : *Dantan aîné.* (4e div., 1re section.)

DANTAN (Jean-Pierre).

Potier (G.), décédé le 19 mai 1838. — Buste en bronze (H. 0m 55). Signé : *Dantan jᵉ, 1839.* (4e div., 2e section.)

---

1. Voy. le *Journal des Arts* du 17 juillet 1891.
2. Renseignements fournis par Mᵐᵉ la baronne R. de Mandell (26 juin 1897).

Dantan.

Benech, docteur médecin, 1784-1854. — Buste en bronze (H. 0^m 47). Signé : *Dantan j^e, 1854*[1]. (15e div.)

Dantan.

Perrée (Louis), membre de l'Assemblée constituante, maire du IIIe arrondissement, directeur du journal *le Siècle*, né le 13 mars 1817, décédé le 16 janvier 1851. — Médaillon en pierre (Diam. 0^m 40). Signé : *Dantan, 1862.* (22e div.)

Dantan.

Auber (Daniel-François-Esprit), compositeur, membre de l'Institut, né à Caen le 29 janvier 1782, décédé à Paris le 12 mai 1871. — Buste en marbre blanc (H. 0^m 80). Au-dessous du socle sont sculptées une lyre, des palmes et une couronne. Signé : *Dantan jeune sc.*[2] (4e div., 2e section.)

DAVID D'ANGERS (Pierre-Jean) et CAILLOUETTE (Louis-Denis).

Roland (Philippe-Laurent), sculpteur, né à Marc-en-Pevele, près de Lille, le 13 août 1746, décédé à Paris le 11 juillet 1816. — Stèle en granit, cintrée, dans la face antérieure de laquelle est sculpté le médaillon de l'artiste (Diam. 0^m 34), par *P.-J. David d'Angers.* Au-dessous du médaillon est un bas-relief (H. 0^m 65. L. 0^m 34), représentant *Homère chantant ses poésies* d'après la statue du Musée du Louvre qui fait le plus d'honneur à la mémoire de *Roland*, par *L.-D. Caillouette.* Le médaillon et le bas-relief ont été gravés par *L. Normand*[3]. Le monument de *Roland* a été élevé sur les dessins de *L.-D. Caillouette*[4]. (44e div.)

David d'Angers.

Gobert (J.-N.), général de division, né à la Guadeloupe en 1770, tué à Baylen en 1808. — Le monument se compose d'une statue équestre et de quatre bas-reliefs, en marbre, dus au ciseau de *David d'Angers.* Le général, frappé à mort par un

---

1. Le marbre, d'après lequel a été obtenu le bronze qui nous occupe, a figuré au Salon de 1855, sous le n° 4309.
2. Ce buste a figuré au Salon de 1864, sous le n° 2572.
3. *Monuments funéraires*, etc., t. II, pl. XXII.
4. Renseignements fournis par M. J. Marcel, arrière-petit-fils de *Roland* (15 juin 1897).

guérilla, est représenté tombant de cheval, groupe (H. 3 ^{m} 10). Les quatre bas-reliefs (mesurant 0 ^{m} 95 de haut, 2 ^{m} 30 et 1 ^{m} 35 de large) ont pour sujets. — Face antérieure : « Le général Gobert délivre à Saint-Domingue des soldats français renfermés dans une maison minée, et brûle la cervelle au nègre, leur gardien. » — Côté droit : « Le général Dampierre expirant remet son sabre de bataille au général Gobert. » — Côté gauche : « Le général Gobert, gouverneur de Bologne, apaise une sédition par sa seule présence. » — Face postérieure : « Napoléon Gobert, mourant en Égypte, remet son testament à un ami qui part pour la France. » Une inscription nous apprend que ce monument, où le cœur du général est renfermé, a été élevé par les soins de l'Académie française et de l'Académie des Inscriptions et Belles-Lettres, d'après le mandat qui leur a été confié par Napoléon Gobert, fils du général, dans le testament où il fait ces compagnies dépositaires d'une grande fondation pour l'encouragement des travaux d'histoire nationale. (37ᵉ div.)

David d'Angers.

¹ LEFEBVRE (François-Joseph), duc de DANTZIG, maréchal de France, né à Ruffach (Haut-Rhin) le 25 octobre 1755, décédé à Paris le 14 septembre 1820, et la maréchale, duchesse de DANTZIG, née à Saint-Amarin (Haut-Rhin) le 2 février 1753, décédée à Paris le 29 décembre 1835. — Tombeau de forme antique, en marbre blanc, dans la face antérieure duquel est sculpté un bas-relief (H. 1 ^{m} 23. L. 1 ^{m} 50) : au centre, le médaillon du maréchal; de chaque côté, une Victoire ailée, demi-nue, pose une branche de laurier sur le front de Lefebvre. Une guirlande de laurier et de cyprès, suspendue aux épaules des Victoires, retombe et forme support au médaillon. Au-dessous, l'épée nue du maréchal. Ces sculptures sont dues au ciseau de *David d'Angers*. Le monument du maréchal Lefebvre, élevé sur les dessins de *Provost*, architecte, a été gravé par *L. Normand* ¹, et par *Collette*, d'après un dessin de *Quaglia* ². (28ᵉ div.)

---

1. *Monuments funéraires*, etc., t. I, pl. VII, VIII.
2. *Le Père-Lachaise*, etc., pl. XII.

David d'Angers.

JORDAN (Camille), homme politique et publiciste, né à Lyon le 11 janvier 1771, décédé à Paris le 19 mai 1821. — Médaillon en bronze (Diam. 0^m 53). Signé : *P. J. David d'Angers, 1823.* Le monument de Jordan, élevé sur les dessins de *Mazois*, architecte, a été gravé par *L. Normand*[1] et par *Collette*, d'après un dessin de *Quaglia*[2]. (39ᵉ div.)

David d'Angers.

FOY (Maximilien-Sébastien), général et orateur, né à Ham (Somme) le 3 février 1775, décédé à Paris le 28 novembre 1825. — Monument composé d'un édicule abritant la statue en marbre du général (H. 2^m 13), représenté debout, et drapé à l'antique. Cinq bas-reliefs en pierre (H. 1^m 05, 1^m 11. L. 0^m 73, 2^m 84) décorent le piédestal et sont disposés de la manière suivante. Face antérieure : le Génie de l'Éloquence et le Génie de la Guerre. — Face postérieure : Le général Foy à la Tribune. — Côté gauche : Le général Foy en Espagne. — Côté droit : Funérailles du général Foy. La statue et les cinq bas-reliefs sont dus au ciseau de *David d'Angers*. Le monument, construit sur les dessins de *Vaudoyer*, architecte, a été gravé par *L. Normand*[3], par *Collette*, d'après un dessin de *Quaglia*[4], par *Marlier*, d'après un dessin de *Demont*[5], et par *J.-J. Sulpis*[6]. (28ᵉ div.)

David d'Angers.

BOURCKE (Comte Edmond de), conseiller intime des conférences de S. M. le roi de Danemark et son ministre plénipotentiaire près la Cour de France, né à Sainte-Croix (Antilles danoises) le 2 novembre 1761, décédé à Vichy le 12 août 1821 ; et Maria Assunta Leonida BUTINI, veuve du comte Edmond de BOURCKE, née à Sienne (Grand duché de Toscane) le 31 mars 1764, décédée à Paris le 13 février 1845. — Bas-relief en marbre (H. 1^m 90. L. 1^m 60), représentant la comtesse de Bourcke assise sur un siège antique, ayant une

---

1. *Monuments funéraires*, etc., t. I, pl. XII.
2. *Le Père-Lachaise*, etc., pl. XVI.
3. *Monuments funéraires*, etc., t. II, pl. II, III et IV.
4. *Le Père-Lachaise*, etc., pl. XVIII.
5. *Recueil de divers tombeaux*, etc., pl. IX.
6. *Architecture funéraire contemporaine*, 1ʳᵉ section C, pl. V.

branche de cyprès dans la main gauche et levant les yeux vers le buste simulé de son mari qui surmonte un cippe élevé. Signé : *P.-J. David, 1826.* Le monument, élevé sur les dessins de *Visconti*, architecte, a été gravé par *L. Normand* [1] et par *Collette*, d'après un dessin de *Quaglia* [2]. (39ᵉ div.)

David d'Angers.

BÉRANGER (Jean-Pierre de), poète chansonnier, né à Paris le 19 août 1780, décédé dans la même ville le 16 juillet 1857. — Médaillon en bronze (Diam. 0ᵐ 60). Signé : *David d'Angers, 1831,* et MANUEL (Jacques-Antoine), homme politique, né à Barcelonnette (Basses-Alpes) le 10 décembre 1775, décédé à Paris le 20 août 1827. — Médaillon en bronze (Diam. 0ᵐ 60), par *David d'Angers.* Ce médaillon n'est pas signé par son auteur, et il porte le nom de *F.-G. Magnades,* sans doute le fondeur. Le tombeau dans lequel repose le poète chansonnier, ami de Manuel, a été élevé à celui-ci par ses concitoyens. (28ᵉ div.)

David d'Angers.

AUGUSTIN (Jean-Baptiste-Jacques), peintre miniaturiste, né à Saint-Dié (Vosges) le 15 août 1759, décédé à Paris le 13 avril 1832.— Médaillon en marbre (Diam. 0ᵐ 47). Signé : *P.-J. David, 1832.* Gravé par *L. Normand* [3]. (27ᵉ div.)

David d'Angers.

GOUVION-SAINT-CYR (Laurent, comte, puis marquis), maréchal de France, né à Toul le 13 avril 1764, décédé à Hyères le 10 mars 1830. — Statue en marbre blanc (H. 2ᵐ 03), représentant le maréchal debout, une main posée sur un plan de bataille. Signée : *P.-J. David d'Angers, 1833.* Le monument de Gouvion-Saint-Cyr, élevé sur les dessins de *Visconti*, architecte, a été gravé par *L. Normand* [4]. (37ᵉ div.)

David d'Angers.

SUCHET (Louis-Gabriel), duc d'ALBUFÉRA, maréchal de France, né à Lyon le 2 mars 1770, décédé au château de

---

1. *Monuments funéraires,* etc., t. I, pl. XII.
2. *Le Père-Lachaise,* etc., pl. XVI.
3. *Monuments funéraires,* etc., t. II, pl. XXXI.
4. *Monuments funéraires,* etc., t. II, pl. XXXVII.

Saint-Joseph, près de Marseille, le 3 janvier 1826. — Monument quadrangulaire en marbre blanc dans la face antérieure duquel est un enfoncement où se trouve placé le buste en marbre du maréchal (H. 0^m 60). Signé : *P.-J. David d'Angers, 1827*. Au-dessous, un bas-relief en marbre (H. 2^m 08. L. 1^m 32) : Victoire traçant sur un canon, à l'aide d'une baïonnette, les victoires du maréchal. Signé : *P.-J. David d'Angers, 1828*. Sur la face antérieure sont sculptés en relief, par *Plantar*, des trophées d'armes et l'uniforme du maréchal. Le monument du maréchal Suchet, élevé sur les dessins de *Visconti*, architecte, a été gravé par *L. Normand*[1] et par *Collette*, d'après un dessin de *Quaglia*[2]. (39e div.)

David d'Angers.

GOHIER (Louis-Jérôme), membre du Directoire, consul général de France à Amsterdam, né à Semblençay en 1746, décédé à Paris le 29 mai 1830. — Médaillon en marbre (Diam. 0^m 52). Signé : *P.-J. David d'Angers, 1830*. (10e div.)

David d'Angers.

GEOFFROY SAINT-HILAIRE (Étienne), naturaliste, né à Étampes (Seine-et-Oise) le 15 juin 1772, décédé à Paris le 19 juin 1840. — Médaillon en bronze (Diam. 0^m 40). Signé : *David, 1831*. (19e div.)

David d'Angers.

DULONG (Pierre-Louis), secrétaire perpétuel de l'Académie des Sciences, directeur des études à l'École polytechnique, professeur de physique et de chimie à la Faculté des sciences, né à Rouen le 14 février 1785, décédé à Paris le 19 juillet 1838. — Médaillon ovale en bronze (H. 0^{m}69. L. 0^m 59). Signé : *David, 1836*. Le monument a été élevé par les élèves et les amis de Dulong. (8e div., 1re section.)

David d'Angers.

DAUNOU (Pierre-Claude-François), homme politique, historien, secrétaire perpétuel de l'Académie des Inscriptions, né à Boulogne-sur-Mer le 18 août 1761, décédé à Paris le 20 juin 1840. — Médaillon en bronze (Diam. 0^m 50). Signé :

---

1. *Monuments funéraires*, etc., t. I, pl. III et IV.
2. *Le Père-Lachaise*, etc., pl. XVIII.

David, 1840. F^{derie} de L^s Richard, Eck et Durand. « Augmentation A. Collas, 1840. » (28e div.)

David d'Angers.

LEMERCIER (Louis-Jean-Népomucène), poète et auteur dramatique, membre de l'Académie française, né à Paris le 22 avril 1771, décédé le 7 juin 1840.— Médaillon en marbre blanc (Diam. 0ᵐ 42). Signé : *P.-J. David d'Angers, 1840.* (30e div.)

David d'Angers.

BŒRNE (Ludwig), pseudonyme de Loeb BARUCH, publiciste allemand, né à Francfort-sur-le-Mein le 22 mai 1786[1], décédé à Paris le 12 février 1837. — Buste en bronze (H. 0ᵐ 45), placé dans un enfoncement pratiqué au sommet d'une pierre de granit en forme de pyramide. Ce buste est dû au ciseau de *David d'Angers.* Au-dessous du buste, sur la face antérieure de la pyramide, est fixé un bas-relief en bronze (H. 0ᵐ 40. L. 0ᵐ 60) : *La France et l'Allemagne unies par la Liberté.* La *Liberté* debout, coiffée du bonnet phrygien, pose les mains sur les épaules de deux jeunes femmes personnifiant la France et l'Allemagne. Signé : *David, 1842. Fonderie de Richard, Eck et Durand.* (19e div.)

David d'Angers.

BARAGUAY (Thomas-Pierre), architecte, né le 24 juin 1748, décédé le 16 août 1820. — Médaillon en marbre blanc (Diam. 0ᵐ 40), par *David d'Angers.* (29e div.)

David d'Angers.

WILHEM (Guillaume-Louis BOCQUILLON, dit), compositeur, né à Paris le 18 décembre 1781, décédé dans la même ville le 26 avril 1842. — Médaillon en bronze (Diam. 0ᵐ 51). Signé : *David, 1843.* Ce monument a été élevé par les amis, les élèves et les admirateurs de *Wilhem.* (11e div.)

David d'Angers.

NODIER (Emmanuel-Charles), poète et littérateur, bibliothécaire de l'Arsenal, membre de l'Académie française, né à Besançon en 1780, décédé à Paris le 27 janvier 1844. —

---

1. Dezobry, dans son *Dictionnaire*, écrit « 1784 ».

Buste en marbre (H. 0ᵐ 50). Signé : *A Charles Nodier, David d'Angers.* (49ᵉ div., 1ʳᵉ section.)

David d'Angers.

BALZAC (Honoré de), auteur dramatique, né le 20 mai 1799, décédé le 18 août 1850. — Buste en bronze (H. 0ᵐ 75). Signé : *A son ami de Balzac, P.-J. David d'Angers, 1844. N. Quillet,* fondeur. Gravé par *Obermayer* [1]. (48ᵉ div.)

David d'Angers.

POINSOT (Louis), géomètre, membre de l'Académie des sciences, pair de France, sénateur, né à Paris le 3 janvier 1777, décédé dans la même ville le 5 décembre 1859. — Médaillon en pierre (Diam. 0ᵐ 16). Signé : *David, 1843.* (4ᵉ div., 1ʳᵉ section.)

David d'Angers.

TRÉLAT (Ulysse), médecin, homme d'État, né à Montargis le 13 novembre 1795, décédé à Menton (Alpes-Maritimes) le 29 janvier 1879 [2]. — Médaillon sculpté sur la face antérieure d'un monument en granit (Diam. 0ᵐ 35), d'après *David d'Angers* [3]. Une branche de peuplier d'Italie, fixée par un ruban, des décorations honorifiques et des ouvrages de droit sont sculptés sur la pierre tumulaire. Une intendance et un hôpital avec un arbre en perspective sont représentés aux côtés du médaillon. Au-dessus, une rosace formant le couronnement du mot « Patrie » gravé en creux. Cette décoration est de *J. Héritier.* Le monument a été élevé sur les dessins de MM. *E. Trélat* et *Thierry,* architectes. (69ᵉ div.)

David d'Angers.

THORÉ (Théophile), dit W. BURGER, écrivain, né en 1807, décédé en 1869. — Médaillon en bronze (Diam. 0ᵐ 41). Signé : *David, 1847.* (48ᵉ div.)

David d'Angers.

GAY-LUSSAC (Joseph-Louis), chimiste et physicien, né à

---

1. *Architecture funéraire contemporaine,* etc., 2ᵉ section B, pl. III.
2. L'inhumation au cimetière du Père-Lachaise a eu lieu le 7 février 1879.
3. Ce médaillon est la reproduction agrandie de l'œuvre modelée par *P.-J. David d'Angers* en 1845. Cet agrandissement a été exécuté par M. *J. Héritier,* sculpteur. Renseignements fournis par M. Émile Trélat, député, fils d'Ulysse Trélat (30 mai 1897), et par M. *J. Héritier* (26 juillet 1897).

Saint-Léonard (Haute-Vienne) le 6 décembre 1778, décédé à Paris le 9 mai 1850. — Médaillon en bronze (Diam. 0ᵐ 35). Signé : *David d'Angers.* (26ᵉ div.)

David d'Angers.

ARAGO (François), astronome, membre de la Chambre des députés de 1831 à 1848, né à Estagel le 26 février 1786, décédé à Paris le 2 octobre 1853. — Buste en bronze (H. 0ᵐ 54). Signé : *P.-J. David d'Angers. Fᵈᵉʳⁱᵉ de Eck et Durand, 1858.* Le monument d'Arago, élevé au moyen d'une souscription nationale et étrangère, sur les dessins de *Duban*, a été gravé par *Soudain* [1]. (4ᵉ div., 2ᵉ section.)

David d'Angers.

SÉGALAS (Anaïs MÉNARD, dame), poète, née à Paris le 24 septembre 1814, décédée le 31 août 1893. — Médaillon en bronze (Diam. 0ᵐ 18). Signé : *David d'Angers.* (65ᵉ div.)

David d'Angers. Voy. Chapu (Henri).

DAVID D'ANGERS (Robert).

LEDRU-ROLLIN (Alexandre-Auguste LEDRU, dit), avocat, jurisconsulte et homme politique, né à Paris le 2 février 1807, décédé à Fontenay-aux-Roses le 31 décembre 1874. — Buste en bronze (H. 0ᵐ 78). Signé : *Robert David d'Angers, 1877. F. Barbedienne, fondeur. Paris.* Ce buste a été exécuté d'après celui que *Joseph Garraud* exposa en 1849 (n° 2222). Le monument de Ledru-Rollin a été inauguré le 24 février 1878 [2]. (4ᵉ div., 2ᵉ section.)

DE BAY (Jean-Baptiste-Joseph).

GROS (Antoine-Jean, baron), peintre, né à Paris le 16 mars 1771, décédé dans la même ville le 26 juin 1835. — Buste en marbre (H. 0ᵐ 70). Signé : *Debay, 1837.* Gravé par *L. Normand* [3]. (25ᵉ div.)

DEGEORGE (Charles-Jean-Marie).

SALIGNAC-FÉNELON (Comtesse de). — Bas-relief cintré,

---

1. *Architecture funéraire contemporaine*, etc., 1ʳᵉ section C, pl. VI.
2. Voy. Vapereau, *Dictionnaire des contemporains*, édit. de 1880, p. 1120.
3. *Monuments funéraires*, etc., t. I, pl. I.

en marbre, placé dans le fronton d'une chapelle : Vierge assise tenant l'Enfant Jésus debout sur ses genoux ; de chaque côté est un ange agenouillé ; l'un, en adoration, a les mains jointes, tandis que l'autre déploie une banderole sur laquelle sont inscrits ces mots : *Ecce agnus Dei*. Signé : *C. Degeorge.* (56ᵉ div.)

DELABRIERRE (Paul-Édouard).

Delabrierre (Anne-Eugénie Alléon, Mᵐᵉ). — Médaillon en bronze (Diam. 0ᵐ 19), en exergue duquel est gravé : « Eugénie Delabrierre, 1878. » Signé : *E. Delabrierre.* (65ᵉ div.)

DELARUE (Sébastien).

Rode (Pierre), né le 7 avril 1816, décédé le 8 novembre 1874. — Médaillon ovale en bronze (H. 0ᵐ 51. L. 0ᵐ 40). Signé : *Delarue, 1868.* (20ᵉ div.)

DELOYE (Jean-Baptiste-Gustave) et NOËL (Léon).

Noël (Léon), artiste dramatique et sculpteur, né en 1844 [1]. — Édicule surmonté du buste en bronze (H. 0ᵐ 65) de l'artiste dramatique. Signé : *G. Deloye, 89. P. Sarret fondeur* [2]. — Éléonore Chrétien, née en 1821, décédée en 1895. — Médaillon en bronze (Diam. 0ᵐ 30). Signé : *A ma mère, Léon Noël, 1893.* Ce tombeau a été élevé sur les dessins de *Aᵗᵉ Benoît*, architecte. (20ᵉ div.).

DENÉCHEAU (Séraphin).

Mercier (Jean-Michel), peintre, ancien directeur du Musée d'Angers, né à Versailles le 14 décembre 1786, décédé à Paris le 15 décembre 1874. — Médaillon en bronze (Diam. 0ᵐ 52). Signé : *Denécheau, 1875.* Le tombeau de *Mercier* a été élevé par les élèves et les amis du peintre. (71ᵉ div., 1ʳᵉ section.)

DESCHAMPS (Léon). Voy. **BRUCHON (Émile).**

DESEINE (Louis-Pierre).

Rémond (Grégoire), né en Suisse, décédé à Paris le

----

1. M. *Léon Noël*, qui a fait placer son buste sur le tombeau dans lequel reposent plusieurs membres de sa famille, compte toujours parmi les vivants.

2. Ce buste a figuré au Salon de 1889, sous le n° 4282.

29 octobre 1818 à l'âge de 63 ans. — Bas-relief en terre cuite (H. 0ᵐ 45. L. 0ᵐ 78); au centre, la Charité, debout, accueille deux mendiants; l'un, debout, s'appuie sur un long bâton; l'autre, à genoux, reçoit de la Charité des pièces de monnaie; derrière ces vieillards, un malade, couché, est assisté de deux religieuses, dont l'une lui présente un breuvage. Dans la partie droite de la composition est un groupe de trois femmes; l'une d'elles reçoit des secours de la Charité, pendant qu'elle allaite un enfant et qu'un deuxième enfant pose la tête sur son genou; près de ce groupe, un enfant est endormi dans son berceau. Signé : « En 1820, par *De Seine.* » Au-dessous de ce bas-relief, on lit l'inscription suivante qui explique le sujet choisi par l'artiste : « Les pauvres conserveront et béniront sa mémoire. Il fonda pour eux des places à perpétuité dans les hospices de Paris, Chartres et Nogent-le-Rotrou. » (20ᵉ div.)

DESPREZ (Louis).

Girodet de Roucy-Trioson (Anne-Louis), peintre, né à Montargis le 29 janvier 1767, décédé à Paris le 9 décembre 1824[1]. — Buste en marbre blanc (H. 0ᵐ 65). Signé : *L. Desprez, 1826.* Gravé par *L. Normand*[2], et par *Collette,* d'après un dessin de *Quaglia*[3]. (28ᵉ div.)

DEVAULX (François-Théodore).

Beaucé (Jean-Adolphe), peintre d'histoire, attaché aux armées françaises, né à Paris le 1ᵉʳ août 1818, décédé à Boulogne (Seine) le 11 juillet 1875. — Buste en bronze (H. 0ᵐ 75). Signé : « A son ami J.-A. Beaucé, 1855. *Th. Devaulx.* (49ᵉ div., 1ʳᵉ section.)

Devaulx.

Bureau (Jean-Baptiste), né le 5 juin 1765, décédé le 12 décembre 1856. — Dans la face antérieure d'un tombeau de grandes proportions est encastré un médaillon en bronze (Diam. 0ᵐ 30). Signé : *Th. Devaulx, 1857.* (50ᵉ div.)

---

1. Ces dates ne concordent pas avec celles données par Lalanne : 5 janvier 1767 et 12 décembre 1824.

2. *Monuments funéraires,* etc., t. I, pl. I.

3. *Le Père-Lachaise,* etc., pl. II.

DEVAULX fils (Ed.).

GIRARD (Louis), inventeur du livre relieur dit : « Biblorhapte », décédé en 1873 à l'âge de 68 ans. — Médaillon en bronze (Diam. 0ᵐ 62). Signé : *Ed. Devaulx fils, 1874.* (74ᵉ div.)

DIEUDONNÉ (Guillaume-Marius).

CHAPUIS (François-Claude), né le 17 juin 1799, engagé volontaire le 4 août 1816, mort général de brigade le 19 juillet 1852. — Buste en marbre (H. 0ᵐ 79). Signé : *M. Dieudonné* [1]. (34ᵉ div.)

DIEUDONNÉ (Jacques-Augustin).

LE ROUX (Claude), caissier du Ministère de l'Intérieur, né à Paris le 30 mars 1752, décédé le 15 novembre 1835. — Médaillon en marbre blanc (Diam. 0ᵐ 35), par *J.-A. Dieudonné* [2]. (39ᵉ div.).

DORÉ (Louis-Christophe-Gustave-Paul).

OZI (Alice), artiste dramatique, née en 1820, décédée en 1893. — Statue en marbre blanc (grandeur nature), représentant une femme en pleurs. Elle est debout, drapée, voilée, et tient un enfant (mort ?) sur sa poitrine. Signée : *G. Doré.* Sur le piédestal circulaire, en granit, est sculpté un bas-relief comprenant différentes scènes. (89ᵉ div.)

DORIER (I.).

DEMION (Constant), garde national de la 8ᵉ légion, victime des désordres civils, décédé le 24 juin 1848, à l'âge de 39 ans. — Médaillon en bronze (Diam. 0ᵐ 45). Signé : *I. Dorier* [3]. (59ᵉ div.)

DOUBLEMARD (Amédée-Donatien).

PAILLET (Alphonse-Gabriel-Victor), avocat, député (1846-1849), né à Soissons le 17 novembre 1796, décédé à

---

1. Ce buste a figuré au Salon de 1861 sous le n° 3309.
2. Renseignements fournis par M. C. Poussin (24 août 1897).
3. Sur le monument est gravé : « Souvenir du passage de sa sœur et de son père âgé de 76 ans (4 juillet 1855). Nous ne sommes pas parvenu à découvrir le nom de *Dorier* dans une publication quelconque. Il se peut, au surplus, que notre lecture ne soit pas exacte.

Paris le 16 novembre 1855. — Bas-relief en marbre blanc
(H. 0ᵐ 98. L. 0ᵐ 77) : stèle simulée avec médaillon ; une
jeune femme, debout, pose la tête sur le médaillon qu'elle
entoure de son bras droit ; la main tient une flamme renversée ; à gauche, une autre jeune femme à genoux devant
laquelle est un enfant nu qui tend les bras vers le médaillon.
Signé : *A. Doublemard. Roma, 1856.* Gravé par *Gibert*[1].

Doublemard.

Bazin (François-Emmanuel-Joseph), compositeur, décédé
le 2 juillet 1878. — Buste en marbre (H. 0ᵐ 75). Signé :
1879, A. Doublemard. (32ᵉ div., 2ᵉ section.)

Doublemard.

Ricord (Philippe), médecin, né à Baltimore (États-Unis)
le 10 décembre 1800, décédé à Paris le 22 octobre 1889. —
Dans le fronton de la chapelle, un buste en bronze (H. 0ᵐ 70)
par *Doublemard*[2]. La chapelle est décorée de têtes de ché-
rubins, d'un écusson sur lequel est gravée la lettre R, et de
deux enfants ailés posés de chaque côté de l'écusson. Tous ces
ornements sont en bronze. Les enfants mesurent 0ᵐ 45 de
hauteur et sont signés : *Doublemard, 1880.* Le dessus de porte
forme double cartouche avec palme ; derrière le buste, un
encadrement orné de moulures est entouré d'une guirlande
de laurier ; les angles de la chapelle comportent des colonnes
avec chapiteaux ; dans le fronton existent des trépieds enca-
drés par des pilastres et, au-dessus, une coupole ; sur les côtés
des fenêtres sont sculptées des couronnes d'immortelles avec
ruban. M. *Jules Héritier* est l'auteur de cette décoration[3].
(54ᵉ div.)

DOUDEAU (L.).

Monteja Caballero (F.-J.), de Puerto, principale île de
Cuba, décédé à Paris, le 7 octobre 1862, à l'âge de 54 ans.
— Bas-relief en marbre (H. 0ᵐ 96. L. 0ᵐ 68) représentant,
à droite, une jeune femme en pleurs devant un tombeau
simulé ; à gauche, une autre jeune femme, drapée à l'antique,

---

1. *Architecture funéraire contemporaine*, 2ᵉ section D, pl. xv.
2. Renseignements fournis par M. *Doublemard* (16 juin 1897).
3. Renseignements fournis par M. *J. Héritier* (26 juillet 1897).

soulève son voile au-dessus de la tête de sa compagne; au fond, un palmier. Signé : *L. Doudeau, sculpt^r, 1863.* (61e div.)

DROSSIS (Léonidas).

BOIME-SIMON (Eugénie), décédée le 3 février 1889, à l'âge de 77 ans. — Buste en marbre blanc (H. 0^m 50). Signé : *Leonidas Drossis. Roma, 1869.* (8e div., 1re section.)

DUBOIS (Paul) et MERCIÉ (Antonin).

BAUDRY (Paul-Jacques-Aimé), peintre, né le 7 novembre 1828, décédé le 15 janvier 1886. — Monument composé d'un sarcophage en marbre noir surmonté d'une pyramide, également en marbre noir, laquelle est adossée à une large stèle en marbre gris. Sur la pyramide est posé le buste de *Baudry* (H. 0^m 56), par *Paul Dubois.* Sur un cartel en bronze, servant de support au buste, est gravée l'inscription suivante :

> Pavlo Bavdry pictori
> Pavlvs Dvbois scvlptor
> Amicvs amico fecit
> Lvtetiae Parisiorvm
> anno MDCCCLXXXII.

Derrière, sur l'appui du cartel, on lit : *Gruet aîné, fondeur;* à droite, une Renommée, planant dans les airs, va déposer une couronne de laurier sur la tête du peintre; à gauche, à la base du monument, une femme debout, vêtue de longs voiles de deuil, s'appuie sur le sarcophage sur lequel sont fixés une palette, des pinceaux et une palme. Toutes ces œuvres sont en bronze. La Renommée est signée : *A. Mercié,* et la statue, également due au ciseau de M. *Mercié,* est signée *E. Barbedienne, fondeur, Paris.* Le monument de *Paul Baudry,* érigé sur les dessins de son frère, *M. Ambroise Baudry,* architecte, a été inauguré le 21 février 1890[1]. (4e div.)

Dubois.

BIZET (Alexandre-César-Léopold, dit Georges), compositeur, né à Paris le 25 octobre 1838, décédé à Bougival le

---

1. Ce monument se trouve reproduit dans la *Gazette des Beaux-Arts.* année 1890, 3e période. t. III. p. 42.

3 juin 1875. Buste en bronze (H. 0 ᵐ 65). — Signé : *Paul Dubois. Gruet jⁿᵉ fˡᵉᵘʳ*. (68ᵉ div.)

DUBOIS-DAVESNES (Mˡˡᵉ Marguerite-Fanny).

Royer (Marie), artiste dramatique, née en 1841, décédée en 1873. Buste en bronze (H. 0 ᵐ 48), par Mˡˡᵉ *M.-F. Dubois-Davesnes* [1]. (65ᵉ div.)

Dubois-Davesnes (Mˡˡᵉ). Voy. **Adam-Salomon (Antony-Samuel).**

DUBOY (Paul).

Fouchet (Paul), né le 6 mai 1864, décédé le 2 mai 1873. — Médaillon en bronze (Diam. 0ᵐ 21). Signé : *Paul Duboy sculp. 1868*. (57ᵉ div.)

DUBRAY (Vital-Gabriel).

Faverolles (Famille Salvage de). Chapelle de forme antique. De chaque côté de la porte est une statue en pierre (H. 1ᵐ 30) ayant un genou en terre. Ces deux statues, drapées et voilées, posent chacune une couronne d'immortelles sur des branches de cyprès. Elles sont signées : *V. Dubray, sc.* — Sur le côté gauche est un bas-relief en marbre (H. 1ᵐ 50. L. 1ᵐ 10) représentant une prison au centre de laquelle est une jeune femme ; un enfant se serre contre sa poitrine, pendant qu'elle jette un regard de tristesse vers un homme dont la chaîne vient de se briser ; un vieillard accroupi tend les bras dans la direction de la jeune femme. — Le côté droit comporte un autre bas-relief en marbre de mêmes dimensions, sur lequel est sculptée une jeune femme s'élevant au ciel soutenue par trois anges. Ces bas-reliefs sont signés : *V. Dubray, sc.* (48ᵉ div.)

Dubray.

Perdonnet (Albert-Auguste), ingénieur, directeur de l'École centrale, administrateur de chemins de fer, né à Paris le 12 mars 1801, décédé à Cannes le 27 septembre 1867. — Tombeau surmonté d'une pyramide en granit posée sur un piédestal en pierre. Sur la pyramide sont sculptées une

1. Renseignements fournis par M. le Dʳ A. Royer, frère de l'artiste dramatique (25 août 1895).

palme, une couronne d'immortelles et la croix de chevalier de la Légion d'honneur. Sur la face antérieure du piédestal, ornée d'une couronne et de palmes, est fixé le médaillon en bronze de l'ingénieur (Diam. 0^m 53). Signé : *Vital Dubray, 1868.* — Une statue est placée de chaque côté du monument : à droite, une jeune femme debout, largement drapée, accoudée sur la corniche du piédestal, et tenant une couronne dans la main gauche, dirige son regard vers la pyramide ; à gauche, une figure de femme, voilée, vêtue à l'antique ; elle pose une main sur le piédestal et tient une couronne de l'autre main ; sous son pied est un livre fermé. Ces deux statues, en pierre (H. 2^m 10), sont signées : *Vital Dubray, 1869.* Le monument, construit sur les dessins de *R. Demimuid,* architecte, a été gravé par *Chappuis*[1]. (4e div., 2e section.)

DUCEL (J.-J.).

BÉNARD (Lucile-Henriette), décédée le 9 décembre 1863 dans sa 8e année. — Statue couchée, en fonte (L. 1^m 06) : jeune enfant dont la tête nue repose sur deux coussins superposés ; de la main gauche, elle serre une croix sur sa poitrine. Signée : *J. J. Ducel et Cie fondeurs, Paris.* (4e div., 1re section.)

Ducel.

HUGOT (Famille). — Chapelle surmontée d'un groupe en fonte (H. 1^m 20) : sur un rocher, un ange ailé, un genou en terre, tend les bras à un enfant agenouillé à ses pieds ; l'enfant, qui tient des fleurs dans sa main gauche, se penche, en souriant, sur le bord d'un précipice. Sur le socle est gravé : *J. J. Ducel et fils à Paris.* (68e div.)

DUCHOISEUIL.

GENNERAT (Mlle), décédée à 20 ans. — Chapelle surmontée d'une statuette en bronze (H. 0^m 70) : jeune fille à genoux sur un prie-Dieu. Cette œuvre a été exécutée en 1882, par *Duchoiseuil*[2]. (63e div.)

---

1. *Architecture funéraire contemporaine,* 1re section C, pl. IV.
2. Renseignements fournis par M. *Gennerat,* architecte. La statuette est le portrait de la jeune morte (25 août 1897).

DUCOMMUN DU LOCLE (Henri-Joseph, dit Daniel).

Ducommun du Locle (Louise-Laurence Martin de la Lande, Mme), née en 1784, décédée en 1830. — Buste en marbre blanc (H. 0^m 50). Signé : *Daniel Ducommun*. (39e div.)

DUMECQ.

Montval (Ludovic-François), né en 1735, décédé en 1827. — Médaillon en bronze (Diam. 0^m 42). Signé : *Dumecq* [1]? (51e div.)

DUMILATRE (Jean-Alphonse-Edme-Achille).

Crocé-Spinelli et Sivel, aéronautes. — Sur un monument rectangulaire en marbre blanc sont leurs deux statues couchées, en bronze (Long. 1^m 90. Larg. 1^m 35), sur lesquelles est jetée une draperie. Les deux aéronautes ont la main dans la main. Signées : *A. Dumilâtre, 1878. Gruet j^ne, fondeur.* Sur ce monument, élevé par souscription nationale, est gravé : « Catastrophe du ballon *le Zénith*, 15 avril 1875. — Crocé-Spinelli et Sivel morts à 8.600 mètres de hauteur. » M. Gaston Tissandier, qui accompagnait les deux aéronautes, échappa seul à la mort. (71e div., 1re section.)

DUMONT (Augustin-Alexandre).

Cherubini (Marie-Louis-Charles-Zénobi-Salvador), compositeur, membre de l'Académie des Beaux-Arts, directeur du Conservatoire de musique, surintendant de la musique des rois Louis XVIII et Charles X, né à Florence le 8 septembre 1760, décédé à Paris le 15 mars 1842. — Tombeau dont la face antérieure est décorée d'un bas-relief en marbre (H. 2^m. L. 1^m 20) : la Musique, debout, drapée à l'antique, tient de la main gauche une lyre renversée, et de l'autre main pose une couronne sur le buste simulé de *Cherubini* placé sur un socle également simulé. Signé : *A^ste Dumont, 1846.* Le tombeau, érigé d'après les dessins de *A. Leclère*, architecte, a été gravé par *L. Normand* [2]. (11e div.)

---

1. Malgré nos recherches, nous ne sommes pas parvenu à identifier cette signature qui est d'ailleurs très fruste et dont nous ne garantissons pas l'orthographe.
2. *Monuments funéraires*, etc., t. I, pl. x.

DUPUIS (Daniel-Jean-Baptiste).

Ballu (Théodore), architecte, né à Paris le 8 juin 1817, décédé le 22 mai 1885. — Médaillon en bronze (Diam. 0 ^{m} 45). Signé : *Daniel Dupuis*. (74e div., 3e section.)

DURAND (Ludovic-Eugène).

Bernard (Famille). — Sur un tombeau en marbre blanc est une statue, également en marbre blanc (H. 1 ^{m} 15) : une jeune femme ailée, ayant un genou en terre, soulève un voile qui laisse lire ces deux mots : « Famille Bernard. » Signée : *Ludovic Durand, 1890*. (65e div.)

DURENNE (A.).

Beaufond et Fremaux (Familles de). — Au sommet d'une tombe, statue en fonte (H. 1 ^{m} 07) : la Vierge, en pied, debout, la tête couronnée et voilée, tient sur son bras gauche l'Enfant Jésus qui a dans la main le globe symbolique surmonté d'une croix, tandis que de son autre main il bénit. Signée : *A. Durenne Paris, Modèle Thenon-Meunier*. (5e div.)

DURET (Francisque-Joseph) et NARET (G.-L.).

Ponchard (Jean-Frédéric-Auguste), chanteur, professeur de chant au Conservatoire, né le 31 août 1787, à Paris, où il est décédé le 6 janvier 1866. — Buste en bronze (H. 0 ^{m} 47). Signé : *F. Duret. Broquin et Lainé f^{rs}*. Gravé par *J. Pensel*[1]. Sur la face antérieure du piédestal est encastré un médaillon en bronze (Diam. 0 ^{m} 24). En exergue du médaillon on lit : « Ch^{es} Ponchard, 1824-1891. » Ce médaillon est signé : *G. L. Naret*. (11e div.)

DUSEIGNEUR (Jean-Bernard).

Biré (Louis-David-Jonas de), né à Lorient le 26 juin 1795, décédé à Paris le 11 janvier 1859, et Augustine Nugent, veuve de Biré, née à Londres le 30 avril 1818, décédée à Paris le 22 mars 1868. — Au fond d'une chapelle, une statue en marbre blanc (grandeur nature) représentant le Christ, en pied, debout sur le tombeau qu'il vient de quitter; il tient

---

1. *Architecture funéraire contemporaine*, 2e section C. pl. XIII.

une croix de la main gauche et du doigt de la main droite, levée, il indique le ciel. Cette statue est due au ciseau de *J. Duseigneur*[1]. (36e div.)

ELSHOECHT (Jean-Jacques-Marie-Carl-Vital).

BERJAUD-DOIZI (Joseph), né le 8 juillet 1761, décédé le 3 juillet 1823. — Buste en marbre (H. 0m 55). Signé : *an. 1824, Elshoecht f*[2]. (10e div.)

Elshoecht.

LE SUEUR (Jean-François), compositeur, surintendant de la musique du Roi, professeur de composition au Conservatoire, membre de l'Institut, né à Drucat (Somme) le 15 février 1760, décédé à Paris le 6 octobre 1837. — Buste en marbre (H. 0m 45). Signé : *Elshoecht F. 1831*. Le tombeau dans lequel repose *Lesueur* a été gravé par *L. Normand* avant la mort du compositeur, car la gravure ne comporte que l'inscription de sa fille, Adeline-Marguerite, décédée le 12 novembre 1827, à l'âge de 19 ans[3]. (11e div.)

Elshoecht.

BLANDIN (Philippe-Frédéric), chirurgien, né à Aubigny (Cher) le 3 décembre 1798, décédé à Paris le 16 avril 1849. — Médaillon en bronze (Diam. 0m 58). Signé : *1849, Carle Elshoecht, sculp.* (8e div. 2e section.)

Elshoecht.

MICOL (Émile-Henri), maire du XIXe arrondissement, décédé à Genève (Suisse) le 28 février 1871, à l'âge de 55 ans. — Buste en bronze (H. 0m 48). Signé : *Elshoecht, 1854.* (28e div.)

ENDERLIN (Joseph-Louis).

FÉNON (Auxence), né en 1812, décédé en 1876. — Médaillon en bronze (Diam. 0m 58). Signé : *Enderlin, 1877*[4]. Au-dessous du portrait sont sculptés des emblèmes et des outils d'horloger. (91e div.)

---

1. Voy. *Revue universelle des arts*, t. XII, p. 368.
2. Ce buste a figuré au Salon de 1824 sous le n° 1830.
3. *Monuments funéraires*, etc., t. I, pl. XLII.
4. Ce médaillon a figuré au Salon de 1878 sous le n° 4228.

ENGRAND (Georges).

BOVERIE (Famille). — La *Douleur*, statue en pierre (H. 1 ᵐ 50) : elle est représentée par une jeune femme inclinée, en pleurs, adossée à une colonne brisée, et tenant dans ses mains une couronne d'immortelles. Signée : *G. Engrand, 1885*. (41ᵉ div.)

ÉTEX (Antoine).

LEHARIVEL DU ROCHER (Catherine-Émilie de CHABOUD, veuve de), décédée à Paris le 4 mars 1836, et Frédéric-Louis LEHARIVEL DU ROCHER, colonel, sous-inspecteur aux revues, mort à Coblentz le 26 novembre 1813. — Édicule en forme de chapelle avec fronton triangulaire. Le fronton ainsi que les pilastres simulés sont décorés de figures sculptées en relief. Dans le soubassement sont deux génies ailés en pleurs, également sculptés en relief. Ces sculptures sont dues au ciseau d'*Antoine Étex*. Le monument, construit sur les dessins de *Ch. Fourdrin*, architecte, a été gravé par *L. Normand*[1]. (36ᵉ div.)

Étex.

GÉRICAULT (Jean-Louis-André-Théodore), peintre, né à Rouen le 26 septembre 1791, décédé à Paris le 18 janvier 1824. — Monument rectangulaire en granit surmonté de la statue en bronze du peintre (grandeur nature) : Géricault est représenté demi-couché ; il est accoudé du bras gauche ; une main tient la palette, tandis qu'il a un pinceau dans l'autre main. Signée : *Étex, sculpteur-architecte, 1840-1883. Gruet jᵐᵉ fondeur, Paris*. Sur la face antérieure du piédestal est un bas-relief en bronze (H. 0 ᵐ 81. L. 1 ᵐ 25) : Reproduction de l'œuvre maîtresse de l'artiste, le *Radeau de la Méduse*. Signé : *Étex, 1839*. — Côté droit, bas-relief en bronze (H. 0 ᵐ 81. L. 0 ᵐ 60) : *Un hussard chargeant*. Signé : *T. Géricault, 1814. Étex, 1884*. — Côté gauche, bas-relief en bronze (H. 0 ᵐ 81. L. 0 ᵐ 60) : *Cuirassier debout près de son cheval fougueux qu'il maintient par la bride*. Signé : *T. Géricault, 1814. Étex, 1884*. Le tombeau primitif, qui était simplement décoré d'une

---

1. *Monuments funéraires*, t. I, pl. XIII.

couronne de laurier suspendue à une double banderole, a été gravé par *L. Normand*[1]. (12ᵉ div.)

Étex.

RASPAIL (François-Vincent), chimiste et homme politique, né à Carpentras (Vaucluse) le 24 janvier 1794, décédé à Arcueil le 7 janvier 1878 (inhumé le 13), et Henriette-Adélaïde TROUSSOT, née à Paris le 18 avril 1799, décédée à Doullens le 8 mars 1853. — Monument rectangulaire en granit. Dans la surface antérieure est simulée une fenêtre garnie de lourds barreaux. Au-dessous, statue en marbre blanc (grandeur nature) de Mᵐᵉ Raspail, enveloppée de son suaire; elle s'est avancée jusque sous la fenêtre de la prison et lève le bras droit pour serrer la main de son mari à travers les barreaux de la fenêtre[2]. Signée : *Étex, 1854, sculpteur et architecte.* (18ᵉ div.)

Étex.

MASSON (Famille). — Piédestal en marbre blanc, surmonté du buste, également en marbre (H. 0ᵐ 58) de P.-F. Masson. Signé : *Étex, 1854.* Sur la face antérieure du piédestal est sculpté le médaillon (Diam. 0ᵐ 55) de Pierre Masson. *Non signé.* (32ᵉ div.)

Étex.

TURPIN DE CRISSÉ (Lancelot-Théodore, comte), peintre paysagiste, écrivain, inspecteur général des musées, membre de l'Académie des Beaux-Arts, né à Paris en 1782, décédé le 15 mai 1859. — Médaillon en bronze (Diam. 0ᵐ 25). Signé : *Etex.* (10ᵉ div.)

Étex.

MARTINET (Louis-François-Gabriel), imprimeur, né à Bagneux, près Moulins (Allier), le 6 mars 1812, mort à Nomazy, près Moulins, le 28 août 1867. — Portrait sculpté en demi-ronde bosse sur la face antérieure d'un édicule en

---

1. *Monuments funéraires*, t. I, pl. XXIV.
2. Cette composition fait allusion à la captivité de Raspail qui subissait une détention pour délit politique au moment où mourut Mᵐᵉ Raspail. Au pied de la statue est gravé en fac-similé : « Adieu, 8 mars 1853, midi 1/2. Doullens. » Mᵐᵉ Raspail fut inhumée à Paris le 13 mars 1853. Son inscription funéraire se complète par les lignes suivantes : « Victime de son dévouement conjugal. 50.000 citoyens ont accompagné jusqu'ici sa dépouille mortelle. »

marbre blanc (H. o^m 75). Signé : *Étex, sculpteur-architecte.*
(56e div.)

Étex.

DESLYS (Charles), littérateur, né en 1821, décédé en
1885. — Médaillon en bronze (Diam. o^m 28). Signé : *Étex,
1880.* (71e div., 1re section.)

Étex. Voy. **Lequesne (Eugène-Louis).**

FAGEL (Léon).

CAVELIER (Pierre-Jules), statuaire, membre de l'Institut,
né à Paris le 30 août 1814, décédé dans la même ville le 28
janvier 1894. — Buste en bronze (H. o^m 46). Signé : *Fagel.*
(8e div., 3e section.)

FAILLOT (Edme-Nicolas).

COUCHERY (Victor), sculpteur, décédé le 20 novembre
1855, dans sa 65e année. — Médaillon en bronze (Diam.
o^m 45). Signé : *Faillot.* (16e div.)

FALGUIÈRE (Jean-Alexandre-Joseph).

MARIUS, photographe. — Buste en bronze (H. o^m 50).
Signé : *A. Falguière.* (92e div.)

FATH (G.). Voy. **GUERSANT.**

FERRAT (Jean-Joseph-Hippolyte-Romain). Voy. **LEQUESNE.**

FESSARD (Noël-Étienne).

PARMENTIER (Antoine-Augustin), pharmacien, agronome,
membre de l'Institut, membre du Conseil général des hôpitaux
civils de Paris, l'un des inspecteurs généraux du service de
santé des armées, né à Montdidier (Somme) le 17 août 1737,
décédé à Paris le 13 décembre 1813. — Médaillon en bronze
(Diam. o^m 25). *Non signé*[1]. Le monument du propagateur de
la pomme de terre en France a été élevé par « les pharmaciens
civils et militaires de France, ses élèves, ses amis et ses col-

---

1. Mme veuve Parmentier, petite-nièce de l'agronome, nous écrit à la date du
2 juillet 1897 qu'elle ignore le nom de l'artiste qui a sculpté le médaillon de Parmentier, mais elle nous apprend que l'inauguration du monument a eu lieu le 28 août
1816.

lègues. » — Sur les faces latérales du monument sont sculptés une charrue, du blé, du maïs, un cep, un panier de pommes de terre et une cornue, par *Noël-Étienne Fessard*[1]. (39ᵉ div.)

Fessard.

MOUROT-BOURDON. — Cippe en pierre de liais de Saint-Denis décoré de couronnes de cyprès enlacées de lierre avec rubans. La sculpture de ce monument a été exécutée en 1825 par *Noël Fessard*[2]. (8ᵉ div.)

FESSARD (Pierre-Alphonse).

DIAZ CARVALHO (Abraham), né en 1796, décédé en 1814. — Monument de forme antique supporté par douze colonnes. Au centre est un buste en marbre (H. 0ᵐ 21), engagé dans un enfoncement. Signé : *P.-A. Fessard fecit.* (Cimetière israélite.)

Fessard.

GUBLIN (Justin), décédé à Nice le 12 juillet 1826, à l'âge de 13 ans. — Buste en marbre (H. 0ᵐ49). Signé : *Fessard fecit. Paris, 1827.* (34ᵉ div.)

Fessard.

SERRÉ (Pierre-Louis), capitaine de cavalerie, décédé le 21 octobre 1828, à l'âge de 57 ans. — Médaillon en marbre (Diam. 0ᵐ 53). Signé *Fessard, Paris, 1829.* Le monument a été érigé au capitaine Serré par sa veuve et ses enfants. (14ᵉ div.)

Fessard.

FOURIER (Jean-Baptiste-Joseph, baron), physicien, mathématicien, préfet de l'Isère, membre de l'Académie française et de l'Académie des sciences, né à Auxerre le 21 mars 1768, décédé à Paris le 16 mai 1830. — Buste en plâtre bronzé (H. 0ᵐ 50). Signé : *Fessard, 1830*[3]. (18ᵉ div.)

Fessard.

DIAS-SANTOS (Famille). Sur la face antérieure d'une pyra-

---

1. Renseignements fournis par M. *Paul Lebègue*, sculpteur, petit-neveu de Noël-Étienne Fessard (28 juin 1897).
2. Renseignements fournis par M. *Paul Lebègue* (28 août 1897).
3. Le marbre est à l'Institut. Renseignements fournis par M. *Paul Lebègue* (28 juin 1897).

mide en pierre (H. 4 ᵐ. L. 1 ᵐ 95) est sculpté un bas-relief représentant un ange ailé enlevant au ciel Mˡˡᵉ Dias-Santos, enveloppée de son suaire. Signé : *Fessard fecᵗ, 1832*. Ce monument a été consacré par « Marie-Émilie KNUSLI, veuve Dias-Santos, duchesse de Duras, à la mémoire de Charlotte-Émilie Dias-Santos, sa fille chérie, de Gabriel Knusli et de Marie-Anne Macdonald Knusli, son père et sa mère, objets constants de sa plus respectueuse tendresse. » (48ᵉ div.)

Fessard.

DESMARET (Nicolas-François-Étienne), décédé le 5 novembre 1832, avant 32 ans. — Buste en bronze (H. 0 ᵐ 60), par *P.-A. Fessard* [1]. Sur la face antérieure du piédestal supportant le buste est sculpté un bas-relief en marbre (H. 1 ᵐ 10. L. 0 ᵐ 65), représentant une jeune femme en deuil, assise devant un tombeau simulé, et tenant une couronne d'immortelles dans la main droite. Signé : *Fessard. Paris, 1833*. (20ᵉ div.)

Fessard.

PORCHER DE LISSONAY (Gilles-Charles), comte de RICHE-BOURG, conventionnel, sénateur, pair de France, né à la Châtre en 1753, décédé à Paris le 10 avril 1824. — Chapelle à fronton triangulaire dans lequel est un bas-relief en pierre (H. 0 ᵐ 60. L. 1 ᵐ 55) : un homme et une femme sont assis dos à dos ; la femme s'accoude sur une urne placée entre eux, tandis que l'homme pose la main sur l'épaule de sa compagne. Signé : *Fessard, Paris, 1833*. Gravé par *L. Normand* [2]. (30ᵉ div.)

Fessard.

SANEGON-VAUFRELAND (Famille). — Au-dessus de la porte d'une chapelle, bas-relief en pierre (H. 0 ᵐ 70. L. 0 ᵐ 45) : Assomption de la Vierge, représentée les mains croisées sur la poitrine, et dont les pieds posent sur des nuages. Signé : *Fessard, Paris, 1836*. (10ᵉ div.)

Fessard.

TURPIN (Amédée), capitaine dans la garde municipale, né à Paris le 29 juin 1792, décédé le 25 juin 1832. — Médail-

---

1. Renseignements fournis par M. *Paul Lebègue* (28 juin 1897).
2. *Monuments funéraires*, t. II, pl. XXXVIII.

lon. — Marie-Charlotte TURPIN, femme COTTREAU, née à Paris le 10 août 1780, décédée à Villeneuve-sur-Oise le 11 juillet 1832. — Médaillon, gravé par *L. Normand*[1]. — Charles-Jean TURPIN, né à Paris le 2 décembre 1790, décédé en son château de Villetard (Loir-et-Cher) le 11 novembre 1873. Médaillon. Ces trois médaillons, en marbre blanc, sont de forme ovale (H. 0ᵐ 37. L. 0ᵐ 25); ils sont signés : *Fessard*. (39ᵉ div.)

Fessard.

SIRE DE CHEMINOT (Mᵐᵉ Charlotte). — Bas-relief en marbre : Vierge s'élevant au ciel, par *P.-A. Fessard*[2] (11ᵉ div.)

Fessard et Lebègue (Jean-Louis-Augustin).

FABRE (Auguste), auteur dramatique et poète, 1792-1839, et FABRE (Victorin), littérateur, 1785-1831. — Bas-relief, marbre (H. 1ᵐ 10. L. 0ᵐ 80). Au centre, deux femmes, en pied, debout, et deux bustes simulés représentant les deux personnages; l'une des femmes pose une couronne d'immortelles sur la face antérieure de la stèle supportant les bustes. Signé : *Modèle fait par Fessard, statuaire. Exécuté par Louis Lebègue*[3]. (52ᵉ div.)

FEUCHÈRE (Jean-Jacques).

LAFITTE (Louis), peintre, décédé le 3 août 1828[4].—Bas-relief en marbre (H. 0ᵐ 65. L. 0ᵐ 70) : jeune femme affaissée sur une urne funéraire et tenant une couronne de cyprès. Palette et pinceaux. Signé : *J. J. Feuchère, 1829*. Gravé par *L. Normand*[5]. (28ᵉ div.)

Feuchère.

PROVOST (François-Jean-Baptiste), artiste dramatique, sociétaire de la Comédie-Française, né le 29 janvier 1798,

---

1. *Monuments funéraires*, etc., t. I, pl. LVII.
2. Renseignements fournis par M. *Paul Lebègue* (28 juin 1897). Le modèle du bas-relief a figuré au Salon de 1831 sous le n° 2218.
3. Ce monument a été érigé en 1840. Renseignements fournis par M. *Paul Lebègue* (28 juin 1897).
4. L'inhumation a eu lieu le surlendemain.
5. *Monuments funéraires*, etc., t. I, pl. I.

décédé le 26 décembre 1865.—Buste en bronze (H. 0^m 52). Signé : *Feuchère, 1848*[1]. (4e div.)

FLAMAND (G.).

Martin (Joseph-Eugène), dessinateur mosaïste, né le 10 janvier 1833, décédé le 22 septembre 1894. — Buste en bronze (H. 0^m 55). Signé : *G. Flamand, 96*. (34e div.)

FLATTERS (Jean-Jacques).

Raucourt (Marie-Antoinette-Françoise-Josèphe Clairien, dite Saucerotte, dite[2]), artiste de la Comédie-Française, née à Dombasle le 29 novembre 1753, décédée à Paris le 15 janvier 1815. — Buste en marbre (H. 0^m 60) : la tête est diadémée. Signé : *Flatters*. Gravé par *Dubois*[3], et par *Collette*, d'après un dessin de *Quaglia*[4]. (20e div.)

FOYATIER (Denis).

Gall (François-Joseph), physiologiste et philosophe, créateur de la phrénologie, né à Tiefenbrunn (grand-duché de Bade) le 9 mars 1758, décédé à Paris le 22 août 1828. — Buste en marbre (H. 0^m 51). Signé : *Foyatier, 1828*[5]. Sur le piédouche du buste, à droite et à gauche ainsi que derrière, sont gravées trois têtes avec les divisions phrénologiques qui constituent le système de Gall. (18e div.)

FRANCESCHI (Louis-Julien, dit Jules).

Chevalier (Jean-Joseph-Philippe), lieutenant d'artillerie, né à Paris le 7 mai 1847, blessé à Champigny, mort à l'ambulance du Corps législatif le 3 décembre 1870. — Médaillon en marbre (Diam. 0^m 42). Signé : *J. Franceschi*. (44e div.)

Franceschi.

Jodon (Albert), décédé le 16 décembre 1876. —Statue en

---

1. Un buste en marbre de Provost, par *Feuchère*, a figuré au Salon de 1846 sous le n° 2165.

2. La comédienne avait ajouté à son prénom de « Françoise » ceux de « Marie-Antoinette », sans doute par adulation pour la Reine devant laquelle elle avait souvent joué avec succès. Quant au prénom de « Josèphe » elle l'avait peut-être adopté en souvenir de son père qui s'appelait « Joseph ».

3. *Promenade aux cimetières de Paris*, par P. St A... Paris, s. d., in-12, p. 44.

4. *Le Père-Lachaise*, etc., pl. III.

5. Un buste du docteur Gall, par *Foyatier*, dont la matière n'est pas indiquée, a figuré au Salon de 1822 sous le n° 1423.

pierre (H. o^m 92) : jeune femme drapée et voilée, ayant un genou en terre, et déposant sur le tombeau une couronne de cyprès et de fleurs. Signée : *Jules Franceschi, statuaire.* (71e div. 1re section.)

FRESSANGE.

FRESSANGE (A^ne), décédé le 23 juillet 1820 dans sa 71e année. — Buste en bronze (H. o^m 35). Sur la face postérieure du piédouche est gravé : « Fait et fondu par *Fressange,* son fils aîné. » (11e div.)

FROMANGER (Alexis-Hippolyte) et **HANNAUX (Emmanuel).**

SCHŒLCHER (Victor), sénateur, « bienfaiteur de la race noire », né à Paris le 21 juillet 1804, décédé à Houilles (Seine-et-Oise) le 26 décembre 1893. — Médaillon en bronze (Diam. o^m 45). Signé : *E. Hannaux, 1894.* — SCHŒLCHER (Marc), marchand de porcelaine, né à Fessenheim, près Colmar, le 26 avril 1765, décédé à Paris le 14 octobre 1832. — Haut-relief en bronze (H. 2^m 25. L. 1^m 10) : Schœlcher et l'un de ses ouvriers sont debout, appuyés d'une main sur un écusson décoré de fruits; Schœlcher tient un livre, et l'ouvrier a des outils dans la main droite. Signé : *A.-H. Fromanger fecit, 1840* [1]. (50e div.)

GALLI (P. Pietro).

DURAND-FORNAS (Aimé-Prosper-Félix), conseiller à la Cour impériale de Paris, décédé le 28 août 1866, à l'âge de 50 ans. — Buste en marbre (H. o^m 80). Signé : *P. Pietro Galli F. Roma, 1869.* (65e div.)

GAUT (L.).

GAUT (Siméon-François-Charles), décédé le 26 juin 1855, dans sa 69e année. — Médaillon ovale en bronze, (H. o^m 32. L. o^m 26). Signé : *L. Gaut, 1843.* — GAUT (Louise-Françoise QUILLET, v^ve), décédée le 7 juin 1874, dans sa 80e année. — Médaillon ovale en bronze (H. o^m 32. L. o^m 26). *Non signé.* (59e div.)

---

1. Ce tombeau a été élevé à son père par « Victor Schœlcher reconnaissant ». Au Salon de 1840, a figuré une œuvre de *Fromangerit* sous le titre : « Bas-relief pour un monument sépulcral. » Nous supposons que c'est l'œuvre actuellement placée sur le tombeau de Schœlcher.

GAUTHERIN (Jean).

Marx (Simon), docteur en médecine, directeur de l'hôpital Saint-Antoine, né en 1812, décédé le 23 novembre 1865. — Médaillon en bronze (Diam. 0ᵐ 34). Signé : *J. Gautherin, 1865*. (4ᵉ div.)

GAYRARD (Raymond).

Pariset (Étienne), médecin, secrétaire perpétuel de l'Académie de médecine, né à Grand (Vosges), le 5 août 1770, décédé à Paris le 6 juillet 1847. — Buste en marbre blanc (H. 0ᵐ 50), par *Raymond Gayrard*[1]. (27ᵉ div.)

GEGOUT-GAGNEUR (Mᵐᵉ Marguerite), dite SYAMOUR.

Cournet (Frédéric), journaliste. — Buste en bronze (H. 0ᵐ 78). Signé : *Syamour, 1886*. (95ᵉ div.)

GEOFFROY-DECHAUME (Adolphe-Victor).

Daubigny (Charles-François), peintre, né à Paris le 15 février 1817, décédé dans la même ville le 19 février 1878. — Buste en bronze (H. 0ᵐ 76). Signé : A mon ami, *Charles-François Daubigny*, 1817-1878. — 9ᵇʳᵉ 1879. G. D. » [*Geoffroy-Dechaume*]. (24ᵉ div.)

GERMAIN.

Sibon (Famille). — Une chapelle au fond de laquelle est un chien couché, en bronze. Signé : *Germain, 1881*. La chapelle est en outre décorée de trois vitraux et de cinq peintures sur émail, dont un portrait. Les émaux sont signés : *Boyer*. La chapelle a été construite sur les dessins de M. *A. Bonnet*, architecte. (57ᵉ div.)

GILBERT (François-Ambroise-Germain).

Ménier (Émile-Justin), industriel et économiste, député, né à Paris le 18 mai 1826, décédé à Noisiel-sur-Marne le 17 février 1881. — Chapelle à quadruple fronton, terminée par un dôme. Une niche circulaire, pratiquée dans le fronton,

---

1. Un buste d'Étienne Pariset, par *R. Gayrard*, est placé dans la salle des pas perdus de l'Académie de Médecine, à Paris. Nous avons lieu de supposer que l'œuvre qui décore le tombeau de Pariset est une réplique du buste en question.

renferme le buste en marbre de Ménier (H. 0^m 85). De chaque côté de la porte est une Cariatide (H. 3 mètres environ). A gauche, le *Commerce* ayant un livre dans la main gauche, sur lequel on lit : Travail ; le bras droit est tombant, la main tient des règles, une plume, etc. A droite, l'*Industrie*, tenant d'une main une palme et une couronne de lierre, et de l'autre un parchemin demi-déroulé où sont gravés les mots : « Bienfaisance, instruction. » Au-dessous, un écusson sur lequel est sculptée, en bas-relief, la *Bienfaisance*, représentée par un éphèbe assis sur un rocher et soigné par une femme debout. Sous chacun des frontons sont sculptés deux bas-reliefs : Petits génies séparés par un écusson, au centre est gravée la lettre M. Toutes ces œuvres, en pierre, ont été exécutées par *François Gilbert*. La chapelle a été construite en 1887 sur les dessins de *Henri Parent*, architecte. La porte, en bronze, est signée : *Thiébaut frères fondeurs*. (57e div., 2e section.)

GIRARD (Noël-Jules).

Bonomet (Auguste-Claude), mort à Paris le 13 octobre 1835, dans sa 60e année. — Bas-relief en pierre (H. 0^m 84. L. 0^m 54) : un vieillard ayant la poitrine et les bras nus présente un jeune garçon à un autre vieillard ; celui-ci prend la main de l'enfant ; son autre main tient des parchemins roulés. Au fond, un édicule simulé est surmonté d'un buste de femme voilée. Signé : *N.-J. Girard, 1850*. Sur le piédestal est gravé : « Ce que ma mère veuve eût fait, veuf tu le fis, et rien ne te coûta pour instruire ton fils. » (32e div.).

GIRARD (Casimir).

Tochon (Marie-Adèle-Euphrasine, Mme), née en 1836, inhumée le 13 novembre 1872. — Médaillon en plâtre teinté, sous verre (Diam. 0^m 21). Signé : *X^{bre} 1870. C. Girard*. (69e div.)

GODEBSKI (Cyprien).

Tamberlick (Françoise), 1830-1884. Edwige Galezowska, 1882-1886. Enrico Tamberlick, 1820-1889. — Monument en granit surmonté d'une sorte de tombeau de forme antique, en marbre blanc, sur lequel est une statue en marbre blanc (H. 2 mètres environ) : une jeune femme assise, les jambes pendantes, ayant des ailes largement ouvertes ; elle a une étoile au front et sème des fleurs de la main droite. Signée : *Cyp. Godebski, 1886* [1]. (11e div.)

GODIN (Eugène-Louis). Voy. **LE PÈRE** (Alfred-Édouard-Adolphe).

GONDOLFI.

Lenoir et Vavin (Familles). — Tombeau surmonté d'un sarcophage : une jeune femme en pleurs est affaissée sur le sarcophage où elle vient de déposer une couronne de fleurs. Statue en bronze (H. 1ᵐ 25). Signée : *Gondolfi, stat.* (4e div.)

GOSSIN.

Mussot (Pierre), décédé en 1823, à l'âge de 66 ans. — Buste en terre cuite (H. 0ᵐ 60). Signé : *Gossin, fecit, 1824.* (27e div.)

Gossin.

Haumet (Jean-Pierre-Joseph), curé de Colombes, Montreuil-sous-Bois, Saint-Gervais et Sainte-Marguerite, évêque nommé de Langres, décédé en 1851, à l'âge de 53 ans. — Dans une niche du fronton de la chapelle est un buste en pierre (H. 0ᵐ 57). Signé : *Gossin f.* (45e div.)

Gossin.

Estibal-la-Batut (Famille). Au sommet d'une chapelle est un groupe en pierre (H. 0ᵐ 85) : Ange ailé indiquant, du doigt, le ciel à une enfant debout à sa droite. Signé : *Gossin f.* (45e div.)

Gossin.

Gossin père (Jean-François-Étienne), décédé le 27 août 1867, à l'âge de 68 ans, et Julie-Françoise Halot, veuve Gossin, décédée le 6 décembre 1868, dans sa 66e année. — Tombeau sur lequel est placée une statue en terre cuite (H. 1ᵐ 50) : un Ange ailé, debout, est posé sur des nuages, par *Gossin.* (15e div.)

---

1. Ce monument a figuré au Salon de 1886 sous le n° 3961.

GRABOWSKI (Félix).

✓ Nélaton (Auguste), chirurgien, professeur de clinique chirurgicale à la Faculté de Paris, membre de l'Académie de médecine et de l'Académie des sciences, sénateur, né le 17 juin 1807, décédé à Paris le 21 septembre 1873. — Médaillon en marbre (Diam. 0^m 45), encastré dans la face antérieure d'un monument, au centre d'une couronne de chêne sculptée en relief; de chaque côté est une branche de laurier. Par *F. Grabowski*[1]. (6e div.)

GRAFFIN.

Coulson (Élisabeth-Strean), décédée à Paris le 9 novembre 1880. — Monument quadrangulaire en marbre blanc surmonté de quatre statues (H. 1^m 20) supportant une sorte de clocheton. Ces statues représentent des anges musiciens ailés ayant une trompette, une lyre, une flûte et un syrinx. La partie supérieure du monument est décorée d'anges adorateurs. A la base est gravé : « *Graffin*, sculpteur, Regent street London. (26e div.)

GRASS (Philippe).

Souvestre (Émile), romancier, décédé le 5 juillet 1854. — Buste en marbre blanc (H. 0^m 54). Signé : *P. Grass, Paris*[2]. Gravé par *J. Pensel*[3]. (48e div.)

GRUYÈRE (Théodore-Charles). Voy. TRUFFOT (Émile).

GUERSANT (Pierre-Sébastien) et FATH (G.).

Dupaty (Charles Mercier-), statuaire, né à Bordeaux le 29 septembre[4] 1771, décédé à Paris le 12 novembre 1825. — Médaillon en marbre blanc (Diam. 0^m 38). *Non signé*. Et Marie-Marguerite-Sophie Bauret, femme d'Emmanuel Mercier-Dupaty, née à Givet le 8 juillet 1781, décédée à Paris le 27 décembre 1844. — Médaillon en marbre blanc (Diam. 0^m 28). Signé : *G. Fath, 1845*. Le tombeau de *Dupaty*, élevé sur les dessins de *Ménagé*, architecte, est gravé par *L. Nor-*

---

1. Renseignements fournis par M. Ch. Nélaton (17 juin 1897).
2. Ce buste a figuré au Salon de 1857 sous le n° 2922.
3. *Architecture funéraire contemporaine*, 2ᵉ section C, pl. XIII.
4. Lalanne se trompe en écrivant « novembre ».

mand[1] et par *Collette*, d'après un dessin de *Quaglia*[2]. *Normand* attribue le médaillon du statuaire *Dupaty* à *Guersant*. (27ᵉ div.)

GUICHARD.

VINCENT (François-André), peintre d'histoire, membre de l'Académie des Beaux-Arts, né à Paris le 30 septembre 1746, décédé dans la même ville le 4 août 1816. — Médaillon en marbre (Diam. 0ᵐ 33). Signé : *Guichard, fecit*. Le tombeau de *Vincent* a été élevé par sa famille ; mais le médaillon est un hommage de reconnaissance des élèves du maître, ainsi qu'il résulte de l'inscription tracée sur la face postérieure. Ce monument a été gravé par *L. Normand*[3]. Le médaillon a été lithographié par *T. de Jolimont*[4]. (11ᵉ div.)

GUILBERT (Ernest-Charles-Démosthènes).

LOISEL (Marie LEGRAND, Mᵐᵉ), née le 16 décembre 1836, décédée le 17 septembre 1893. — Médaillon en marbre blanc (Diam. 0ᵐ 40). Signé : *E. Guilbert, 1895*. (74ᵉ div.)

GUILLARD.

RUTY (Charles-Étienne-François, comte), lieutenant-général d'artillerie, pair de France, conseiller d'État, né à Besançon le 4 novembre 1774, décédé à Paris le 24 avril 1828. — Colonne en marbre blanc, surmontée d'un buste en bronze (H. 0ᵐ 55). Sur la base de la colonne est gravé : *Fait par Guillard*. (38ᵉ div.)

GUILLAUME (Jean-Baptiste-Claude-Eugène).

PACCARD (Alexis), architecte, né à Paris le 19 janvier 1813, décédé à Aix-les-Bains le 18 août 1867. — Médaillon en marbre blanc (Diam. 0ᵐ 35). Signé : *E. Guillaume, 1868*. Le monument de l'architecte a été érigé par ses amis et ses élèves. (22ᵉ div.)

Guillaume.

SAINT-VICTOR (Paul-Jacques-Raymond BINSSE, comte

---

1. *Monuments funéraires*, etc., t. I, pl. XVIII.
2. *Le Père-Lachaise*, etc., pl. V.
3. *Monuments funéraires*, etc., t. I, pl. VI.
4. *Les mausolées français*, Paris, 1821, in-4°.

de), critique d'art, né à Paris le 11 juillet 1825 [1], décédé à Paris le 9 juillet 1881. — Buste en bronze (H. 0m 80). Signé : *E. Guillaume, 1882.* (9e div.)

Guillaume.

✓ BULOZ (François), publiciste, fondateur de la *Revue des Deux-Mondes,* né à Vulbens (Suisse) le 20 septembre 1803, décédé à Paris le 12 janvier 1877. — Médaillon en marbre blanc entouré de deux branches de laurier en bronze (Diam. 0m 42), par *Guillaume* [2]. Le monument a été construit sur les dessins de *F. Vigoureux,* architecte. (52e div.)

Guillaume. Voy. Lequesne (Eugéne-Louis).

GUILLEMIN (Émile).

LUCHET (Auguste), littérateur et auteur dramatique, né à Paris le 22 avril 1806, décédé dans la même ville le 9 mars 1873. — Buste en bronze (H. 0m 70). Signé : « A la mémoire d'Auguste Luchet, offert par ses amis, 1873. *E^le Guillemin, 1873. F. Barbedienne,* fondeur. » (49e div., 2e section.)

Guillemin.

PLOUVIER (Édouard), poète et auteur dramatique, né à Paris le 2 août 1821, décédé dans la même ville le 12 novembre 1876. — Médaillon en bronze (Diam. 0m 32). Signé : *E^le Guillemin, 1877.* (51e div.)

GUMERY (Charles-Alphonse).

LEPEL-COINTET (Famille E.). — Dans une chapelle, au-dessus du vitrail du fond, est un bas-relief en pierre (H. 0m 40. L. 2m) : deux femmes ailées, à demi-assises, soutiennent une sorte d'écusson, d'après *Villeminot.* Au centre de la chapelle, le buste en bronze d'Eric Lepel-Cointet (H. 0m 50), par *Gumery* [3]. Il est posé sur une colonne en marbre, décorée d'une palme et d'une couronne. (26e div.)

HANNAUX (Emmanuel). Voy. FROMANGER (Alexis-Hippolyte).

---

1. Vapereau, dans son *Dictionnaire des contemporains,* le fait naître en 1827.
2. Renseignements fournis par Mme Louise Buloz, belle-fille de François Buloz (19 septembre 1897).
3. Renseignements fournis par Mme Lepel-Cointet (28 juin 1897).

HÉBERT (Pierre-Eugène-Emile).

HUSSET. — Buste en bronze (H. 0^m 78). Signé : *Émile Hébert, 1889.* (85e div.)

HERCULE (Benoît-Lucien).

ROGER (Gustave-Hippolyte), artiste lyrique, professeur au Conservatoire, né le 17 décembre 1815, décédé le 12 septembre 1879.— Buste en bronze (H. 0^m 75). Signé : *Hercule, 1882.* La sculpture décorative du monument a été exécutée par *J. Héritier* [1]. (34e div.)

HÉRITIER (Jules).

BLANCHON et RATINET (Familles). — Monument en marbre blanc comprenant un Christ en croix, également en marbre. Des corbeilles de chaque côté sont ornées à leur base de feuilles d'eau, tandis que les angles sont décorés de feuilles grecques ; au centre, des cannelures garnies de fleurs de lys avec pistil ; sur le bord sont de petits boutons ornés ; sur le socle de la croix, de grandes feuilles intercalées de feuilles d'eau se relient avec la croix décorée de lierre sur les deux faces. Ce monument, de style grec, est l'œuvre de *Jules Héritier*. Il a figuré à l'exposition des arts décoratifs en 1884 [2]. (66e div.)

Héritier.

PADOUE (Le duc de). — Monument en pierre de Lorraine surmonté d'une croix ; il est décoré des armoiries du duc de Padoue, accompagnées de grands rinceaux ; au fond, de larges feuilles formant le socle de la croix, par *J. Héritier*. Le monument a été élevé sur les dessins de *Delarue* père, architecte [3]. (26e div.)

Héritier.

LELASSEUR (Famille). — Chapelle à fronton couronnant le tympan, avec rinceaux ; fleuron en côté terminant le rampant. Au-dessus de la porte sont les armoiries de la famille avec la couronne de baron et de grands rinceaux s'harmonisant dans le fond ; colonnes surmontées de chapiteaux avec mou-

---

1. Renseignements fournis par M. *J. Héritier* (2 septembre 1897).
2. Renseignements fournis par M. *J. Héritier* (26 juillet 1897).
3. Ibid.

lures formant double tailloir, par M. *J. Héritier*. La chapelle a été élevée sur les dessins de *Delarue* père, architecte[1]. (18ᵉ div.)

Héritier. Voy. **Allar (André-Joseph).** Voy. **Chapu (Henri).** Voy. **David D'Angers (Pierre-Jean).** Voy. **Doublemard (Amédée-Donatien).** Voy. **Hercule (Benoit-Lucien).** Voy. **Mercié (Antonin).** Voy. **Thomas (Gabriel-Jules).**

HIOLLE (Maximilien-Henri).

BRANDIN (Louis-Philippe), décédé le 30 octobre 1892, dans sa 60ᵉ année. — Buste en bronze (H. 0ᵐ 45). Signé : *M. Hiolle, 1893.* (91ᵉ div.)

Hiolle.

HIOLLE (Adélaïde-Augustine BADUEL, Mᵐᵉ), décédée le 17 décembre 1893, à l'âge de 44 ans. — Statue en pierre (grandeur nature) : une femme en pleurs, ailée, debout, est adossée à une colonne brisée ; elle a des fleurs dans la main gauche ; un flambeau vient d'échapper de sa main droite et a roulé sur le sol. Signée : *M. Hiolle, 1894.* (91ᵉ div.)

HUGUES-ROYANNEZ (Jeanne-Clovis).

GATINEAU (F.). — Buste en bronze (H. 0ᵐ 75). Signé : *Jeanne Clovis Hugues-Royannez, 1886.* (96ᵉ div.)

ICARD (Honoré).

RICHARD (Émile), président du conseil municipal de la ville de Paris, écrivain politique, né à Paris le 7 avril 1843, décédé le 27 décembre 1890. — Buste en bronze (H. 0ᵐ 55). Signé : *Icard.* Ce monument a été érigé à la mémoire de Richard, par sa veuve et ses enfants. (50ᵉ div.)

IGUEL (Auguste-Vincent).

PELLASSY DES FAYOLLES (Docteur Nestor-Joseph), du Mans (Sarthe). — Médaillon ovale en bronze (H. 0ᵐ 37. L. 0ᵐ 32). Signé : *V. Iguel.* Au-dessous, un médaillon en bronze (Diam. 0ᵐ 37). Tête de femme vue de profil à gauche. Au bas du médaillon sont gravées les deux lettres S. G. (6ᵉ div.)

---

1. Renseignements fournis par M. *J. Héritier* (26 juillet 1897).

ITASSE (Adolphe).

*   Belloc (Jean-Hilaire), peintre d'histoire, directeur de l'École impériale de dessin, né à Nantes le 27 novembre 1783, décédé le 9 décembre 1866. — Buste en bronze (H. 0ᵐ 58). Signé : *P. Itasse, 1868*[1]. Le tombeau de Belloc, élevé sur les dessins de *Davioud*, architecte, a été gravé par *J. de Garron*[2]. (52ᵉ div.)

ITASSE (Jeanne).

Itasse (Adolphe), statuaire, né en 1830, décédé en 1893. — Buste en plâtre (H. 0ᵐ 55). *Non signé*[3]. A la base du piédestal supportant le buste est un petit génie nu, ailé, en bronze (H. 1ᵐ), qui s'élève sur la pointe des pieds pour offrir à l'artiste une branche de laurier ; aux pieds du génie sont différents objets en bronze : un maillet de sculpteur, une branche de laurier, une couronne de cyprès dans laquelle passe une banderole portant gravés les mots suivants : « Vénéré père, regretté maître. » Signé : *Jeanne Itasse*. Fondu par Mᵐᵉ *Denonvilliers*. (31ᵉ div.)

JACQUES (Théodore-Joseph-Napoléon).

Jacques (Théodore-Joseph-Napoléon), statuaire, né en 1804, décédé en 1876. — Bas-relief en pierre (H. 0ᵐ 78, L. 0ᵐ 65) : jeune femme, drapée à l'antique, posant la tête sur une stèle simulée et tenant de la main gauche une branche de cyprès. Sur le cippe est gravée l'inscription suivante : « Ici repose Marie-Anne-Catherine Hamard, décédée femme Jacques le 3 mars 1827 », et au-dessous : « *N. Jacques, statuaire*, 1804-1876, son fils. » (27ᵉ div.)

JALEY (Jean-Louis-Nicolas).

Hautpoul (Jean-Joseph, comte d'), général de division, sénateur, né le 13 mai 1754 au château de Salettes en Albigeois, blessé à la bataille d'Eylau, à la tête d'une division de

---

1. Un marbre a figuré au Salon de 1868 sous le n° 3668, et sans doute le buste qui nous occupe est une répétition du buste exposé.

2. *Architecture funéraire contemporaine*, 1ʳᵉ section C, pl. II et III.

3. Un buste en bronze a figuré au Salon de 1897 sous le n° 3067, et nous supposons qu'il est destiné à remplacer le plâtre dont il est parlé ici.

cuirassiers, mort au château de Vonrinen le 14 février 1807 [1].
— Médaillon en marbre (Diam. 0 m 40) placé dans une chapelle. Signé : *Jaley* [2]. (43ᵉ div.)

JANSON (Louis-Charles).

Boissel (Jean-Marie-Hercule), représentant du peuple,
maire-adjoint du XIIᵉ arrondissement de Paris, député de la
Seine, né à Vincennes le 17 janvier 1795, décédé à Paris le
13 février 1861. — Buste en bronze (H. 0 m 52). Signé : *Ch.
Janson*. (14ᵉ div.)

Janson.

Achard (Amédée), romancier, né en 1814, décédé en
1875. — Demi-ronde bosse en marbre blanc (Diam. 0 m 40).
Signée : *Ch. Janson*. Le monument d'Amédée Achard a été
élevé par la Société des gens de lettres, la Société des auteurs
dramatiques, sa famille et ses amis. (85ᵉ div.)

JOUANDOT (Amédée).

/ Cambacérès (Delphine de). — Buste en marbre blanc
(H. 0 m 70). Signé : *A. Jouandot, 1869*. (48ᵉ div.)

JOUFFROY (François).

Monnais (Guillaume-Édouard-Désiré), commissaire près
le Conservatoire impérial de musique, né à Paris le 27 mai
1798, décédé dans la même ville le 25 février 1868. — Médaillon en marbre blanc (Diam. 0 m 42). Signé : *Jouffroy*. Le
monument de Monnais a été élevé par sa veuve et ses amis.
(55ᵉ div.)

JUMELIN (Ch.).

Balmé (Adolphe), docteur-médecin, né en 1851, décédé
le 2 janvier 1879. — Buste en bronze (H. 0 m 50). Signé :
« Son ami, *Ch. Jumelin*. (64ᵉ div.)

KAMPF (Léopold-Eugène).

Monnoie (Alfred d'Affry de la), membre des Sociétés

---

1. La dépouille mortelle du général d'Hautpoul a été rapportée au Père-Lachaise,
par les soins de son fils, le 26 juin 1840.
2. Renseignements fournis par le comte d'Hautpoul, petit-fils du général (11 septembre 1897).

savantes de France, né le 25 juin 1811, décédé le 30 septembre 1868. — Buste en bronze (H. 0 m 37). Signé : *L*^{ld} *Kampf*. (68e div.)

LAFUMA (Charles).

CHABERT (Edme-Charles), ouvrier graveur, conseiller municipal de Paris, conseiller général de la Seine, l'un des fondateurs du parti ouvrier, né le 13 décembre 1818, décédé le 24 mai 1890. — Buste en bronze (H. 0 m 65) Signé : *C. Lafuma, 1888*[1]. Le monument de Chabert a été érigé par les soins et aux frais du parti ouvrier avec le produit d'une souscription publique et des subventions du Conseil municipal de Paris et du Conseil général de la Seine. (76e div.)

LAITIÉ (Charles-Rémi).

WALTERSTORFF (Ernest-Frédéric, comte de), lieutenant général des armées de S. M. le roi de Danemark, envoyé extraordinaire et ministre plénipotentiaire de S. M. le roi de Danemark près S. M. T. C., né le 1er avril 1755, à Tonderen, en Danemark, décédé à Paris le 13 octobre 1820. — Bas-relief en marbre (H. 0 m 65. L. 0 m 50) : l'Histoire, placée en face du buste de Walterstorff, posé sur un cippe simulé, trace sur une tablette, à l'aide d'un style, les actions accomplies par le guerrier et le diplomate. Signé : *Laitié*. Gravé par *Collette*, d'après un dessin de *Quaglia*[2], et par *C.-B. Marlier*, d'après un dessin de *Demont*[3]. (39e div.)

LAMBERT (Émile-Placide).

DONNAT (Léon), ingénieur et conseiller municipal de Paris. — Buste en bronze (H. 0 m 85). Signé : *E. Lambert*. Sur la colonne en marbre supportant le buste est gravé : « A Donnat, économiste, la boulangerie française, ses amis. » L'inauguration du monument de *Donnat* a eu lieu en juillet 1894[4]. (68e div.)

---

1. Le plâtre a figuré au Salon de 1888, sous le n° 4286.
2. *Le Père-Lachaise*, etc., pl. IX.
3. *Recueil de divers tombeaux*, etc., pl. V.
4. Voy. *Journal des Arts* du 21 juillet 1894.

LANNO (François-Gaspard-Aimé).

HERSENT (Louis), peintre, membre de l'Institut, né à Paris le 10 mars 1777, décédé le 2 octobre 1860, et Louise-Marie-Jeanne MAUDUIT, sa femme, peintre, née à Paris le 7 mars 1784, décédée le 7 janvier 1862. — Sur la face antérieure d'un tombeau, de forme antique, est encastré un médaillon en marbre blanc (Diam. 0 m 46), renfermant les portraits accolés des deux artistes, par *Lanno* [1]. — Sur les faces latérales du tombeau sont reproduites en bas-reliefs, en marbre blanc, (H. 0 m 78. L. 1 m 08) les deux principales œuvres d'*Hersent*. A droite, *Ruth et Booz*. Signé : *Lanno*; à gauche, *Las-Casas malade, soigné par des sauvages*. Signé : *Lanno, 1863* [2]. Le monument a été construit sur les dessins de *Destailleur*, architecte. (32ᵉ div.)

LANZIROTTI (Antonio-Giovanni).

JENNY (Auguste), commandant du 10ᵉ bataillon de mobiles de la Seine, né à Schelestadt le 3 septembre 1830, tué à Stains (Seine) le 21 décembre 1870. — Médaillon en marbre blanc (Diam. 0 m 35). Signé : *A.-G. Lanzirotti*. (69ᵉ div.)

LATOUR (Louis-Marie-Blaise).

LUNEL (Le commandant Adolphe-Jean-Baptiste), chef des Gardes du Palais de Justice et du Tribunal de Commerce, né en 1821, décédé en 1895. — Buste en bronze (H. 0 m 88). Signé : *L. Latour, statuaire. Paris, 1896*. Le monument de Lunel, élevé par les gardes et les amis du commandant, a été inauguré le 19 juillet 1896 [3]. (90ᵉ div.)

LAURENT (Eugène).

DRIN (Alexandre), né en 1823, décédé en 1889. — Buste en bronze (H. 0 m 60). Signé : *E. Laurent, 1877*. (85ᵉ div.)

---

1. Ce médaillon a été exécuté en 1862. Renseignements fournis par M. B. Seure (9 septembre 1897).
2. Le tableau intitulé *Ruth et Booz* a figuré au Salon de 1822 ; le second ayant pour titre *Las-Casas malade*, à celui de 1817.
3. Voy. le *Petit Moniteur universel* du 20 juillet 1896, et le *Journal des Arts* du 25 du même mois.

LEBÈGUE (Célestin). Voy. **LEHARIVEL-DUROCHER** (Victor-Edmond).

LEBÈGUE (Jean-Louis-Augustin).

DORD (Claudius), décédé en 1855, à l'âge de 40 ans. — Deux statues en marbre blanc (H. 0 m 78) sont posées sur des piédestaux de chaque côté d'une chapelle. Celle de droite, ailée, debout, a les bras croisés sur la poitrine; celle de gauche, également ailée et debout, a le bras droit levé; la main gauche tient une fleur. Cette dernière statue est signée : *L. Lebègue, 1857.* (19e div.)

Lebègue.

FESSARD (Noël-Étienne), sculpteur, né en octobre 1765, décédé en mars 1839. — Médaillon en marbre (Diam. 0 m 35). Signé : *L. Lebègue, 1867* [1]. — LEBÈGUE (Jean-Louis-Augustin), sculpteur, né à Caply-Vendeuil (Oise) le 4 décembre 1797, décédé à Paris le 27 octobre 1887. — Médaillon en marbre (Diam 0 m 37). Signé : *L. Lebègue, 1867.* (56e div.)

Lebègue.

LHÉRITIER DE CHEZELLE (Gabrielle MARTIN DE VAUX-MORET, baronne), veuve en premières noces de Alphonse Godefroy de MARGUERYE, comte de VASSY, décédée le 2 juin 1859. — Bas-relief en marbre blanc (H. 0 m 92. L. 0 m 58) : un génie nu ailé, debout, entourant de son bras gauche une urne sur laquelle il pose la tête; il tient de sa main droite un flambeau renversé. Signé : *L. Lebègue, sculpteur* [2]. (25e div.)

Lebègue.

MANVILLES (Alexandre de), décédé en 1878 à l'âge de 32 ans. — De chaque côté de la porte d'une chapelle, de style ogival, est placé un ange ailé, en pied, debout. Celui de gauche lève le bras droit; l'autre bras retombe le long du corps, la main tient une couronne d'immortelles; celui de droite a les bras abaissés; les mains sont posées l'une sur l'autre; dans

---

1. Renseignements fournis par M. *Paul Lebègue*, fils de *J.-L.-A. Lebègue* (28 juin 1897).

2. Sur le monument est gravé : « Hommage d'un fils à sa mère. »

la main droite est un livre. Ces deux statues, en pierre,
(H. o^m 80) sont signées : *L. Lebègue, sculpteur.* La chapelle
est en outre richement décorée : une branche de lierre
grimpe le long de chaque pilastre et une branche de cyprès
entoure la porte, etc. Cette décoration a été exécutée par
Louis et *Paul Lebègue* en 1852[1]. La chapelle est construite
d'après les dessins de *Darru* et de *Berthelin*, architectes.
(6e div.)

Lebègue. Voy. Fessard (Pierre-Alphonse).

LEBÈGUE (Paul).

PEPOLI (Achille-Francesco-Luigi-Carlo, comte), né à
Bologne le 17 février 1824, décédé à Paris le 10 octobre 1867,
et Maria-Anna MARZIA, comtesse ALBONI, puis Mme ZIEGER,
cantatrice, née à Città di Castello (Italie) le 6 mars 1826,
décédée à la villa Cenerentolo, à Ville-d'Avray, le 23 juin
1894. — Tombeau rectangulaire en granit surmonté d'un
sarcophage en marbre blanc. Dans la face antérieure du sarcophage sont sculptées en relief une lyre et une palme, puis,
au-dessus, les armoiries de la famille Pepoli. *Paul Lebègue* a
exécuté cette décoration en 1867[2]. Sur une plaque fixée sur
la face antérieure du tombeau, on a reproduit textuellement
le discours prononcé le 26 juin 1894, aux obsèques de la
cantatrice, par M. Poubelle, alors préfet de la Seine.
(66e div.)

Lebègue.

BERNARD-MALLET (Famille). — Cippe en marbre blanc
dont la partie supérieure est décorée de branches de saule
pleureur emmêlées de volubilis et d'épis de blé ; sur les côtés
du cippe sont sculptées des branches de cyprès. Cette décoration, par *P. Lebègue*, date de 1867[3]. (26e div.)

Lebègue.

ROELOFSON (William), né le 14 mai 1826, décédé le
31 décembre 1871. — Au centre d'un cippe, en marbre blanc,
est sculpté en relief un saule pleureur avec volubilis, fleurs
emblématiques de la famille Roelofson ; un lierre grimpe le

1. Renseignements fournis par M. *Paul Lebègue* (28 août 1897).
2. Renseignements fournis par M. *Paul Lebègue* (28 août 1897).
3. Renseignements fournis par M. *Paul Lebègue* (28 août 1897).

long de l'arbre ; au pied du saule sont des plantes marines. Ce bas-relief a été exécuté par *P. Lebègue* en 1871 [1]. (53ᵉ div.)

Lebègue.

POISSON (Louis-René), décédé le 17 décembre 1888 à l'âge de 72 ans, et Victorine TESSIER, femme POISSON, décédée le 29 juin 1879, à l'âge de 53 ans. — Une Cariatide est placée de chaque côté de la porte d'une chapelle. Ces Cariatides, dont la tête est couronnée de cyprès, ont la face voilée. Dans le fronton de la chapelle sont sculptés un hibou et un écusson entouré de fleurs et d'épis de blé avec les lettres P. T. en monogramme. Les Cariatides, en pierre, mesurent 1ᵐ 90 de hauteur. L'une d'elles est signée : *Paul Lebègue, 1875, sculpteur.* (70ᵉ div.)

Lebègue.

ROSSINI (Joachim), compositeur, né à Pesaro le 29 février 1792, décédé à Paris le 13 novembre 1868. — Chapelle avec antéfixe et couronnes; au-dessus de la porte est sculptée une couronne de laurier avec rubans. Cette décoration a été exécutée en 1875 par *P. Lebègue* [2]. (4ᵉ div.)

Lebègue.

MORAND (Famille du comte). — Chapelle en pierre dont le tympan est décoré du médaillon de la comtesse Morand (Diam. 0ᵐ 18). Au-dessous du médaillon sont sculptés en creux des crabes et des crustacés; d'autres crabes et des crustacés, emblèmes symboliques, sont également sculptés en creux aux abords des baies des faces latérales et postérieure de la chapelle dans laquelle ils cherchent à pénétrer. Le médaillon et la décoration de la chapelle furent exécutés par *P. Lebègue* en 1875 [3]. (26ᵉ div.)

Lebègue.

DESJARDINS-LIEUX (Charles-Désiré), né le 10 octobre 1814, décédé le 7 janvier 1876. — Médaillon en bronze (Diam. 0ᵐ 40). Signée : *Paul Lebègue, 1878.* (62ᵉ div.)

---

1. Renseignements fournis par M. *Paul Lebègue* (28 août 1897).
2. Renseignements fournis par M. *Paul Lebègue* (28 août 1897).
3. Renseignements fournis par M. *Paul Lebègue* (28 août 1877).

Lebègue.

Lenormant de Villeneuve (Mme Edler). — Médaillon en marbre (Diam. 0^m 45). Signé : *Paul Lebègue, 1883*[1]. (42e div.)

Lebègue.

⸱ Fouché (le comte). — Au-dessus de la porte d'une chapelle sont sculptées l'épée du comte avec des branches de laurier et d'olivier; le fronton comporte deux anges en prière. Cette décoration, en marbre, a été exécutée en 1887, par *Paul Lebègue*[2] (34e div.)

Lebègue.

Cheronnet (Adolphe). — Chapelle avec porte en bronze sur laquelle sont sculptés une palme, du lierre et des fleurs. Signée : *Paul Lebègue, sculp.* La sculpture décorative de la chapelle a été également exécutée par M. *Paul Lebègue* en 1889[3]. Au fond de la chapelle, un vitrail représentant saint Jean-Baptiste. (71e div., 1re section.)

Lebègue.

Corvi (Jacques). 1814-1890. — Médaillon en bronze (Diam. 0^m 45). Signé : *Paul Lebègue, 1890.* (92e div.)

Lebègue.

Wasiliewitch de Satine (Nicolas), décédé le 14 décembre 1877. — Un Ange ailé, ayant un genou en terre, vient de tracer la date du « 14 x^bre 1877. » Statue en marbre blanc (H. 1^m 20). Cette statue, non signée, est due au ciseau de *Paul Lebègue.* L'esquisse du dessin qui a servi à l'artiste pour l'exécution de sa composition fait partie de la collection de M. Georges Trouvain, marbrier[4]. (49e div., 2e section.)

Lebègue.

Palasmes de Champeaux. — De chaque côté de la porte d'une chapelle est sculpté en relief un rosier montant jus-

---

1. Ce médaillon, dont le modèle est toujours vivant, a figuré au Salon de 1883 sous le n° 3843.
2. Renseignements fournis par M. *Paul Lebègue* (28 août 1897).
3. Renseignements fournis par M. *Paul Lebègue* (28 juin 1897).
4. Renseignements fournis par M. Justin Peytoureau, gérant de la maison G. Trouvain.

qu'au sommet de l'édifice; dans le fronton, couronne et branches de rosier se terminant en antéfixes aux angles. Cette décoration est due au ciseau de M. *Paul Lebègue*[1]. (95e div.)

Lebègue.

SEGAUD (Victor), décédé le 23 octobre 1865. — Tombeau en pierre de Volvie, ayant la forme d'un rocher rustique, surmonté d'une croix, par *Paul Lebègue*[2]. (19e div.)

Lebègue. Voy. **Dubois-Davesnes (Marguerite-Fanny).** Voy. **Legrain (Émile).**

LEBOURG (Charles-Auguste).

BARRAULT (Émile), avocat, publiciste, membre de l'Assemblée législative (1850), né à Paris en 1799, décédé le 2 juillet 1869. — Buste en bronze (H. 0m 70). Signé : *Lebourg, 1869. Victor Thiébaut, fondeur.* (28e div.)

LECER (E.).

AIGON (Antoine), sculpteur, décédé le 3 décembre 1884, à l'âge de 48 ans. — Médaillon en bronze (Diam. 0m 45). Signé : *E. Lecer.* (95e div.)

LE COINTE (Léon-Aimé-Joachim).

MAZET (Louis), lieutenant aux volontaires de Seine-et-Oise (armée de Versailles). Il fut blessé mortellement le 23 mai 1871. — Médaillon en granit (Diam. 0m 57). Mazet est représenté coiffé d'un képi. A droite et à gauche du portrait sont sculptées la médaille militaire et la croix de chevalier de la Légion d'honneur. Signé : *L. Le Cointe.* (20e div.)[3]

LEFÈVRE (Camille). POWER (J.-B.-C.-E.) et SCHRŒDER (Louis).

Monument élevé par l'État à la mémoire des soldats morts pendant le siège de Paris (1870-1871) sur les dessins de *A. Rivière*, architecte[4]. — Une statue en fonte est placée à chacun des angles du monument. Les quatre statues

---

1. Renseignements fournis par M. *Paul Lebègue* (28 août 1897).
2. Renseignements fournis par M. *Paul Lebègue* (28 août 1897).
3. Ce monument a été élevé à Mazet « et aux volontaires tombés avec lui, par leurs compagnons d'armes ».
4. Loi du 4 avril 1873.

(grandeur nature) représentent des soldats de différentes armes en faction. Le « Garde mobile » a été modelé par *Lefèvre*, « l'Artilleur » par *Power*, le « Fusilier marin » et le « Soldat de la ligne » par *Schrœder*. Ces quatre statues ont été fondues par *Denonvilliers*[1]. (64ᵉ div.)

LEGRAIN (Emile) et LOISON (Pierre).

Hautoy (Famille). — De chaque côté de la porte d'une chapelle est une figure allégorique en pierre (H. 2ᵐ). A gauche, l'*Étude* ayant un livre dans la main droite. A droite, le *Travail* tenant un maillet. Ces deux statues sont accoudées sur le fronton de la chapelle. Sur le côté gauche de la chapelle est gravé le nom de *Legrain*[2]. Sur les faces latérales sont placés deux bas-reliefs en marbre (H. 1ᵐ 40. L. 1ᵐ 30) : celui de gauche représente la *Vie de famille* ; celui de droite le *Chantier*. Ces deux bas-reliefs sont signés : P. *Loison, 1880*. La chapelle, construite sur les dessins de P. *Manguin*, architecte, a été gravée par *J. Huguenet* et *Bordet*[3]. (58ᵉ div.)

LEHARIVEL-DUROCHER (Victor-Edmond).

Visconti (Louis-Tullius-Joachim), architecte, membre de l'Institut, né à Rome le 11 février 1791, décédé à Paris le 29 décembre 1853, et Visconti (Ennius-Quirinus), archéologue, membre de l'Institut, né à Rome le 1ᵉʳ novembre 1751, décédé à Paris le 7 février 1818. — Le monument est divisé en deux parties. La partie antérieure comprend le tombeau de l'architecte. Statue en marbre (Long. 1ᵐ 75) : *Visconti*, à demi couché, en costume d'académicien, est accoudé du bras gauche sur un fût de colonne ; la main droite tient un style ; sous la main, le plan du Louvre. Signée sur le fût de la colonne : *Leharivel-Durocher, 1859*. Sur la face antérieure du piédestal de la statue sont sculptées, en relief, des vues perspectives du Louvre et des Tuileries. Ce plan, en bronze, est signé : *L. Villeminot, 1859*. A droite de la statue de l'architecte est un édicule élevé ; au centre est pratiqué un enfonce-

---

1. Les quatre statues ont été exposées en plâtre au Salon de 1879 sous les nᵒˢ 5169, 5293 et 5362. Renseignements fournis par M. *C. Lefèvre* (5 octobre 1897).
2. M. *Paul Lebègue*, sculpteur, nous apprend, par sa lettre du 28 juin 1897, qu'il a collaboré à l'exécution de ces œuvres.
3. *Architecture funéraire contemporaine*, 1ʳᵉ section A, pl. XXVII, XXVIII, XXIX.

ment où se trouve placé le buste en marbre de l'antiquaire. Gravé par *L. Normand* [1]. Au-dessous du buste, une guirlande de fleurs et de fruits et un sphinx sont sculptés en relief. Le sculpteur *Simart* aurait composé la statue de *Visconti*, et *Leharivel* l'aurait exécutée après la mort de *Simart*. (4e div., 1re section.)

Leharivel-Durocher.

CASARIERA (Le marquis de). — Chapelle en forme de dôme, décorée de hiboux, de guirlandes de cyprès, etc., et surmontée d'une couronne de marquis. Dans la crypte de la chapelle est placé le tombeau du marquis sur lequel est posée sa statue couchée, en marbre blanc. Cette statue, modelée par *Leharivel-Durocher* a été exécutée par *Célestin Lebègue*, en 1858. La chapelle est construite sur les dessins d'*A[u] Lavenant*, architecte. La sculpture ornementale est due au ciseau de *Paul Lebègue* [2]. (44e div.)

LEMAIRE (Philippe-Joseph-Henri).

DUCHESNOIS (Catherine-Joséphine RAFIN, dite Mademoiselle), née à Saint-Saulve, près Valenciennes, le 5 juin 1777, décédée à Paris le 8 janvier 1835. — Haut-relief en marbre blanc (H. 1[m] 95. L. 1[m] 05), représentant la *Tragédie* debout, la tête laurée, un style dans la main gauche ; de son bras droit elle entoure un cippe simulé sur lequel elle pose une branche de cyprès. Signé : *Lemaire, sculp., 1835.* Gravé par *L. Normand* [3]. (30 div.)

LEMAIRE (Hector).

GORECKI (L.-Henri), né le 9 septembre 1848, décédé le 4 janvier 1877. — Médaillon en bronze (Diam. 0[m] 28). Signé : *Hector Lemaire, 1878.* (31e div.)

LENOIR (Alfred).

BIZET (Adolphe-Maurice-Marie), architecte, grand prix de Rome, décédé le 28 janvier 1873, à l'âge de 28 ans. — Médaillon en bronze (Diam. 0[m] 34). Signé : *Alfred Lenoir, 1873.* (22e div.)

---

1. *Monuments funéraires*, etc., t. I, pl. VI.
2. Renseignements fournis par M. Justin Peytoureau, gendre de *Célestin Lebègue*, gérant de la maison G. Trouvain, et par M. *Paul Lebègue.*
3. *Monuments funéraires*, etc., t. I, pl. I.

Lenoir.

TERRY Y ADAM (Thomas), né le 25 février 1808, décédé le 5 juillet 1886. Eduardo S. TERRY Y DARTICOS, né le 9 septembre 1848, décédé le 4 avril 1886. — Monument décoré de quatre statues en marbre blanc (grandeur nature). Sur la face antérieure : 1° la *Douleur* : jeune femme, les mains jointes, dans l'attitude de l'abattement. Signée *Alf^d Lenoir, 1892* ; 2° l'*Amitié* : jeune femme, demi-assise à terre, tressant des couronnes avec des branches de lierre, par *A. Lenoir*. Sur la face postérieure : 1° la *Prière* : femme à genoux, vêtue d'un ample manteau et ayant les mains croisées. Signée : *Alfred Lenoir, 1892* ; 2° le *Souvenir* : femme âgée, enveloppée d'un long voile de deuil, un genou en terre, dessine, à l'aide d'un style, le profil de l'être aimé. Signée : *Alfred Lenoir, 1893*[1]. Le monument, construit sur les dessins de M. *F. Boudin*, architecte, a été élevé par les soins de Mme Thomas Terry à la mémoire de son mari, banquier et grand propriétaire à Cuba ; ce monument comprend un soubassement carré, en granit de Normandie, avec porte en bronze. Au-dessus est un sarcophage en marbre rouge du Languedoc. Ce sarcophage est protégé par un grand dais de forme octogonale, percé de baies cintrées, géminées, et terminé par une pyramide en pierre d'Euville. La corniche est décorée par un rinceau passant derrière des colonnes en marbre noir de Flandre. La pyramide est surmontée d'une croix également en marbre. Le passage du plan carré au plan octogonal est obtenu par des colonnes, en marbre noir, qui supportent les statues et qui sont abritées par de petits dais en pierre. La sculpture ornementale a été exécutée par M. *J. Corbel*[2]. (92e div.)

LE PÈRE (Alfred-Adolphe) et GODIN (Eugène-Louis-Edouard).

GODIN (Eugène-Louis), statuaire, né en 1823, décédé en 1887. — Médaillon en bronze (Diam. 0^m 43). Signé : « *A. Le Père*, sculp., juin 1887, à la mémoire de son vieil ami. » — GODIN (Auguste), ébéniste, vice-président de la chambre syndicale de l'ameublement, né à Melun le 6 mai 1816, décédé

---

1. Les statues de la *Prière* et de la *Douleur* ont figuré au Salon du Champ de Mars en 1892, sous les n°s 1533 et 1534, et l'*Amitié* au Salon de 1893, sous le n° 83.
2. Renseignements fournis par MM. *A. Lenoir* et *F. Boudin* (10 et 28 juin 1897).

à Paris le 24 mars 1883. — Buste en bronze (H. 0^m 50). Signé : *E. Godin, 1884*. (32e div., 1re section.)

LEQUESNE (Eugène-Louis).

PANSERON (Auguste), compositeur, né à Paris le 26 avril 1795, décédé le 29 juillet 1859. — Médaillon en granit (Diam. 0^m 40), par *E.-L. Lequesne*[1]. (13e div.)

Lequesne.

PRADIER (Jacques, dit James), statuaire, membre de l'Institut, né à Genève en 1794, décédé à Bougival le 5 juin 1852. — Dans la face antérieure du monument de l'artiste est pratiqué un enfoncement formant niche, dans laquelle est placé le buste de *Pradier* par *Lequesne*. Autour du monument ont été ménagés des rectangles bordés de moulures très méplates, décorés de copies des œuvres du maître, exécutées en bas-relief par ses élèves. C'est ainsi que se trouvent reproduites : *Cyparisse*, par *Ferrat* ; le *Niobide*, par *Maillet* ; *Psyché*, par *Guillaume* ; *Nyssia*, par *Courtet* ; *Phryné*, par *Etex* ; *la Poésie légère*, par *Roubaud* ; *Pélion*, par *Moreau* ; *Sapho*, par *Simart*. Une place réservée sur l'une des faces latérales pour recevoir un bas-relief est restée vide. Ce monument, élevé sur les dessins de *Antoine-Martin Garnaud*, architecte, a été gravé par *Jean-Joseph Sulpis* et par *Martel*[2]. (24e div.)

Lequesne et Guillaume (Eugène).

DURET (François-Joseph, dit Francisque), statuaire, membre de l'Institut, né à Paris le 19 octobre 1804[3], décédé dans la même ville le 26 mai 1865. — Edicule en marbre blanc (H. 2^m 40. L. 0^m 90). Dans la partie supérieure est sculpté le médaillon de l'artiste, par *Lequesne*. Au-dessous, le génie de la sculpture, représenté par une jeune femme planant dans les airs et ayant une palme dans la main droite, soulève son voile. Un maillet et un ébauchoir complètent cette décoration due au ciseau de *Eugène Guillaume*[4]. Sur la tombe est une couronne de laurier en bronze, « hommage des élèves

---

1. Renseignements fournis par Mme veuve Panseron (11 juin 1897).
2. *Architecture funéraire contemporaine*, 2e section C, pl. V et VI.
3. C'est à tort qu'on a inscrit sur le tombeau la date de « 1802 ».
4. Renseignements fournis par Mme Juliette Cot, fille du statuaire et veuve du peintre *Pierre-Auguste Cot*, qui repose dans le tombeau de *Duret* (19 juin 1897).

de *Duret* », portant la signature de *A. Thabard* et la date de 1870. Le monument de *Duret*, élevé sur les dessins de *G.-J.-A. Davioud*, architecte, a été gravé par *J.-J. Sulpis* et par *Bessy* [1]. (19ᵉ div.)

LÉQUIEN (Alexandre-Victor).

Lambert et Ducellier (Familles). — Sur le fronton d'une chapelle est un buste d'homme, en bronze (H. 0ᵐ 65 environ). Signé : *Al. Lequien, 1866.* (59ᵉ div.)

Lequien.

Pihet (Eugène-Léger-Benoît), président de la Société d'encouragement pour l'industrie nationale, décédé le 21 décembre 1868, à l'âge de 81 ans. — Médaillon en marbre blanc (Diam. 0ᵐ 40). Signé : *Al^{dre} Lequien, 1869.* En exergue du médaillon est gravé : « A Eugène Pihet, ses amis de la Société d'encouragement pour l'industrie nationale. » (14ᵉ div.)

Lequien.

Villemain (Abel-François), écrivain et homme politique, secrétaire perpétuel de l'Académie française, né à Paris le 11 juin 1790, décédé dans la même ville le 8 mai 1870. — Médaillon en bronze (Diam. 0ᵐ 37). Signé : *Al^{dre} Lequien, 1880.* (60ᵉ div.)

Lequien.

Lequien (Justin), sculpteur, décédé le 2 juin 1882, à l'âge de 55 ans. — Stèle surmontée d'un buste en bronze (H. 0ᵐ 70). Signé : *Al^{dre} Lequien, 1883,* à mon cousin et ami. *Thiébaut,* fondeur. (47ᵉ div.)

Lequien.

Marguerin (Émile), né en 1820, décédé en 1884, directeur de l'École Turgot (1853-1869), administrateur des écoles supérieures municipales (1869-1879). — Médaillon en bronze (Diam. 0ᵐ40). Signé : *A. Leq...* (*Lequien* [2]). Le monument de Marguerin a été élevé à sa mémoire, par sa famille, ses amis et ses élèves, en 1888. (49ᵉ div., 1ʳᵉ section.)

---

1. *Architecture funéraire contemporaine*, 2ᵉ section C, pl. ix et x.
2. Renseignements fournis par M. Porcher, directeur honoraire de l'École Turgot, gendre de Marguerin (12 juillet 1897).

LEROUX (Frédéric-Etienne).

Crespin (Famille). — Monument en marbre et granit avec piédestal surmonté d'un buste d'homme en bronze (H. 0 m 80 environ). Signé : *1889, E. Leroux.* Sur des socles en retrait à la base du piédestal sont deux femmes assises tenant un caducée et une urne ; de la main restée libre, elles offrent au personnage une couronne recouverte d'un voile de deuil. Ces deux statues (grandeur nature) sont en bronze, ainsi que la couronne. Elles ne sont pas signées, mais derrière celle de gauche on lit, gravé sur le monument : *E. Leroux, sculpteur*, et derrière celle de droite : *S. Lebègue, arch^{te}.* (36e div.)

LE SUEUR (Jacques-Philippe).

Brezin (Michel), mécanicien fondeur, né à Paris le 27 novembre 1768, décédé dans la même ville le 21 janvier 1828 [1]. — Tombeau de forme antique, en granit, sur la face antérieure duquel est sculpté un bas-relief (H. 0 m 95. L. 1 m 50) : une jeune femme assise, voilée, appuie la tête sur une urne funéraire placée devant elle ; sur l'urne sont deux portraits accolés, en stuc (Diam. 0 m 11), d'un homme et d'une femme. Sur le cippe simulé supportant l'urne est gravé : « L'amitié les pleurera toujours. » Le bas-relief est signé : *Le Sueur.* Gravé par *Collette*, d'après un dessin de *Quaglia* [2]. (32e div.)

LE VASSEUR (Henri-Louis).

Delaplanche (Eugène), statuaire, né à Belleville (Seine) le 28 février 1836, décédé à Paris le 10 janvier 1891. — Buste en bronze (H. 0 m 70). Signé *H. Le Vasseur.* Delaplanche avait d'abord été inhumé au cimetière Montparnasse le 12 janvier 1891. Il fut exhumé le 5 mai 1893 et réinhumé le même jour au Père-Lachaise. Le monument, élevé par les amis de l'artiste sur un terrain concédé par la ville de Paris, a été inauguré le 7 mai 1893. (96e div.)

LEVEEL (Armand).

Fugère (Joseph-Henri-François), né en juillet 1801,

---

1. Brezin a légué à la ville de Paris sa fortune, qui était considérable, à la charge par l'Administration de « fonder sous le titre d'hospice de la reconnaissance un établissement consacré à la retraite des pauvres ouvriers de sa profession ».

2. *Le Père-Lachaise*, etc., pl. IV.

décédé en juillet 1854. — Médaillon en bronze (Diam. 0 ᵐ 37).
Signé : *A. Levéel, 1851.* (68ᵉ div.)

LEVÊQUE (Edmond).

Deslandes (Léopold), docteur médecin, né en 1796,
décédé en 1842. — Buste en bronze (H. 0 ᵐ 65). Signé :
E. Levêque, 1843. (57ᵉ div.)

LEVILLAIN (Ferdinand) et TRUFFOT (Emile-Louis).

Truffot (Georges), décédé en 1863 [1]. — Petite stèle
surmontée du buste en bronze (H. 0 ᵐ 35) de Georges
Truffot. Sur le socle est gravé : « A mon frère, *Émile Truffot,*
1863 ». — Truffot (Émile-Louis), sculpteur, né à Valenciennes (Nord) le 26 juillet 1843, décédé à Paris le 26 octobre
1895. Sur la face antérieure de la stèle est encastré le médaillon en bronze d'*Émile Truffot* (Diam. 0 ᵐ 19). A droite on
lit : « *Truffot,* statuaire, 1883 ». Signé : *E. Levillain.* (15ᵉ div.)

LOISON (Pierre). Voy. LEGRAIN.

LOMBARD (Henry-Edouard).

Moine (Élisa Rouch, Mᵐᵉ), décédée en 1879, à l'âge de
33 ans. — Bas-relief en granit (H. 1 ᵐ 10. L. 0 ᵐ 57) : Jeune
femme ailée, accoudée du bras droit sur une colonne brisée ;
la tête pose sur la main droite ; elle tient une couronne de
fleurs dans la main gauche. Signé : *Lombard, sc.* (91ᵉ div.)

LORMIER (Edouard).

Carbajal (Famille). — Chapelle dans laquelle sont placés deux médaillons en marbre blanc (Diam. 0 ᵐ 40) : 1° Gregorio de Jésus-Maria José Marcos Ramos y Carbajal, né à La
Havane (Ile de Cuba) le 25 avril 1853, décédé à Paris le 15 mars
1887 ; 2° Gregorio Francisco Maria del Carmen Ramos y Cade-
bera, né en Espagne, décédé à La Havane, où il est inhumé, le
18 novembre 1856. Ces deux médaillons sont signés : *E. Lormier, 1889.* Deux vitraux : l'un représente Jésus-Christ, en
pied, montrant son cœur ; au bas on lit : « Je suis la résurrection et la vie. » Signé : « *E. Bastard,* pinxit ». L'autre
représente la Vierge debout, tenant dans sa main un cœur

---

1. Renseignements fournis par Mˡˡᵉ Marie Truffot, fille de l'artiste (24 septembre
1897).

enflammé traversé par une épée; au bas est écrit : « Fais que je pleure avec toi. » *Non signé*. La chapelle a été construite sur les dessins de M. *P. Humbert*, architecte. (96ᵉ div.)

LOUIS-NOEL (Hubert).

BERTHÉLEMY (Félix-Charles), professeur au Conservatoire de musique, né à Saint-Omer le 6 novembre 1829, décédé le 13 février 1868. — Buste en bronze (H. 0 ᵐ 53). Signé : *H. Noël-Louis, 1868*. Le monument, construit sur les dessins de M. *A. Beignet*, architecte, a été élevé par la famille, les amis et les concitoyens de *Berthélemy* (56ᵉ div.).

Louis-Noël.

DUGOUJON (Jeanne-Simonne), née en 1833, décédée en 1875. — Médaillon en marbre blanc (Diam. 0 ᵐ 41). Signé : *Louis-Noël, 1877*. (71ᵉ div., 1ʳᵉ section.)

Louis-Noël.

CLAIRON (Claire-Josèphe-Hippolyte LEGRIS CLAIRON DE LATUDE, dite Mˡˡᵉ), artiste dramatique, née à Saint-Wasnon-de-Condé (Nord) le 25 janvier 1723, décédée le 18 janvier 1803. — Médaillon ovale en pierre (H. 0 ᵐ 60. L. 0 ᵐ 40), par *H. Louis-Noël, 1890*. (20ᵉ div.)

MACÉ (Emile-Louis).

TRANCHANT (Augusta), née le 3 avril 1887, décédée le 2 novembre 1889. — Demi-ronde bosse en marbre blanc (Diam. 0 ᵐ 35). Signée : *Macé*. (91ᵉ div.)

MAILLET (Jacques-Léonard).

CHRISTOFLE (Charles), orfèvre, né à Paris le 25 octobre 1805, décédé le 13 décembre 1863. — Buste en bronze (H. 0 ᵐ 65). Signé : *J.-L. Maillet, 1864*. (4ᵉ div.)

Maillet.

ANJUBAULT (Auguste), constructeur-mécanicien, né en 1820 à Ternay (Loir-et-Cher), décédé en 1868. — Tombeau rectangulaire surmonté d'une statue en marbre blanc (H. 1 ᵐ 50) : *Pleureuse* agenouillée et ayant les mains jointes. Signée : *J.-L. Maillet, statuaire*. Sur la face antérieure est un bas-relief en marbre (H. 0 ᵐ 36. L. 0 ᵐ 56), représentant la

Foi, l'Espérance et la Charité. Sur les faces latérales du tombeau sont gravées au trait deux locomobiles. (65ᵉ div.)

Maillet. Voy. Lequesne (Eugène-Louis).

MAINDRON (Etienne-Hippolyte).

Durand (Pierre), fondeur, décédé le 26 janvier 1880, dans sa 86ᵉ année. — Médaillon en bronze (Diam. 0ᵐ 22). Signé : *H. Maindron, 1840.* (72ᵉ div.)

Maindron.

Eck (Jean-Georges), fondeur, membre du conseil municipal de Paris, décédé le 15 novembre 1863, à l'âge de 68 ans. —Médaillon en bronze (Diam. 0ᵐ 43). Signé : *H. Maindron, 1843.* (69ᵉ div.)

Maindron.

Bruat (Armand-Joseph), amiral, né à Colmar le 26 mai 1796, décédé le 19 novembre 1855. — Groupe en marbre comprenant une proue de vaisseau sur laquelle est un canon debout, décoré d'attributs se rattachant à la marine. Au sommet est le médaillon de l'amiral (Diam. 0ᵐ 40). A la base du monument, une femme ailée, assise, en pleurs, lève la tête vers le portrait de l'amiral; la main droite, posée sur le genou, tient une couronne de laurier. La statue, qui mesure 1ᵐ 40 de hauteur, est signée : *H. Maindron, 1857.* Gravé par *Chappuis*[1]. (27ᵉ div.)

Maindron.

Delpech (Jean-Baptiste), ingénieur, né à Saint-Antonin (Tarn-et-Garonne) en 1815, décédé à Paris en 1863. — Buste en bronze (H. 0ᵐ 75). Signé : *Hᵗᵉ Maindron.* Une inscription tracée sur le monument de Delpech nous apprend que 8.000 souscripteurs ont contribué à son érection. Ce monument, construit sur les dessins de *H. Fèvre*, architecte, a été gravé par *Ch. Bury* et par *Lebel*[2].

MALFATTI (Andrea).

Verazzi (Joséphine Faniel, Mᵐᵉ), décédée en 1879. —

---

1. *Architecture funéraire contemporaine*, 1ʳᵉ section C, pl. vi.
2. *Architecture funéraire contemporaine*, 2ᵉ section D, pl. iv et v.

Tombeau en marbre blanc sur lequel est une statue également en marbre (Long. 1 m 50) : jeune femme couchée ; à la gauche de la morte, un enfant, à genoux, se penche vers sa mère pour lui dire un éternel adieu. Signée : *Andrea Malfatti, st^re*. (44e div.)

MARCHI (A.).

Perrelli (Gennero), pianiste, né à Palerme, décédé à Paris le 26 janvier 1871, à l'âge de 36 ans.—Buste en bronze (H. 0 m 85). Signé : *A. Marchi, 1872.* Perrelli, qui commandait les Carabiniers parisiens pendant la guerre franco-allemande, fut blessé à Montretout le 19 janvier 1871. (56e div.)

MAROCHETTI (Charles, baron).

Bellini (Vincenzo), compositeur dramatique, né à Catane le 3 novembre 1802, décédé à Puteaux, près de Paris, le 24 septembre 1835.—Médaillon en marbre (Diam. 0 m 35) par *Marochetti. Bellini*, on le sait, ne repose plus au Père-Lachaise. Ses restes ont été transportés, en 1876, à Catane (Italie), patrie de l'illustre compositeur. Les membres de la Commission italienne, chargés de venir chercher en France et d'accompagner à Catane les restes de *Bellini*, ont fait placer sur son tombeau une plaque en marbre sur laquelle on lit : « Catane, en réclamant des cendres illustres, a gravé sur cette pierre le témoignage de sa reconnaissance envers la France, le 15 septembre 1876. » Avant le transfert des restes de *Bellini* en Italie, le monument de l'artiste comportait, en outre du médaillon, une statue de femme ailée, assise, serrant une lyre sur son cœur. Le monument, érigé sur les dessins de *G.-A. Blouet*, a été gravé par *L. Normand* [1].

Marochetti.

Tommaso (Alessandro Carone figlio di Teodoro, marchese di san), décédé en 1816, à l'âge de 37 ans.— Tombeau surmonté d'une statue en pierre (H. 1 m 10) : Jeune femme ailée, assise, drapée, ayant une couronne de feuillage sur les tempes ; la main gauche est tendue, tandis que le doigt de la main

---

1. *Monuments funéraires*, etc., t. II, pl. LIV.

droite est posé sur les lèvres comme pour imposer silence. Signée : *Marochetti*. Le tombeau, érigé sur les dessins de *G.-A. Blouet*, architecte, a été gravé par *L. Normand*[1]. (45e div.)

MARQUET DE VASSELOT (Anatole).

Pouchet (Georges), professeur au Muséum, né en 1833, décédé en 1894. — Médaillon en bronze (Diam. 0^{m}36). Signé : *Vasselot, 1895, Paris*. (36e div.)

MARTIN (Auguste).

Debussy (Famille). — Bas-relief en bronze (H. 0^m 55. L. 1^m 05) représentant, au centre, un monument surmonté d'une urne funéraire sur laquelle sont gravées, dans une couronne de cyprès, les lettres D B ; à gauche, l'*Espérance*, assise sur les degrés du monument, a la main gauche posée sur une ancre ; l'autre main est levée vers le ciel ; à droite, la *Religion*, voilée, également assise, a la main droite sur le cœur et tient une croix de l'autre main. Signé : *A. Martin. Quesnel fondeur à Paris*. (24e div.)

MATHIEU-MEUSNIER (Mathieu-Roland, dit).

Errazu (Joachim-Maria). — Mausolée décoré aux quatre angles de statues de femmes assises, en marbre (H. 1^m 65) : 1° la *Résignation*, les yeux levés vers le ciel, a dans ses mains une banderole sur laquelle est écrit : *Fiat voluntas tua* ; 2° l'*Ame*, ayant une flamme au front, pose la main droite sur son cœur et tient de la main gauche un flambeau renversé ; 3° la *Charité*, voilée, s'apprête à laisser tomber une pièce de monnaie dans un tronc placé près d'elle ; 4° la *Religion* a sur son genou un livre posé verticalement qu'elle désigne de la main droite ; une croix est modelée sur ce livre. *Mathieu-Meusnier* qui a sculpté les quatre figures allégoriques est également l'architecte du mausolée[2]. (68e div.)

Mathieu-Meusnier.

Vallou de Villeneuve (Julien), peintre, né à Boissy-Saint-Léger (Seine-et-Oise) le 12 décembre 1795, décédé à

---

1. *Monuments funéraires*, etc., t. I, pl. XLVIII.
2. Renseignements particuliers fournis par l'artiste.

Paris le 4 mai 1866. — Médaillon en bronze (Diam. 0^m 35). Signé : *1866 Mathieu-Meusnier F^t — post mortem.* (31e div.)

Mathieu-Meusnier.

GEOFFROY (Jean-Marie-Joseph), artiste dramatique, né en 1813, décédé le 6 septembre 1883. — Buste en marbre (H. 0^m 56). Signé : *Mathieu-Meusnier, 1884.* (56e div.)

Mathieu-Meusnier.

BOSSELET (Hippolyte), publiciste, né à Paris le 19 juillet 1824, décédé dans la même ville le 17 avril 1890. — Médaillon en marbre blanc (Diam. 0^m 40). Signé : *Mathieu-Meusnier.* (95e div.)

MATTE (F.).

VINCENT (Charles-François), décédé en 1825 dans sa 48e année. — Médaillon en bronze (Diam. 0^m 22). Signé : *F. Matte, 1824.* (24e div.)

MATTE (Nicolas-Augustin).

STURLER (Famille). — Bas-relief en marbre (H. 0^m 45. L. 0^m 55) : Deux génies nus, ailés, en pleurs, sont accoudés sur une urne funéraire. Signé : *Matte S.* (26e div.)

MAXANT.

HÉMON (Marguerite-Angélique, dame), né le 27 décembre 1775, décédée le 17 septembre 1818. — Médaillon en plâtre (Diam. 0^m 25). Signé : *Maxant.* (43e div.)

MENN (Charles-Louis).

MOUTON-LUNEL (Famille). — Bas-relief en marbre blanc cintré (H. 0^m 85. L. 0^m 80) : Au fond, un ange ailé, debout, tient une palme de la main gauche et entoure de son bras droit une jeune enfant dont les pieds ne touchent plus le sol; près de cette jeune fille sont deux autres enfants dont l'un vient de laisser tomber ses jouets et lui tend les bras. Ce groupe semble faire effort pour s'élever avec l'ange. Il est dû au ciseau de *Ch.-L. Menn*[1]. (4e div., 2e section.)

---

1. Le sujet représenté par ce bas-relief est une allusion au malheur de la famille Mouton-Lunel qui avait à pleurer la mort de trois de ses enfants enlevés en 15 jours, au cours de l'année 1856. Renseignements fournis par Mme E. Mouton, née Barry. (27 juillet 1897.)

MERCIÉ (Antonin) et **CHAPU** (Henri).

Thiers (Louis-Adolphe), président de la République française, né à Marseille le 16 avril 1797, décédé à Saint-Germain-en-Laye le 3 septembre 1877. — Dans le fronton d'une chapelle, un haut relief cintré, en marbre blanc (H. 1 ᵐ 50. L. 2 ᵐ 50) représentant le *Patriotisme* : un génie, ayant l'épée nue à la main, défend le drapeau national que tient la France assise. Signé : *H. Chapu.* Au-dessus de ce haut-relief sont sculptés deux petits génies, très méplats, au centre de couronnes de chêne et de cyprès; l'un tient un flambeau et l'autre une palme. Ces bas-reliefs portent également la signature de *H. Chapu.* A l'intérieur de la chapelle, au centre, existe une crypte où se trouve placé le tombeau, en marbre, du Président. Au fond, un sarcophage très élevé est dominé par la statue couchée de Thiers; sur les degrés du sarcophage, *la France*, dans l'attitude de l'abattement, est assise sur le fût d'un canon brisé; elle tient un drapeau dont les plis cachent en partie le sarcophage. Aux pieds de *la France*, sont sculptés un masque, un parchemin et une plume. Toute cette partie est en marbre blanc. Le génie de l'*Immortalité*, en bronze, les ailes ouvertes, plane au-dessus de la tête de Thiers. Signé : *A. Mercié.* Aux retombées de la coupole, sont de petits génies ailés exécutés par *A. Mercié.* Les parois latérales de la chapelle comportent deux hauts-reliefs en marbre blanc (H. 2 ᵐ 50. L. 3 ᵐ 40 environ). A gauche : la *Libération du territoire* : au centre, une table chargée de sacs d'argent que viennent de déposer les villes de France, représentées par de jeunes filles placées à droite. Sur la face antérieure de la table, on lit : « Souscription nationale, 43 milliards. » Près de la table, Thiers, debout, indique à la France, voilée, assise sur un plan plus élevé, le produit de la souscription; d'une main, la France écarte son voile, et elle pose l'autre main sur l'épaule de Thiers; au-dessous, un jeune enfant mort est étendu sur un drapeau posé à terre; au fond, une femme ailée déploie de ses deux mains une banderole où sont tracés ces mots : « Thiers a bien mérité de la Patrie. Assemblée nationale, 17 mars 1873. » Signé : *H. Chapu.* A droite : l'*Histoire, la Philosophie et l'Éloquence.* Au centre, l'Histoire vient de tracer, à l'aide d'un style, dans la partie supérieure de la composition, le nom de « A. Thiers »; à droite et à gauche, figures assises ou debout; la Philosophie debout tient un parchemin où sont écrits les noms d'Aristote et de Léonard de Vinci; sur un autre parchemin est gravé le nom de Platon; l'Éloquence pose la main sur le bord d'une tribune où on lit : « Démosthène, Cicéron »; au premier plan, un jeune enfant renverse une corne d'abondance sur les genoux d'une femme assise à terre. Signé : *H. Chapu*. La chapelle a été construite en 1886 sur les dessins de *A. Aldrophe*, architecte. La porte, en bronze, est à deux vantaux décorés des lettres T. D., en monogramme, dans des couronnes formées de deux branches de laurier. Signée : *F. Barbedienne, fondeur*, 1886. (55ᵉ div.)

Mercié.

Laurent-Pichat (Léon), littérateur et homme politique, né à Paris le 12 juillet 1823, décédé dans la même ville, le 12 juin 1886.— Médaillon en bronze (Diam. 0ᵐ 48). Signé : *A. Mercié, 1887*. Le monument, en granit, sur la face antérieure duquel est fixé le médaillon du littérateur, est décoré, dans la partie supérieure, d'un chapiteau dont la tête est garnie de feuilles de chardon; cartouche avec lyre traversée par une branche de laurier. Au-dessous du médaillon est sculptée une seconde branche de laurier[1]. (8ᵉ div., 1ʳᵉ section.)

Mercié.

Michelet (Jules), philosophe et historien, professeur au Collège de France, membre de l'Académie française, né à Paris le 21 août 1798, décédé à Hyères le 9 février 1874. — Bas-relief en marbre blanc (H. 2ᵐ 25. L. 2ᵐ) : Michelet est étendu sur son lit de mort, une femme drapée indique du doigt l'inscription gravée dans la partie supérieure du bas-relief : « L'histoire est une résurrection. » Dans la partie inférieure du monument est sculpté un médaillon en marbre blanc (Diam. 0ᵐ 30) figurant la tête d'un jeune enfant mort, entourée d'étoiles, avec cette inscription : « Lazare Michelet, 1830. » Le bas-relief est signé :

---

1. Le monument de Laurent-Pichat a été élevé sur les dessins de *J.-C. Formigé*, architecte. La sculpture décorative est due au ciseau de *J. Héritier*.

Mercié, sculp. Le monument a été construit sur les dessins de J.-L. *Pascal*, architecte[1]. (54ᵉ div.)

Mercié.

Séré de Rivières (Le général), décédé le 16 février 1895. — Médaillon en bronze (Diam. 0ᵐ 40). Signé : « Au général de Rivières, souvenir de notre amitié d'un demi-siècle, *Mercié.* » (95ᵉ div.)

Mercié.

Carvalho-Miolan (Marie-Caroline Félix, Mᵐᵉ Carvaille, dite), cantatrice, née à Marseille le 31 décembre 1827, décédée à Puys, près Dieppe, le 10 juillet 1895. — Bas-relief en marbre blanc : l'artiste (grandeur nature), couverte d'une légère draperie, a les mains jointes et s'élève au ciel ; dans la partie inférieure est sculptée une lyre parmi des fleurs ; une fauvette est posée sur la lyre. Signé : *A. Mercié.* (65ᵉ div.)

Mercié. Voy. **Dubois (Paul).**

MERCIER (Michel-Louis-Victor).

Rousseau (J.-J.), pair de France, maire du IIIᵉ arrondissement, décédé le 3 juillet 1837, à l'âge de 89 ans. — Buste en bronze (H. 0ᵐ 61). Signé : *Mercier. L. Richard, fondeur*[2]. (28ᵉ div.)

Mercier.

Mercier (Mᵐᵉ), née Gaudier, décédée en 1873, à l'âge de 65 ans. — Buste en bronze (H. 0ᵐ 58). Signé : *Mercier, 1830.* Sur le socle de la face antérieure du buste est gravé : « A 22 ans, 1830. » (48ᵉ div.)

MERLEY (Louis).

Tetaz (Jacques-Martin), architecte, né à Paris le 6 mars 1818, décédé à Rueil le 16 octobre 1865. — Médaillon en marbre (Diam. 0ᵐ 47). Signé : *L. Merley.* Le monument de *Tetaz*, élevé sur les dessins de *Dubuisson*, architecte, a été gravé par *J. Huguenet*[3]. (60ᵉ div.)

---

1. Ce bas-relief a figuré au Salon de 1897, sous le n° 3202.
2. Sur la face antérieure du socle on lit : « A Jn-Jh Rousseau, le IIIᵉ arrondissement MDCCCXXXVII. »
3. *Architecture funéraire contemporaine*, 2ᵉ section D, pl. I et II.

MERLIEUX (Louis-Parfait).

LATREILLE (Pierre-André), naturaliste, professeur au Muséum, membre de l'Académie des sciences, né à Brives (Corrèze) le 29 novembre 1762, décédé à Paris le 6 février 1833. — Buste en bronze (H. 0ᵐ 50). Signé : *P. Merlieux, 1833.* (39ᵉ div.)

Merlieux.

BLAINVILLE (Henry-Marie DUCROTAY DE), naturaliste, membre de l'Institut, né à Arques le 12 septembre 1777, décédé à Paris le 1ᵉʳ mai 1850. — Buste en pierre (H. 0ᵐ 53). Signé : *P. Merlieux* MDCCCL. (54ᵉ div.)

MEZZARA (Joseph).

CAUCHOIS-LEMAIRE (Louis-François-Auguste), publiciste, né à Paris le 28 août 1789, décédé dans la même ville le 9 août 1861. — Buste en bronze (H. 0ᵐ 55). Signé : *J. Mezzara, 1847.* (28ᵉ div.)

MILLET (Aimé).

SARAZIN (Louis-Charles), inspecteur des écoles communales de la ville de Paris, né le 1ᵉʳ mars 1797, décédé le 8 octobre 1865. — Médaillon en pierre (Diam. 0ᵐ 55). Signé : *Aimé Millet, sc.* Le monument de Sarazin a été élevé par « ses amis et les instituteurs laïques et congréganistes communaux reconnaissants. » (49ᵉ div., 1ʳᵉ section.)

Millet.

MASSOL (Marie-Alexandre), journaliste et philosophe saint-simonien, né à Béziers (Hérault) le 18 mars 1805, décédé à Paris le 20 avril 1875. — Médaillon en bronze (Diam. 0ᵐ 36), par *A. Millet*[1]. Au-dessous sont sculptés dans le granit deux branches de laurier en sautoir, un compas et une équerre. L'inscription suivante est gravée sur le monument : « Justice, morale indépendante, liberté. Ces mots résument sa foi, son œuvre, sa vie. » Le monument, construit sur les dessins de *L. Dupré*, architecte, a été érigé à

---

[1]. Ce médaillon a été exécuté d'après le masque pris sur nature le 22 avril 1875. Renseignements fournis par M. A. Vacherie (29 juillet 1897.)

la mémoire du philosophe par « ses F. F., ses amis et ses
disciples. » (75ᵉ div.)

Millet.

ENFANTIN (Barthélemy-Prosper, dit le Père), écrivain,
chef de l'école saint-simonienne, directeur de la Caisse hypo-
thécaire, né à Paris en 1796, décédé dans la même ville le
31 août 1864. — Buste en pierre (H. 0ᵐ 85). Signé : *Aimé
Millet, sc.* MDCCCLXVIII. Le tombeau, élevé sur les dessins de
Léon Dupré, architecte, a été gravé par *J. Pensel* [1]. (39ᵉ div.)

Millet.

DORIAN (Pierre-Frédéric), manufacturier, président du
Conseil général de la Loire, député, ministre des Travaux
publics pendant le siège de Paris, membre du Gouvernement
de la Défense nationale, né à Montbéliard le 24 janvier 1814,
décédé à Paris le 14 avril 1873.—Statue en bronze (H. 1ᵐ 60) :
Dorian est représenté debout, tête nue, appuyé sur des travaux de défense; la main gauche sur le cœur et la droite sur
le plan demi-déroulé des fortifications de Paris, sur lequel on
lit : « Défense de Paris, 1870-71. » Sous ses pieds, un fût de
canon et une roue d'engrenage. Signée : *Aimé Millet, sc.*,
MDCCCLXXV, *Cⁱᵉˢ Matifat, fondeur à Paris, 1875.* Le monument
de Dorian a été élevé à sa mémoire par ses concitoyens, ses
collaborateurs et ses amis. L'inauguration a eu lieu le 26 juin
1875. (70ᵉ div.)

Millet.

RENY (Jean-Baptiste-Charles), décédé le 30 décembre 1876. — Médaillon en bronze (Diam. 0ᵐ 40). Signé :
Aimé Millet, sc., MDCCCLXVII. Une inscription nous apprend
que ce monument a été élevé à la mémoire de Reny par
« ses élèves reconnaissantes. » (65ᵉ div.)

Millet.

ADAM (Antoine-Edmond), homme politique, sénateur,
né au Bec-Hellouin (Eure) le 19 novembre 1816, décédé à
Paris le 14 juin 1877.— Buste en bronze (H. 0ᵐ 68). Signé :
Aimé Millet. Fondu par Thiébaut et fils. (54ᵉ div.)

---

1. *Architecture funéraire contemporaine*, 2ᵉ section C, pl. XIII.

MILLET DE MARCILLY (Edouard-François).

THOMAS (Louis), docteur en médecine, bibliothécaire de la Faculté de médecine de Paris, membre fondateur et professeur à l'école dentaire de Paris, né en 1846, décédé en 1893. — Buste en bronze (H. 0^m 55). Signé : *Millet de Marcilly, 1893. Thiébaut frères, fondeurs.* Le tombeau a été élevé par les élèves et les amis du docteur Thomas. (74e div., 1re section.)

MIRANDE (J.).

DARJOU (Jean), officier de l'Université, né à Saint-Vincent (Landes) le 18 octobre 1757, décédé à Paris le 9 novembre 1843. — Médaillon en bronze (Diam. 0^m 45). Signé : « A Jean Darjou, mon parrain et mon bienfaiteur, *J. Mirande*, 1844. *E. Quesnel*, fondeur ». (27e div.)

MIROY (A.-B.).

BERTAUT (Marie-Lazare), décédé à Choisy-le-Roy le 17 janvier 1852, âgé de 64 ans. — Médaillon en marbre blanc (Diam. 0^m 40). Signé : *A.-B. Miroy, 1852.* (13e div.)

MOLCHNETH (Dominique).

REICHA (Antoine-Joseph), compositeur, professeur de contrepoint, membre de l'Institut, né à Prague le 27 février 1770, décédé à Paris le 23 mai 1836. — Haut relief en marbre (H. 1^m 75. L. 0^m 80) : Au centre, le buste de *Reicha* posé sur stèle simulée ; à gauche, un petit génie, nu, ailé, joue de la lyre ; à droite, une Muse debout, appuyée sur la stèle, tient une flûte dans chaque main ; elle retourne la tête pour fixer le buste du musicien. Signé : *Molchneth, 1837.* Ce monument a été élevé à *Reicha* par ses amis et ses élèves, sous la direction de *Thiollet*, architecte. La commission de souscription était composée de Paër, Lesueur, Baillot, Adam, Pillet-Will, Bertin, Dauprat, Bouffil, Elwart et Delaire. (7e div.)

MOMBUR (Jean-Ossaye).

RAULT (Ch.), vice-président honoraire des chambres syndicales du commerce et de l'industrie. — Buste en bronze (H. 0^m 67). Signé : *J.-O. Mombur, 1886.* (90e div.)

Moreau (François-Clément). Voy. Lequesne (Eugène-Louis).

MOREAU-VAUTHIER (Augustin).

MOREAU-VAUTHIER (Famille du sculpteur Augustin-Jean). — Tombe surmontée d'une statue en bronze (H. 1 m 60) : Femme en pied, debout, voilée, ayant la figure cachée dans sa main droite. Signée : *A. Moreau-Vauthier. Thiébaut frères, fondeurs*. (14ᵉ div.)

MORICE (Léopold).

MORIS (Adélaïde-Louise-Jeanne-Victoire HERBEMONT, Mᵐᵉ), née à Jonchery-sur-Vesle le 18 avril 1802, décédée en son château de l'Étape (Chennevières) le 18 juin 1875. — Groupe en bronze (Long. 1 m 80), représentant une femme étendue sur un cercueil simulé; à sa gauche, une jeune fille en pleurs, à genoux, s'apprête à poser une couronne de cyprès sur la tête de sa mère; à droite du cadavre est une gerbe de fleurs. Signée : *L. Morice, 1877. Henry Dasson, bronzier.* (70ᵉ div.)

Morice.

HERVÉ (Germain), décédé le 11 février 1878, à l'âge de 85 ans. — Buste en marbre blanc (H. 0 m 67). Signé : *L. Morice*. (8ᵉ div., 2ᵉ section.)

MORIS (Louis-Marie).

MORIS (Famille). — Au sommet d'un cippe, un médaillon d'homme en marbre (Diam. 0 m 35). Au-dessous de ce portrait, un bas-relief en marbre (H. 0 m 70. L. 0 m 70), au sommet duquel on lit : « A Agathe Moris. » Une femme vue à mi-corps, accoudée sur un cippe, prie devant une croix qu'elle tient dans ses mains. L'inscription suivante est tracée sur un parchemin déroulé, en marbre, retenu au-dessus du bas-relief par deux petits génies ailés : « Je suis né en 1818. Ma bonne tante, d'une pauvreté extrême, me prit, m'éleva jusqu'à sa mort en 1825. Ombre chère, du haut de l'éternelle lumière, crois-moi ton neveu reconnaissant, 1884. Moris aîné. » Sur la partie antérieure de la tombe est placée une statue d'homme debout, en bronze (grandeur nature). Signée : *Moris aîné fᵗ* [1]. Sur le monument est gravé : « *Moris aîné, architecte statuaire.* » (41ᵉ div.)

---

[1]. Cette statue est celle de *Louis-Marie Moris*, statuaire, par lui-même, dont le plâtre a figuré au Salon de 1882, sous le n° 4689.

MOUCHERON (J. de).

Sère de Gaston (Hippolyte), lieutenant-colonel de cavalerie, décédé le 1er octobre 1874, dans sa 54e année. — Médaillon en bronze (Diam. 0m 33). Signé obliquement, au bas, en fac-simile : « Camp de Vincennes, 20 8bre 1870, souvenir d'amitié J^h de Moucheron. » (36e div.)

MOULIN (Julien-Hippolyte).

Cadet de Chambine (Anne-Anastase-Alfred), né le 9 mai 1808, décédé le 26 juin 1870. — Buste en bronze (H. 0m 55), placé dans une chapelle. Ce buste est dû à *J.-H. Moulin*[1]. (26e div.)

Moulin.

Barye (Antoine-Louis), sculpteur, membre de l'Institut, né le 25 septembre 1796, décédé le 25 juin 1875. — Buste en bronze (H. 0m 65). Signé : « A la mémoire de mon maître vénéré, *H. Moulin. Barbedienne*, fondeur, Paris. » (49e div., 1re section.)

MOULY (François-Jean-Joseph).

Guillou (Antonia Laffont, Mme), décédé le 18 janvier 1884, à l'âge de 25 ans. — Demi-ronde bosse en marbre (Diam. 0m 30). Signée : *F. Mouly*. Au-dessous du portrait sont deux peintures sur faïence. L'une, mesurant 0m 36 de H. sur 0m 28 de L., représente une jeune femme s'élevant au ciel ; elle est entourée d'amours semant des fleurs. L'autre, qui a 0m 30 de H. et 0m 20 de L., renferme un bouquet de fleurs. Ces deux peintures sont signées : *Farge*. (41e div.)

MURGEY (François-Théophile).

Demimuid (René), architecte, né en 1835, décédé le 4 juin 1881. — Médaillon en marbre (Diam. 0m 25). Signé : *Murgey*. (57e div.)

NAINER.

Muller (Philippe-Mathieu), décédé le 7 novembre 1857, à l'âge de 49 ans. — Médaillon en bronze (Diam. 0m 11),

---

1. Renseignements fournis par M. G. de Chambine, fils du modèle (9 juin 1897).

par *Nainer*[1]. Au bas on lit : « Souvenir d'amitié. » Daté à la section du cou : « 7 novembre 1857. » (49ᵉ div., 2ᵉ section).

NARET (G.-L.). Voy. **DURET (Francisque-Joseph).**

NOEL (Edme-Antony-Paul, dit Tony) et BARRIAS (Louis-Ernest).

Couture (Thomas), peintre, né à Senlis le 21 décembre 1815[2] décédé à Villiers-le-Bel le 31 mars 1879. — Monument en marbre blanc. Dans la face antérieure est pratiquée une niche où se trouve placé le buste, en bronze, du peintre (H. 0ᵐ 78). Signé : *Tony Noël. Barbedienne, fondeur, Paris.* Sur la face antérieure du socle sont fixés une palette et des pinceaux, en bronze, sur lesquels est jeté un voile. De chaque côté du monument est un génie nu, ailé, assis, tenant une banderole où sont inscrits les noms des principales œuvres du peintre. Ces deux figures, en bronze (0ᵐ 40), sont signées : *E. Barrias.* (4ᵉ div., 2ᵉ section.)

Noël.

Reber (Napoléon-Henry), compositeur, membre de l'Institut, né à Mulhouse le 21 octobre 1807, décédé le 24 novembre 1880. — Haut relief en marbre, représentant une jeune femme s'élevant dans les airs; elle tient une lyre brisée dans la main gauche et une branche de laurier dans la main droite. Signé : *Tony Noël.* Le monument, construit sur les dessins de *A. Jal*, architecte, a été inauguré le 26 mai 1883. (55ᵉ div.)

Noël.

Sévin (Constant), peintre, né en 1821, inhumé le 8 novembre 1888. — Buste en bronze (H. 0ᵐ 55). Signé : *Tony Noël.* (85ᵉ div.)

Noël.

Eudes (Émile), Fédéré (Commune de 1871), inhumé le 8 août 1888. — Buste en bronze (H. 0ᵐ 50). Signé : *Tony Noël, 1893. Thiébaut frères, fondeurs.* (91ᵉ div.)

---

1. Renseignements fournis par M. H. Legros, neveu de Ph.-M. Muller (12 septembre 1897).

2. C'est par inadvertance qu'on a gravé sur la tombe du peintre la date de « 1816 ».

OLESZCZYNSKI (Ladislas).

SINGER (David), décédé le 19 janvier 1846, et Adèle LAN, épouse SINGER, décédée le 5 septembre 1827. — Édifice de forme antique, présentant sur sa façade quatre pilastres à chapiteaux composites. Au centre est placée une table d'inscription. Dans l'entrecolonnement de gauche, un bas-relief en marbre (H. 0^m 72. L. 0^m 25) : la *Charité* représentée par une femme debout, drapée et voilée, la main gauche sur le cœur, de l'autre main attire à elle un enfant debout, qui a les mains croisées sur la poitrine et lève les yeux vers sa bienfaitrice. Au-dessus sont les tables de la Loi. Dans l'entrecolonnement de droite, bas-relief en marbre (H. 0^m 72. L. 0^m 25) : l'*Industrie* debout, drapée, s'appuie sur une ancre posée sur des balances. La main gauche tient un caducée, la droite est relevée à la hauteur de l'épaule. Au-dessus, une ruche. Signé : *Ladislas Oleszczynski*. (Cimetière israélite.)

Oleszczynski.

CICHOWSKI (Adolphe), né à Varsovie en 1794, décédé à Paris en 1854. — Médaillon en bronze (Diam. 0^m 35). Signé : *Ladislas Oleszczynski F. Paris, 1843*. (54e div.)

Oleszczynski.

TYSZKIEWICZ (Thadée, comte), général et sénateur polonais, né en 1774, décédé le 12 avril 1852. — Buste en bronze (H. 0^m 78). Signé : *Lad. Oleszczynski fe^t Paris, 1853. F^{ie} de Eck et Durand*. Ce monument a été élevé par les enfants et les compatriotes proscrits du général. (54e div.)

Oleszczynski.

GALEZOWSKI (Gaspard-Séverin), professeur à l'Université de Vilna, médecin en chef de l'armée polonaise en 1831, président de l'école polonaise des Batignolles, né en 1801, décédé en 1878. — Buste en bronze (H. 0^m 65). Signé : *Oleszczynski*. (68e div.)

OSBACH (Joseph).

RUMILLY (Louis-Marie-Clair-Hippolyte GAULTIER DE), homme politique, né à Paris le 8 décembre 1792, décédé à

Passy le 30 janvier 1884. — Médaillon ovale en marbre blanc
(H. 0 m 40. L. 0 m 35), par *J. Osbach* [1]. (49e div., 2e section.)

OUDINÉ (Eugène-André).

Flandrin (Jean-Hippolyte), peintre d'histoire, membre
de l'Institut, né à Lyon le 23 mars 1809, décédé à Rome le
21 mars 1864. — Buste en marbre (H. 0 m 50). Signé :
Oudiné. (57e div.)

PALLEZ (Lucien).

Leys (Mme Henriette), décédée le 11 décembre 1886. —
Médaillon en marbre blanc (Diam. 0 m 40), par *L. Pallez* [2].
(54e div.)

PASQUET (M.).

Chaussy (Élisa-Eugénie), dite Adrienne Gérard, décédée
le 22 février 1879, à l'âge de 25 ans. — Buste en bronze
(H. 0 m 60). Signé : *M. Pasquet*. (62e div.)

PATOU (Edouard).

Boursier (Famille). — De chaque côté de la porte d'une
chapelle est placée une statue en pied, debout. A gauche,
l'ange Gabriel ayant la tête inclinée sur la poitrine et tenant
une fleur dans ses mains. A droite, sainte Léocadie dans les
mains de laquelle sont une croix et une palme. Ces deux statues, en pierre, portent la signature : *E. Patou*. (1re div.)

PECH (Gabriel) et CHAPU (Henri).

Ycaza (Juan-Martin de), né à Paris le 22 juin 1875,
décédé le 25 mai 1890. — Chapelle monumentale décorée aux
quatre angles de têtes d'anges. Au côté gauche de la chapelle
est encastré un bas-relief en bronze (H. 1 m 40. L. 1 m 14), représentant une jeune femme en deuil affaissée sur un tombeau

---

1. M. G. René Goblet, député, exécuteur testamentaire de Gaultier de Rumilly,
à qui nous nous étions adressé pour connaître l'artiste qui avait sculpté le médaillon
placé dans le fronton de la chapelle, a bien voulu nous répondre que ce médaillon
était l'œuvre d'*Osbach*, qui, en outre, a modelé un buste de Gaultier de Rumilly dont
le bronze a figuré au Salon de 1884, sous le n° 3789. Deux exemplaires de ce buste
ont été offerts par M. Goblet, l'un au Sénat, et l'autre à la ville d'Amiens. (Lettres
des 16 et 21 juin 1897.)
2. Renseignements fournis par M. G. Leys (4 octobre 1897).

simulé sur lequel sont déposées des fleurs. Signé : *G. Pech*, 1893. *Thiébaut frères, fondeurs*. A l'intérieur de la chapelle est placé un groupe en marbre blanc (grandeur nature) : le jeune de Ycaza, assis, ayant une sphère à sa gauche, a la main droite sur un livre ouvert. Près du personnage, un génie ailé, debout, interrompt les études du jeune homme, et se penche vers lui pour poser ses lèvres sur son front. Ce groupe, dont *Chapu* avait exécuté la maquette en cire, a été sculpté par *Gabriel Pech*. Signé : *G. Pech* et *H. Chapu*. Il existe en outre dans la chapelle un médaillon en marbre blanc (Diam. o^m 40) de Juan Martin de Ycaza, décédé à Paris, à l'âge de 48 ans; un autre médaillon en marbre blanc (Diam. o^m 40) représente Mme de Ycaza. Ces deux médaillons sont signés : *G. Pech*. La chapelle a été élevée par Mme de Ycaza, sur les dessins de *G. Marbeau*, architecte. (92e div.)

PÉCOU (William-Henri).

Eude (Jean-Louis-Adolphe), statuaire, né à Arès (Gironde) le 26 novembre 1818, décédé à Paris le 8 avril 1889. — Médaillon en bronze (Diam. o^m 45). Signé : *W. H. Pécou, 1889.* (47e div.)

PEIFFER (Auguste-Joseph).

Grosset (J.), né en 1813, décédé en 1879. — Buste en bronze (H. o^m 77). Signé : *Peiffer* (68e div.)

PETER (V.).

Forneron (Henri-Lazare), né le 10 novembre 1834, décédé le 26 mars 1886. — Médaillon en marbre (Diam. o^m 32). Signé : *V. Peter.* (53e div.)

PETIT (Jean-Claude).

Duport (Louis), maître de ballets, né le 2 janvier 1783, décédé le 19 octobre 1853. — Au sommet d'un monument, de forme horizontale, est un buste en bronze (H. o^m 80), *non signé*, posé sur une petite stèle. A droite de cette stèle, une figure de femme ailée, le torse nu, le bras gauche passé sur la tête soutient une draperie ; à gauche, un génie funèbre, nu, ailé, tient une couronne de fleurs dans la main droite.

Ces deux statuettes appuyées contre la stèle sont en marbre (H. 0 ᵐ 86). Elles sont signées : *Jean Petit, 1855* [1]. (10ᵉ div.)

PETITOT (Louis-Messidor-Lebon).

Cartellier (Pierre), statuaire, membre de l'Institut, né à Paris le 2 décembre 1757, décédé dans la même ville le 12 juin 1831. — Tombeau quadrangulaire surmonté d'un monument en marbre, de forme antique, à fronton cintré, décoré de colonnes entre lesquelles est placée une statuette. Dans la face antérieure, buste en marbre de l'artiste (H. 0ᵐ 35). Signé : *Petitot*. Au-dessus du buste, dans le fronton, un bas-relief cintré (H. 0ᵐ 25. L. 0ᵐ 60) : une jeune femme, en deuil, est assise devant un monument funéraire. Signé : *Petitot*. Les statuettes, mesurant 0 ᵐ 75 de hauteur, représentent : la *Gloire*, par *Lemaire*; le *Talent*, par *E. Seurre* ; la *Modestie*, par *Seurre aîné*; l'*Amitié*, par *Petitot* ; la *Sagesse*, par *Dumont* ; la *Bonté*, par *Rude*. Le monument de *Cartellier*, élevé sur les dessins de *J.-B. Lesueur*, a été gravé par *L. Normand* [2]. A droite du tombeau de *Cartellier* est la tombe d'Alexandrine-Françoise-Charlotte Cartellier, femme de *F.-J. Heim*, née le 30 mai 1806, décédée le 27 décembre 1825. Bas-relief cintré en marbre (H. 1ᵐ 10. L. 0ᵐ 65) : un jeune homme soutient une tige de rosier pendant qu'une jeune femme verse le contenu d'une buire au pied de l'arbuste qu'une faux a déjà tranché à demi. Signé : *Petitot*. Gravé par *L. Normand* [3] et par *Collette*, d'après un dessin de *Quaglia* [4]. A gauche du tombeau de *Cartellier* se trouve la tombe d'Angélique-Geneviève Richard, femme de *Pierre Cartellier*. Bas-relief en marbre : un groupe de trois jeunes femmes drapées et voilées s'élevant au ciel. Signé : *E. Seurre* (53ᵉ div.)

PEZIEUX (Jean-Alexandre).

Habay (Mᵐᵉ), née Déclat. — Demi-ronde bosse en bronze (Diam. 0ᵐ 40). Signée avec cette mention : « à mon ami Habay, *Pezieux, 1891*. Fondu chez *Charpentier C. de Franoz*. » (36ᵉ div.)

---

1. Le buste, non signé, serait également de *J. Petit*. Renseignements fournis par M. Garreau, marbrier. (20 juin 1897.)
2. *Monuments funéraires*, etc., t. I, pl. xxiii, et t. II, pl. liii. C'est à tort que *Normand* a inscrit au bas de sa planche les mots *Cartellier fecit*.
3. *Idem*, t. I, pl. xxiii.
4. *Le Père-Lachaise*, etc., pl. v.

PIRON (Lucien).

Murat (André), né le 10 juin 1833, décédé le 11 juillet 1893. — Buste en bronze (H. 0 ^{m} 53). Signé : *Lucien Piron*. Une inscription gravée sur le tombeau de Murat nous apprend que « ses F .·. et ses amis lui ont élevé ce modeste monument en mémoire de services que durant toute sa vie il a rendus à la démocratie socialiste. » (71e div., 2e section.)

PISTRUCCI (Benedetto).

Pozzo di Borgo (Charles-André, comte), diplomate, ambassadeur de Russie, décédé le 15 février 1842. — Buste en bronze (H. 0 ^{m} 95). Signé : *Benedetto Pistrucci royal Mint*. (57e div.)

PLANTAR (Jean-Baptiste-Louis).

Kellermann (Famille du maréchal). — Monument orné d'armoiries, de trophées, de guirlandes et de hiboux, décoré par *Plantar*. Ce monument a été élevé sur les dessins de *L. Van Cléemputte*, architecte. Gravé par *L. Normand*[1] et par *Collette*, d'après un dessin de *Quaglia*[2]. (18e div.)

Plantar.

Pérignon (Dominique-Catherine, comte, puis marquis de), maréchal de France, né à Grenade (Haute-Garonne) le 31 mai 1754, décédé à Paris le 25 décembre 1818. — Trophées d'armes, bas-relief en marbre. Le monument de Pérignon a été élevé sur les dessins de *H. Godde*, architecte. La partie sculpturale est due au ciseau de *Plantar*. Gravé par *L. Normand*[3] et par *Collette*, d'après un dessin de *Quaglia*[4]. (24e div.)

Plantar.

Victimes de Juin. — Monument érigé par la Ville de Paris aux gardes nationaux tués pour la défense de l'ordre pendant l'insurrection de juin 1848. Sur les faces antérieure et postérieure est sculpté un coq, les ailes ouvertes, posé sur

---

1. *Monuments funéraires*, etc., t. II, pl. lix. C'est *Normand* qui nous apprend que la sculpture décorative a été exécutée par *Plantar*.
2. *Le Père-Lachaise*, etc., pl. iii.
3. *Monuments funéraires*, etc., t. I, pl. xxiii.
4. *Le Père-Lachaise*, etc., pl. vi.

une épaisse guirlande de chêne. Au-dessous est gravé :
« Liberté, ordre public, aux victimes de Juin la Ville de Paris
reconnaissante. » De chaque côté est sculpté un papillon
entouré d'un serpent se mordant la queue. Au-dessous du
papillon de gauche, on lit : « Avril 1834. — Juillet 1835. Du
côté opposé, une inscription analogue est illisible. Les dates
1834 et 1835, gravées ici, nous avertissent que ce tombeau
renferme des restes de victimes de l'insurrection des 13 et
14 avril 1834, ainsi que de l'explosion de la machine infernale de Fieschi, le 28 juillet 1835. Le monument est construit sur les dessins de *H. Godde*, architecte. La partie
décorative a été exécutée par *Plantar*. Gravé par *L. Normand* [1]. (6ᵉ div.)

Plantar.

BOODE (Famille). — Chapelle de forme circulaire, avec
portique, surmontée d'une sorte de dôme terminé par un
vase d'où s'échappent des flammes. La sculpture décorative a
été exécutée par *Plantar*. La chapelle, construite sur les dessins
de *Santy*, architecte, a été gravée par *L. Normand* [2]. (39ᵉ div.)

Plantar. Voy. Raggi (Nicolas-Bernard).

POLLET (Joseph-Michel-Ange).

A principe ettore Arrgona pignatelli cortez dei duchi di
Monteleone e terranova i nipoti. — Antonio Marianna e figli
riconoscenti, 1868. — Buste en marbre (H. 0ᵐ 65). Signé :
Pollet, 1869. (61ᵉ div.)

PONS (Pierre).

BIÉTRY fils (Louis), né le 10 février 1824, décédé le
15 juin 1854. — Buste en bronze (H. 0ᵐ 73). Signé : « *P.
Pons*, 1856. Fonderie de *Eck* et *Durand*. » (7ᵉ div.)

PONSCARME (François-Joseph-Hubert).

LAVALLÉE (Alphonse), fondateur de l'École centrale des
arts et manufactures (1829). — Médaillon en bronze (Diam.
0ᵐ 35). Signé : *H. Ponscarme.* (43ᵉ div.)

---

1. *Monuments funéraires*, etc., t. II, pl. XXXVI.
2. *Idem*, t. I, pl. XXV.

POWER (Jean-Baptiste-Charles-Émile). Voy. **LEFÈVRE (Camille).**

PRADIER (Jacques, dit James).

Darcet (Jean-Pierre-Joseph), chimiste, membre de l'Académie des sciences, né à Paris le 31 août 1777, décédé dans la même ville le 2 août 1844. — Buste en bronze (H. 0^m 46), par *J. Pradier* [1]. Signé : *F^{erie} de Eck et Durand, 1847.* (34e div.)

PRÉAULT (Auguste).

Desnoyers (Louis), écrivain, fondateur de la Société des gens de lettres, décédé en 1869. — Médaillon en bronze (Diam. 0^m 40). Signé : *1869, fecit A. Préault.* Derrière la tête est gravée la date de 1837. Le monument de Desnoyers a été élevé par la Société des gens de lettres. (55e div.)

Préault.

Robles (Jacob), né au Port-au-Prince le 15 avril 1782, décédé à Paris le 10 mars 1842. — Au sommet d'un tombeau est placée dans un enfoncement une figure en demi-ronde bosse, en marbre (Diam. 0^m 50), représentant le *Silence.* Le personnage, le front couvert d'un voile, pose sur ses lèvres l'index de la main droite. Signé : *Aug^{te} Préault.* (Cimetière israélite.)

Préault.

Meurice (Mme Paul). — Médaillon en bronze (Diam. 0^m 50). Signé : *A. Préault, 1856.* (26e div.)

Préault.

Morin (Ernest), historien, né à Gisors le 14 mars 1826, mort à Paris le 22 octobre 1872. — Médaillon en bronze (Diam. 0^m 45) : la tête est enveloppée d'une draperie et couchée. Signé : *Auguste Préault, 1873* [2]. (61e div.)

Préault.

Tullie Blum, née en 1805, décédée en 1875. — Portrait

---

1. Renseignements fournis par M. Francis Pradier, petit-fils de *James Pradier* et arrière-petit-fils de Darcet (28 juin 1897).

2. Nous avons lieu de penser que ce médaillon est celui qui a figuré au Salon de 1874, sous le n° 3102.

de femme, médaillon en bronze (Diam. 0 m 42). Signé :
Auguste Préault, 1875; et MAYEUR (Maximilien), médaillon
en bronze (Diam. 0 m 14), daté de 1875, mais non signé :
(90e div.)

Préault.

ROBLES (Laure-Sara), décédée le 12 décembre 1874. —
Médaillon en bronze (Diam. 0 m 40). Signé : *Auguste Préault,
1875*. (Cimetière israélite.)

PREVOT (L.).

DEPARDON. — Tombeau en granit. Parchemin demi-
déroulé sur lequel est une équerre et un bras dont la main
tient un compas; un hibou est posé sur le bras. Le tout est
en bronze. Signé : *L. Prévôt.* (61e div.)

PROTAT (Hugues).

SÉGALAS (Pierre-Salomon), docteur en médecine, membre
de l'Académie de médecine, conseiller municipal de Paris,
conseiller général de la Seine, né en 1793, décédé en 1876. —
Buste en bronze (H. 0 m 55). Signé : *Hugues Protat, sculp.
Martin, fondeur.* (70e div.)

PROUHA (Pierre-Bernard).

PIOGEY (Gérard), médecin, né en 1820, décédé en 1894.
— Buste en bronze (H. 0 m 74), par *P.-B. Prouha* [1]. Signé :
F. Barbedienne, fondeur. (60e div.)

PUECH (Denis).

CHAPLIN (Charles), peintre, né le 8 juin 1825, décédé
le 30 janvier 1891. — Bas-relief en marbre blanc (H. 2 m 70.
L. 1 m 10) : jeune fille nue, debout, tenant dans ses mains une
palette, des pinceaux et des roses ; elle lève le regard vers le
médaillon de l'artiste sculpté dans la partie supérieure. Signé :
Puech, 1896 [2]. (52e div.)

---

1. Le marbre d'après lequel a été obtenu le bronze qui nous occupe a figuré au
Salon de 1881, sous le n° 4218. — Renseignement fourni par Mme veuve Piogey
(10 septembre 1897).

2. Ce bas-relief a figuré au Salon de 1896, sous le n° 3773.

PUTEAUX (P.).

CHAUVEAU (P.-E.), né à Blois en 1808. — Buste en marbre blanc (H. 0 m 65). Signé : *P. Puteaux, 1876.* (15e div.)

RAGGI (Nicolas-Bernard).

FROCHOT (Nicolas-Thérèse-Benoist, comte), administrateur, député aux États généraux, préfet de la Seine, puis des Bouches-du-Rhône, né à Ainay-le-Duc en 1757, décédé le 29 juillet 1828. — De chaque côté de la porte d'une chapelle est un bas-relief en marbre (H. 1 m 80. L. 1m). Celui de droite représente une jeune femme en pleurs, assise en face d'un édicule simulé ; elle a les mains jointes et la tête laurée. Celui de gauche a pour sujet un homme ayant le torse nu, la tête couronnée d'une branche de cyprès ; il est également assis devant un cippe simulé ; la jambe droite est relevée ; les mains sont posées sur le genou. Ces deux bas-reliefs sont signés : *Raggi, 1829.* La sculpture décorative a été exécutée par *Plantar.* La chapelle, construite en 1841, d'après les dessins de *H. Godde*, architecte, a été gravée par *L. Normand*[1] et par *Collette*, d'après un dessin de *Quaglia*[2]. (37e div.)

Raggi.

LANNEAU (Pierre-Antoine-Victor de), littérateur, fondateur du collège Sainte-Barbe (1798), né à Bard (Côte-d'Or) le 25 décembre 1758, décédé à Paris le 31 mars 1830. — Buste en marbre blanc (H. 0 m 55). *Non signé.* Ce buste est une copie d'un marbre sculpté par *Raggi*. C'est *L.-P. Haudebourt*, architecte, ancien élève de Sainte-Barbe, qui a dessiné et fait élever le monument. Le même artiste s'est chargé d'obtenir la répétition du buste original de *Raggi*. On ne sait à quel sculpteur est due cette copie[3]. (39e div.)

RAMUS (Joseph-Marius).

PIQUELIÈRE DE MESSEMÉ (Mme de la), née Ann HOLMES,

---

1. *Monuments funéraires*, etc., t. I, pl. XXVI.
2. *Le Père-Lachaise*, etc., pl. XI.
3. Renseignements fournis par M. Servois, petit-fils, par alliance, de Lanneau, par M. J. Favre, directeur de Sainte-Barbe (11 et 29 septembre 1897).

auteur de poésies dramatiques et autres en langue anglaise.
— Bas-relief en marbre blanc (H. 0ᵐ 38. L. 0ᵐ 32), représentant une femme assise tenant une lyre dans la main gauche
et un livre dans la main droite. Signé : *Ramus, 1836*.
(21ᵉ div.)

Ramus.

AGUADO (Alexandre-Marie, marquis de Las Marismas del
Guadalquivir), colonel, banquier, protecteur des artistes, né
à Séville le 28 juin 1785, décédé à Guon (Asturies) le
12 avril 1842. — Monument surmonté de deux statues en
marbre : à gauche, les *Arts* : une jeune femme, le torse demi-
nu, tient dans sa main droite relevée un maillet de sculpteur ; à droite, la *Bienfaisance* : une jeune femme drapée,
tenant un oiseau de la main gauche, et ayant des épis de blé
dans l'autre main. Ces deux statues sont signées : *Mᵘˢ Ramus,
1844*. Le monument, construit d'après les dessins de *Pelle-
chet*, architecte, est en outre décoré de génies sculptés en
relief. Il est gravé par *L. Normand* [1]. (45ᵉ div.)

Ramus.

SEGUIN (Famille). — Chapelle sur les pilastres desquels
sont placées deux statues : à gauche, la *Science* appuie la main
sur le globe ; à droite, l'*Industrie* est accoudée sur un marteau
posé sur une enclume. Ces deux œuvres sont dues au ciseau
de *Ramus*, et datent de 1857. Sur la face latérale gauche,
un bas-relief représentant des génies dessinant et mesurant ; la
face latérale droite est également occupée par des génies. Ces
bas-reliefs, ainsi que l'ensemble de la décoration extérieure
et intérieure, sont dus au ciseau de M. *Fourdrin*. La chapelle
a été construite sur les dessins de MM. *Fourdrin* frères et
Nourrigat, architectes [2]. Gravé par *Guillaumot* et *Boudrot* [3].
(36ᵉ div.)

Ramus.

BLANCHARD (P. F. E. Gabriel), né en 1832, décédé en
1853. — Buste en bronze (H. 0ᵐ 26). Signé : *Ramus*.
(59ᵉ div.)

---

1. *Monuments funéraires*, etc., t. II, pl. LXXI.
2. Renseignements fournis par M. Seguin (26 juin 1897).
3. *Architecture funéraire contemporaine*, 2ᵉ section A, pl. VII et VIII.

REDELSPERGER (Louise BELLOC, Mᵐᵉ).

Redelsperger (Jean-Jacques), né en 1815, décédé en 1882. — Médaillon ovale en bronze (H. 0ᵐ 40. L. 0ᵐ 30). Signé : *Louise Redelsperger, née Belloc.* (20ᵉ div.)

RICCI (Etienne).

Desbassyns (Joseph Panon, baron), né à l'île Bourbon le 23 février 1780, décédé à Paris le 17 avril 1850, Elisabeth Pajot, baronne Desbassyns, née à l'île Bourbon le 26 septembre 1783, y décédée le 3 mai 1844, inhumée à Paris le 21 avril 1855, et Marie-Antoinette Pajot, veuve Dumont, née à l'île Bourbon le 14 octobre 1781, décédée à Paris le 28 octobre 1861. — Statue en marbre (H. 0ᵐ 70) : Femme voilée, assise à terre ; les mains sont jointes et la tête est inclinée sur la poitrine dans l'attitude d'une profonde douleur. A sa droite est une colonne surmontée d'une urne funéraire en partie recouverte d'une draperie retombant le long de la colonne. Signée à la base de la colonne : *Étienne Ricci de Florence F.* (6ᵉ div.)

RICHARD (F.).

Wimpffen (Emmanuel-Félix de), général de division, né à Laon le 13 septembre 1811, décédé à Paris le 25 février 1884. — Buste en bronze (H. 0ᵐ 90) Signé : *F. Richard, de Vannes. Thiébaut frères fondeurs.* (47ᵉ div.)

RINGEL D'ILLZACH (Jean).

Weiss (Jean-Jacques-Auguste), conseiller d'État, ministre plénipotentiaire, né en 1827, décédé en 1891. — Buste en marbre (H. 0ᵐ 70), par *Ringel* [1]. L'inscription suivante est gravée sur une pierre verticale : « Jean-Jacques-Auguste Weiss, fils de Rose et de Jacques. 1827-1891. Il fut successivement enfant de troupe, professeur, conseiller d'État, ministre plénipotentiaire. Il écrivit pour la défense des libertés publiques, de bonnes maximes de gouvernement et de bon goût. Il resta bon, pauvre et sans intrigue. Honneur à sa mémoire. » (6ᵉ div.)

---

1. Ce buste n'est pas signé, mais il résulte de renseignements qui nous ont été fournis par M. Jouvensel, marbrier, qu'il est dû au sculpteur *Ringel d'Illzac* (7 juin 1897).

ROBERT (J.).

Drache (Fénelon-Émile), docteur-médecin, inhumé le 24 avril 1877, à l'âge de 62 ans. — Buste en marbre (H. 0^m 45). Signé : *1862, J. Robert.* (86e div.)

ROBINET (Pierre-Alfred).

Gay (Edmond-Adolphe), lieutenant de cavalerie, décédé en Afrique le 11 mai 1842. — Tombeau en marbre (H. 2^m 15) simulant un rocher et un tronc d'arbre. Au pied de l'arbre, la tunique de l'officier et des couronnes d'immortelles; au-dessus sont disposés en pyramide, dans les branches de l'arbre, une cuirasse, un casque, des épaulettes, une épée, des gants, un revolver, etc. Signé : *P. Robinet, 1844.* Ce tombeau, de forme bizarre, élevé sur les dessins de *Marcel*, architecte, a été gravé par *L. Normand* [1]. (32e div.)

ROGUIER (Henri-Victor).

Bellanger (François-Joseph), architecte, né le 12 avril 1744, décédé le 1er mai 1818. — Médaillon en marbre (Diam. 0^m 36). Signé : *Roguier f.* Gravé par *L. Normand* [2]. (11e div.)

ROLARD (François-Laurent).

Robinet (Gabriel), membre du Conseil municipal de Paris, né le 15 mars 1849, décédé le 26 juillet 1887. — Buste en bronze (H. 0^m 65). Signé : *F. Rolard, 1888. Aug. Gouge, fondeur, Paris.* Le monument a été élevé par souscription publique. L'inauguration a eu lieu le 29 juillet 1888. C'est également !*Rolard* qui a exécuté la sculpture décorative du monument. (20e div.)

ROMAGNESI (Joseph-Antoine).

Ravrio (Antoine-André), ciseleur, poète, vaudevilliste, né à Paris le 23 octobre 1759, décédé dans la même ville le 4 décembre 1814, — Buste en bronze (H. 0^m 47). Signé : *Romagnesi, sculpteur.* Gravé par *Collette* d'après un dessin de *Quaglia* [3], et par *Obermayer* [4]. (10e div.)

1. *Monuments funéraires*, etc., t. I, pl. xxi.
2. *Monuments funéraires*, etc., t. I, pl. vi.
3. *Le Père-Lachaise*, etc., pl. iv.
4. *Architecture funéraire contemporaine*, 2e section B. pl. iii.

ROSSEL (Édouard).

LÉGLISE (Henri), décédé en 1888. — Statue en bronze (grandeur nature). Signée : *Rossel, sculpteur, 1892. Thiébaut frères, fondeurs*. Léglise, représenté à demi couché sur son tombeau, tient à la main un livre ouvert sur les feuillets duquel on lit : « Industrie. Commerce. » (90ᵉ div.)

Rossel.

DUTHEIL (Pierre), membre du Syndicat des inventeurs de France et de l'Association des artistes industriels, de l'Académie nationale manufacturière de l'hygiène de l'enfance, décédé le 19 mai 1891, à l'âge de 51 ans. — Dans le fronton d'une chapelle, buste en marbre blanc (H. 0ᵐ 60), par *Rossel*[1]. (62ᵉ div.)

ROSSETTI. Voy. BOSSETTI.

ROUBAUD (Louis-Auguste).

PIROU (Lˢ-Aᵉ). — Buste en marbre blanc (H. 0ᵐ 50). Signé : *Roubaud jeune, statuaire, 1863*. Le monument de Pirou a été élevé sur les dessins de *A. Dussourd*, architecte.

Roubaud.

LÉCHELLE (Philippe), membre de sociétés savantes et philanthropiques, né en 1812, décédé en 1875. — Buste en marbre blanc (H. 0ᵐ 80). Signé : *Paris, 1879, Roubaud jeune*[2]. (86ᵉ div.)

Roubaud. Voy. Lequesne (Eugène-Louis).

ROUGELET (Benedict).

BERTHELIER (J.-M.), peintre, né en 1834, décédé en 1881. — Buste en bronze (H. 0ᵐ 77). Signé : *A mon ami Berthelier, Rougelet, 1882*. Sur la face antérieure de la stèle supportant le buste sont fixés une palette et des pinceaux en bronze (9ᵉ div.)

ROULLEAU (Jules-Pierre).

BOUZOU (Georges), décédé le 24 août 1894, à l'âge de

---

1 Renseignements fournis par M. Boiton, dit Latour, marbrier, qui a construit la chapelle (26 juin 1897).

2. Ce buste a figuré au Salon de 1881, sous le n° 4266.

58 ans. — Médaillon en bronze (Diam. 0 ^{m} 40). Signé :
J. Roulleau. (69e div.)

Roulleau.

Reliquet (Émile), docteur-médecin, né en 1837, décédé
en 1894. — Buste en bronze (H. 0 ^{m} 67). Signé : *J. Roulleau, 1895.* (96e div.)

ROUSSEAU (Jean-Charles).

Roussel (Henri-François-Michel), né le 30 juin 1799,
décédé le 6 août 1854. — Buste en bronze (H. 0 ^{m} 73). Signé :
Rousseau. J. C. 1854. Fonderie de Eck et Durand. Sur la face
antérieure du socle du buste est gravé : « F^{ois} H^{ri} M^{hel} Roussel. Ses ouvriers reconnaissants. » (48e div.)

RUDE (François). Voy. **PETITOT (Louis-Messidor).**

RUTXHIEL (Henri-Joseph).

Monge (Gaspard), comte de Peluze, géomètre,
membre de l'Institut, né à Beaune (Côte-d'Or) le 10 mai
1746, décédé à Paris le 28 juillet 1818. — Buste en marbre
(H. 0 ^{m} 48), par *H. J. Rutxhiel.* Un exemplaire du buste de
Gaspard Monge décore l'une des salles de l'École polytechnique. Un deuxième exemplaire existe à la Société d'encouragement du travail national, rue Bonaparte, à Paris[1]. Sur chacune des faces latérales du monument de Monge est gravé :
« Les élèves de l'École Polytechnique à G. Monge, comte de
Peluze, » et sur la face postérieure : « AN MDCCCXX. » Le
monument, élevé sur les dessins de *P. Clochar*, architecte, est
gravé par *L. Normand*[2] et par *Collette* d'après un dessin de
Quaglia[3]. (18e div.)

SAINT-MARCEAUX (René de).

Degeorge (Charles), sculpteur, né à Lyon le 31 mars
1837, décédé à Paris le 2 novembre 1888. — Buste en bronze
(H. 0 ^{m} 60). Signé : *Saint-Marceaux, à son ami.* (92e div.)

Saint-Marceaux.

Tirard (Pierre), maire du 2e arrondissement, député de
Paris, sénateur, ministre des Finances, président du Conseil

---

1. Renseignements fournis par M. le comte Armand (12 juin 1897).
2. *Monuments funéraires*, etc., t. I. pl. LII.
3. *Le Père-Lachaise*, etc., pl. XV.

des ministres, né à Genève le 27 septembre 1827, décédé à Paris le 4 novembre 1893, et Adèle HÉBERT, veuve TIRARD, décédée le 6 juillet 1895. — Le *Devoir*, statue en marbre (grandeur nature), représentant un homme assis dans l'attitude de la fermeté. Signée : *S¹ Marceaux*. Sur la face antérieure du tombeau est sculpté le médaillon de Tirard (Diam. 0ᵐ 20), dû également au ciseau de *Saint-Marceaux*. Ce monument, élevé par souscription à la mémoire de Tirard, a été inauguré le 24 juin 1896, sous la présidence de MM. Le Royer et Méline [1]. (51ᵉ div.)

SCHRŒDER (Louis). Voy. **LEFÈVRE (Camille).**

SERRES (Provin).

SAUTREAU (Jean), né à Billy (Nièvre) le 3 février 1824, décédé à Paris le 19 mars 1875. — Buste en bronze (H. 0ᵐ 48). Signé : *P. Serres, sculpteur. Boyer et Rolland fondeurs.* (56ᵉ div.)

SEURRE (Bernard-Gabriel).

DELAVIGNE (Jean-François-Casimir), poète et auteur dramatique, membre de l'Académie française, né au Havre le 4 avril 1793, décédé à Lyon le 11 décembre 1843. — Statue en pierre (H. 1ᵐ 50), représentant la *Poésie* en pied, debout, ayant un long voile de deuil rejeté sur l'épaule. Elle tient une lyre de la main gauche et une couronne de laurier de la main droite. Signée : *G. Seurre aîné.* Le monument de Casimir Delavigne, construit en 1845 sur les dessins de *A. Blouet*, architecte, a été gravé par *L. Normand* [2] et par *J. Huguenet* [3]. (49ᵉ div., 1ʳᵉ section.)

SEURRE (Charles-Emile-Marie). Voy. **PETITOT (Louis-Messidor).**

SICARD (François).

MONTAIGLON (Anatole de COURDE DE), professeur à l'École des Chartes, critique d'art, décédé à Tours le 1ᵉʳ septembre 1895, à l'âge de 71 ans. — Buste en bronze (H. 0ᵐ 28), par *Sicard*. Le monument de Montaiglon a été élevé à sa

---

1. Voy. *Journal des Arts* du 24 juin 1896.
2. *Monuments funéraires*, etc., t. II, pl. LXVI.
3. *Architecture funéraire contemporaine*, 2ᵉ section D, pl. VI et VII.

mémoire par ses amis, sur les dessins de *Ed. Corroyer*, architecte. L'inauguration a eu lieu le 9 novembre 1896. (25ᵉ div.)

SIMART (Pierre-Charles). Voy. **LEQUESNE** (Eugène-Louis).

SOITOUX (Jean-François).

Mariotte (Jean-François), ingénieur-mécanicien, né à Cuvier (Jura), décédé à Paris le 7 août 1848, à l'âge de 57 ans. — Statuette en bronze (H. 0ᵐ 55) : Mariotte, en costume d'ouvrier, est debout ; il examine attentivement une pièce de mécanique qu'il a dans sa main. A sa gauche est une enclume. Cette statuette a été exécutée par *Soitoux*, vers 1846 ou 1848 [1]. (4ᵉ div.)

SOLDINI (Antonio).

Giovanetti (César), né à Aurigeno, canton du Tessin (Suisse) le 15 août 1847, décédé à Paris le 9 novembre 1895. — Médaillon en marbre blanc (Diam. 0ᵐ 48), par *Antonio Soldini* [2]. (92ᵉ div.)

SORNET (Edme-Jean-Louis).

✓ Genlis (Stéphanie-Félicité Ducrest, duchesse de Saint-Aubin, comtesse de), femme de lettres, gouvernante des Enfants de France, née le 25 janvier 1746, décédée à Paris le 31 décembre 1830 [3]. — Médaillon en bronze (Diam. 0ᵐ 30). Signé : *Sornet, 1843.* (24ᵉ div.)

SUCHETET (Auguste).

Joffrin (Jules), ouvrier mécanicien, vice-président du Conseil municipal de Paris, conseiller général de la Seine, député de Paris, né en 1846, décédé en 1890. — Monument en granit. Dans la face antérieure d'une pyramide quadrangulaire est encastré le médaillon de Joffrin, en bronze (Diam. 0ᵐ 55). Signé : *A. Suchetet, 1891.* Sur le tombeau sont fixés une couronne de chêne et une palme de houx, également en bronze. La palme, qui couvre en partie le tombeau, s'élève le long de la pyramide dans la direction du médaillon.

---

1. Renseignements fournis par Mᵐᵉ veuve Tholin (27 août 1897).
2. Renseignements fournis par M. Giovanetti fils (11 juin 1897).
3. Les restes de la comtesse de Genlis qui avaient été inhumés au cimetière du Mont-Valérien, furent transférés au Père-Lachaise le 21 décembre 1842. (Renseignements fournis par le bureau du cimetière le 21 juin 1897.)

Ce monument a été érigé au moyen d'une souscription publique. (95ᵉ div.)

SYAMOUR. Voy. **GEGOUT-GAGNEUR (Mᵐᵉ Marguerite).**

TALUET (Ferdinand).

LACHAMBEAUDIE (Pierre), poète fabuliste, né à Sarlat (Dordogne) le 15 septembre 1806, décédé à Brunoy (Seine-et-Oise) le 6 juillet 1872. — Buste en bronze (H. 0 ᵐ 87). Signé : *Fᵈ Taluet, 1872. Boyer aîné et Rolland fondeurs.* (48ᵉ div.)

      Taluet.

GODET (Rosalie-Célestine DAVOULT, Mᵐᵉ), née en 1824, décédée en 1876. — Bas-relief en bronze (H. 0 ᵐ 45. L. 0 ᵐ 55) : Tête de femme morte couchée sur un oreiller; la main gauche apparaît, tenant des roses. Signé : *Fⁿᵈ Taluet, 1877. Rolland Fʳ .* (20ᵉ div.)

      Taluet.

CLÉRAY (Eugène), ancien adjoint au maire du IIIᵉ arrondissement pendant le siège de Paris, ancien membre du Conseil général de la Seine. — Buste en bronze (0 ᵐ 75). Signé : *Fⁿᵈ Taluet, 1883, F. Barbedienne, fondeur, Paris.* Le monument de Cléray a été érigé par sa veuve, ses amis et ses concitoyens. (71ᵉ div., 2ᵉ section.)

TANNRATH (Richard).

SAVALLE (Pierre-Désiré-Amand), ingénieur, né à Canville le 1ᵉʳ mars 1793, décédé à Lille le 17 avril 1864. — Médaillon en marbre blanc (H. 0 ᵐ 70). Signé : *Richard Tannrath sculpʳ.* (49ᵉ div., 2ᵉ section.)

THABARD (Adolphe-Martial). Voy. **LEQUESNE (Eugène-Louis).**

THIÉBAULT (Alfred).

CAIL (Jean-François), ingénieur-mécanicien, constructeur de machines, décédé en 1854. — Chapelle dans le fronton de laquelle est sculpté un bas-relief représentant deux anges ailés, planant dans l'espace et tenant une draperie, une branche de laurier et une épée. Sous le fronton de la chapelle formant portique sont deux statues en pierre

(H. 2 m 20). L'une représente une femme en pied, debout, tenant une palme dans la main gauche levée. L'autre représente également une femme debout dirigeant son regard vers une couronne de laurier qu'elle a dans la main droite. La main gauche s'appuie sur un marteau posé sur une enclume, près de laquelle est une roue d'engrenage. Signées : *A. Thiébault, 1872.* (69e div.)

THIÉBAUT.

Ponsat (Famille). — Une chapelle dont la porte en bronze est décorée de palmes. Signée : *Thiébaut frères fondeurs.* De chaque côté de la porte est une cariatide, également en bronze (H. 1 m 75). *Non signée.* Ces deux figures, drapées et voilées, se couvrent la face d'une de leurs mains. La chapelle a été construite sur les dessins de *Georges Michel*, architecte. (31e div.)

THOMAS (Gabriel-Jules).

Merle (Hugues), peintre, né à Saint-Marcellin (Isère) le 1er mars 1832, décédé à Paris le 16 mars 1881. — Médaillon en bronze (Diam. 0 m 42). Signé : *G. J. Thomas.* (64e div.)

Thomas.

Taylor (Isidore-Séverin-Justin, baron), amateur, dessinateur, voyageur et littérateur, membre de l'Institut, né à Bruxelles le 15 août 1789, décédé à Paris le 6 septembre 1879. — Monument en pierre, en forme d'hémicycle avec piédestal supportant la statue en marbre blanc du baron *Taylor* (grandeur nature). Signée : *G. J. Thomas, 1884* [1]. Au-dessous sont sculptées des couronnes et des rubans; dans la frise sont des initiales au centre d'ornements. Sous les pilastres sont les armoiries de *Taylor*. Le monument a été élevé sur les dessins d'*Edmond Guillaume*, architecte. La sculpture décorative est due au ciseau de *J. Héritier* [2]. (55e div.)

TOUSSAINT (François-Christophe-Armand).

Forestier (P.-A.), né le 25 septembre 1755, décédé le 3 février 1838. — Statue en marbre blanc (H. 1 m) : une

---

1. Le modèle de cette statue a figuré au Salon de 1883, sous le n° 4234.
2. Renseignements fournis par M. *J. Héritier* (26 juillet 1897).

jeune femme assise sur un siège antique, vêtue d'une légère draperie et ayant la tête couronnée de cyprès, s'appuie sur un sarcophage placé à sa gauche; elle tient une branche de cyprès dans la main droite. Signée : *A. Toussaint, 1839*. Sur le tombeau est gravée l'inscription suivante : « A son bienfaiteur Scholastique Descharmes. » (43ᵉ div.)

Toussaint.

DAVID D'ANGERS (Pierre-Jean), statuaire, membre de l'Institut, né à Angers le 12 mars 1788, décédé à Paris le 5 janvier 1856. — Tombeau décoré d'une couronne de laurier en bronze (Diam. 0 ᵐ 45), avec une banderole sur laquelle est gravé : « *David d'Angers — ses élèves — 1856.* » Signée : *A. Toussaint. inᵗ sculpᵗ. Fondu par E. Gonon*. Ce tombeau, érigé sur les dessins de *Ch.-Ed. Isabelle*, architecte, a été gravé par *J. Huguenet* [1]. (39ᵉ div.)

TRÉGAIN (Mᵐᵉ de)

TRÉGAIN (Émile DE), né à Rennes, décédé à Bagnères-de-Bigorre le 2 septembre 1868, à l'âge de 21 ans. — Médaillon en marbre (Diam. 0ᵐ 43), par *Mᵐᵉ de Trégain* [2]. (56ᵉ div.)

TRIQUETI (Henri-Joseph-François, baron de).

TRIQUETI (Henry-Joseph-François, baron de), statuaire, né à Conflans (Loiret) le 24 octobre 1804, décédé le 11 mai 1874, et Édouard Henry de TRIQUETI, né le 14 juillet 1840, décédé le 23 août 1861. — *Résurrection de Lazare*, bas-relief en bronze (H. 1 ᵐ 60. L. 0 ᵐ 80). Signé : *H. de Triqueti. Août 1862.* (42ᵉ div.)

TRUFFOT (Emile-Louis).

COLLET (Charles), président fondateur de la société de secours mutuels de Saint-Avoye, décédé le 2 novembre 1871, à l'âge de 62 ans. — Buste en bronze (H. 0 ᵐ 65). Signé : *E. Truffot, 1869.* (4ᵉ div., 1ʳᵉ section.

---

1. *Architecture funéraire contemporaine*, 2ᵉ section C. pl. VIII.

2. Mᵐᵉ de Trégain, mère d'Émile de Trégain, est élève du sculpteur italien *Adam Tadolini* et de *J.-M. Pigalle*. — Renseignements fournis par Mᵐᵉ de Trégain (20 août 1897).

Truffot et **Gruyère (Th.).**

Laurent (Victor-Alexandre), décédé le 11 juin 1888, à l'âge de 67 ans. — Buste en bronze (H. 0ᵐ 45). Signé : *Eˡᵉ Truffot, 1864.* — Laurent (Louise-Joséphine), décédée le 1ᵉʳ septembre 1861, à l'âge de 3 ans et 3 mois. — Médaillon en bronze (Diam. 0ᵐ 15). Signé : *Th. Gruyère, 1862.* (57ᵉ div.)

Truffot (Emile-Louis). Voy. **Levillain (Ferdinand).**

VALLÉE-POUSSIN (Emma).

Vallée-Poussin (Le major Guillaume Tell de La), ingénieur, aide de camp du général du génie Bernard, et ministre plénipotentiaire de France aux États-Unis, décédé le 7 novembre 1876, dans sa 83ᵉ année. — Médaillon ovale en plâtre, placé sous verre (H. 0ᵐ 47. L. 0ᵐ 40). Signé : *Emma Vallée-Poussin, 1880.* (20ᵉ div.)

VALOIS (Achille-Joseph-Etienne).

Argenteuil (Hippolyte-Louis-René-Charles Le Bascle, marquis d'), né à Paris le 25 novembre 1780, décédé dans la même ville en 1854, « fondateur d'institutions pieuses et charitables à Paris et à Thoires (Côte-d'Or). » — La face antérieure du tombeau est décorée de trois bas-reliefs en marbre mesurant : celui du centre, 0ᵐ 85 de hauteur sur 1ᵐ 55 de largeur, et les deux autres 0ᵐ 85 sur 0ᵐ 40. Le bas-relief central représente l'intérieur d'un « Asile de la vieillesse » : la Charité soignant les vieillards. Dans celui de droite est Esculape. En tête est gravé : « Fondation de prix pour la médecine ». L'autre bas-relief a pour sujet une jeune femme debout tenant une couronne à la main ; on aperçoit à terre, près d'elle, les emblèmes de l'industrie. En tête de ce sujet on lit : « Fondation de prix pour l'industrie. » La partie supérieure du tombeau est décorée d'un écusson et de couronnes de fleurs. Le bas-relief central est signé : *A. Valois.* (50ᵉ div.)

VENOT (Cyprien-François).

Vénot (Adélaïde-Françoise Binet, Mᵐᵉ), née en 1787, décédée en 1840. — Statue en marbre (H. 1ᵐ 25) : une

femme voilée, affaissée, dans l'attitude de la douleur. Signée :
Cyp. Vénot. (52e div.)

VERCY (Camille de).

Vitrac (Jean-Baptiste), décédé le 28 avril 1877, à l'âge
de 51 ans. — Médaillon en bronze (Diam. 0ᵐ 40). Signé :
Camille de Vercy, 1878. (86ᵉ div.)

VERNIER (Emile-Séraphine).

Greppo (Louis), ancien député, décédé le 27 août 1888,
dans sa 79ᵉ année. — Médaillon en bronze (Diam. 0ᵐ 45).
Signé : *S. E. Vernier, 1890.* (71ᵉ div., 2ᵉ section.)

VIGNON (Noémie CONSTANT, Mᵐᵉ Claude).

Cadiot (Alexandrine-Zoé de Montbarbon, veuve), née
le 10 février 1803, décédé le 15 juillet 1877. — Médaillon
ovale en pierre (H. 0ᵐ 30. L. 0ᵐ 25), par *Noémie Cadiot*, dite
Claude Vignon [1]. (86ᵉ div.)

Vignon (Mᵐᵉ).

Vignon (Mᵐᵉ Claude), sculpteur, inhumée le 14 avril
1888. — Buste en bronze (H. 0ᵐ 80). Signé : *Claude Vignon,
1883.* Le monument de l'artiste, exécuté sur les dessins de l'architecte *Xavier Girard,* est en outre décoré d'une palme, d'une
guirlande de fleurs, et des attributs du sculpteur et de l'écrivain. Ces ornements sont en bronze. L'inauguration du monument a eu lieu le 10 octobre 1888 [2]. (46ᵉ div.)

VILAIN (Nicolas-Victor).

Étienne (Charles-Guillaume), auteur comique, écrivain
politique, censeur général de la police des journaux sous l'Empire, membre de l'Académie française, pair de France, né à
Chamouilley (Haute-Marne) le 6 janvier 1778, décédé à Paris le
13 mars 1845. — Médaillon en marbre (Diam. 0ᵐ 40). Signé :
V. Vilain, 1845. (26ᵉ div.)

VILLEMINOT (L.). Voy. LEHARIVEL-DUROCHER (Victor-Edmond).

---

1. Mᵐᵉ Cadiot était la mère de l'artiste. Renseignements fournis par M. E. H.
Cadiot, frère de *Claude Vignon.* (11 juin 1897.)
2. Voy. *Journal des Arts* du 19 octobre 1888.

SCULPTURES ANONYMES

I. — STATUES

AVILÈS (Famille de). — Tombeau surmonté d'une statue en bronze (grandeur nature) : une *Pleureuse*, debout, entoure de son bras gauche une urne funéraire ; à gauche du tombeau est un hibou également en bronze. (71ᵉ div., 2ᵉ section.)

BAIL (Famille). — Stèle surmontée d'une statue en marbre blanc (H. 1 ᵐ 35) : une jeune femme debout, drapée et voilée, est accoudée du bras droit sur une urne funéraire ; la tête, rejetée en arrière, est appuyée sur la main. De la main gauche elle dépose sur la stèle une couronne d'immortelles. (16ᵉ div.)

BILLOUT (Jean-Simon), décédé le 28 juin 1828, et Marie-Virginie FOUCHER, sa femme, décédée le 29 juillet 1873. — Statue en marbre (H. 1 ᵐ 10) : Vierge assise tenant l'Enfant Jésus debout sur ses genoux [1]. (28ᵉ div.)

BLONDEAU (Famille). — Cippe en granit. De chaque côté, un génie ailé, en pleurs : l'un tient une branche de cyprès et l'autre une lyre. Ces deux génies, en bronze, mesurent 1 ᵐ 35 de hauteur. (81ᵉ div.)

CHAPAL (Famille). — Georges, 16 mai 1871 † 10 juin 1871. Antoine, 7 mars 1802 † 8 février 1873. Clotilde Chapal, née Aujogue, 22 février 1823 † 27 janvier 1891. — Tombeau surmonté d'une statue en fonte (H. 1 ᵐ 05) : une jeune femme voilée, la tête inclinée dans l'attitude de la douleur, pose la main gauche sur une table de marbre sur laquelle

---

1. Une inscription gravée sur la face antérieure du monument nous apprend qu'il « a été restauré » et que « la Vierge a été donnée par Mᵐᵉ la comtesse veuve E. Foucher à son oncle et à sa tante en souvenir de reconnaissance. 1895. »

sont fixées des plaques en bronze où on lit les noms et les dates ci-dessus mentionnés. Dans la main droite est une couronne d'immortelles en bronze ; à la gauche de la figure, une urne funéraire, recouverte d'un voile, est décorée d'une tête d'ange[1]. Le tombeau a été érigé d'après les dessins de *J. Lecreux*, architecte. (4ᵉ div.)

CIBEINS (Christine-Henriette-Louise de), née le 9 octobre 1826, décédée le 1ᵉʳ juin 1844. — Statue en terre cuite (H. 1ᵐ 50) : Vierge debout ayant les bras croisés sur la poitrine. (27ᵉ div.)

CONTOUR (Famille Frédéric). — Au fond d'une chapelle, est un *Christ en croix*, statue en bronze (grandeur nature) (92ᵉ div.)

COURLOT (Louis-Sébastien), décédé le 1ᵉʳ avril 1816, à l'âge de 38 ans. — Statue en pierre (H. 1ᵐ 75) : une jeune femme vêtue du costume de l'Empire et ayant un voile de deuil sur les épaules, s'accoude du bras droit sur un édicule ; la tête pose sur la main[2]. (11ᵉ div.)

CUDEY-LAMBLIN et DUPONT-LAMBLIN (Familles). — Statue en terre cuite (H. 0ᵐ 72) : femme en pied, debout, voilée, accoudée du bras droit sur une urne funéraire posée sur une colonne quadrangulaire. (61ᵉ div.)

DESPLACES, BRUYÈRE et VAN DE VIN (Familles). — Statue en marbre (H. 0ᵐ 98) : jeune femme en pied, voilée, debout sur des nuages ; de ses deux mains elle presse une colombe sur sa poitrine ; une deuxième colombe placée sur son épaule droite tient dans le bec une branche de cyprès. (47ᵉ div.)

DIDIER (Famille). — Dans l'intérieur d'une chapelle, le *Christ au tombeau*, statue couchée, en marbre blanc (grandeur nature). (41ᵉ div.)

ELIZALDE (Familles Salvador et Federico). — Dans une

---

1. M. P. Chapal, fondeur, nous écrit à la date du 9 septembre 1897 qu'il ne se souvient plus du nom du sculpteur qui a exécuté le modèle d'après lequel a été fondue la statue placée sur le tombeau de sa famille.

2. L'inscription funéraire nous apprend que la statue placée sur le tombeau de Courlot représente la *Douleur* sous les traits de sa femme.

chapelle, la *Prière*, statue en marbre blanc (H. 1^{m}35), représentée par une femme debout joignant les mains. (92e div.)

GAREAU (Pierre), négociant, décédé le 30 août 1815, à l'âge de 49 ans, et Françoise-Sophie BOUCHESEICHE, sa veuve, décédée le 5 janvier 1852. — Statue en marbre (H. 1^{m}35) : une jeune femme est assise sur un siège en marbre; elle est largement drapée et se cache la figure dans ses deux mains; les bras sont accoudés sur les genoux[1]. Gravée par *Collette*, d'après un dessin de *Quaglia*[2]. (10e div.)

GRAVET (Famille). — Statue en terre cuite (H. 0^{m}70) : une jeune femme, en pleurs, est voilée et accoudée du bras droit sur une urne funéraire. (5e div.)

HÉLOÏSE, abbesse du Paraclet, née à Paris en 1101, décédée à l'abbaye du Paraclet le 16 mai 1164, et ABÉLARD (Pierre), philosophe et théologien, né au Palet (Loire-Inférieure) en 1079, décédé à Saint-Marcel (Saône-et-Loire) le 21 avril 1142. — Monument composé par *Alexandre Lenoir* avec des fragments provenant d'une chapelle de l'abbaye du Paraclet et du tombeau du prieuré de Saint-Marcel. L'ensemble comprend un catafalque et une chapelle sépulcrale dans laquelle ont été déposés les restes d'Héloïse et d'Abélard. La chapelle, haute de 7 mètres environ, est ornée de colonnes, d'ogives et d'un clocher percé à jour, de bas-reliefs, des deux statues en pierre d'Héloïse et d'Abélard, et de leurs médaillons. Le tout date du XIIe siècle. Le transport de ce monument au cimetière du Père-Lachaise a eu lieu en mai et en juin 1817[3]. Gravé par *Collette*, d'après un dessin de *Quaglia*[4]. (7e div.)

KAULEK (Alexandrine-Éléonore DUCHÊNE, Mme A.-L.), décédée le 15 juin 1838, à l'âge de 25 ans. — Statue en fonte (H. 1^{m}22) : une jeune femme en pied, debout, semant des

---

1. Une descendante de Pierre Gareau, Mme veuve Gareau, nous écrit, à la date du 4 août 1897, que la statue placée sur le tombeau de sa famille a dû être exécutée vers 1815 ou 1816, mais qu'elle ne connaît pas le nom de l'artiste.

2. *Le Père-Lachaise*, etc., pl. IV.

3. Voy. *Archives du Musée des monuments français*. Paris, 1883-1897, 3 vol. in-8 (t. III, p. 209).

4. *Le Père-Lachaise*, etc., pl. XIX.

fleurs. Sur le socle est gravé : « A ma mère A K » (en monogramme) avec la date de 1866. (45ᵉ div.)

LE ROY et G. MAILAND (Familles). — Monument surmonté d'une statue en marbre (grandeur nature) : une jeune femme couchée, légèrement drapée, s'appuie de la main gauche sur une torche renversée ; la tête pose sur la main ; la bras droit est ramené sur la tête, la main tient des pavots. Cette sculpture est une reproduction avec quelques variantes de l'*Ariane* antique du Vatican. (25ᵉ div.)

MALET (Christophe-Édouard-François, comte de), « officier de cavalerie, veuf, en 1816, d'Athénaïs de Jumilhac, et depuis prêtre de la Sainte Église romaine, né à Paris le 25 juin 1784, décédé dans la même ville le 26 août 1843[1] ; » et Marie-Louise-Charlotte-Athénaïs CHAPELLE DE JUMILHAC, décédée le 5 janvier 1816. — Chapelle surmontée d'une statue en pierre (plus grande que nature) : Vierge assise tenant sur ses genoux l'Enfant Jésus debout. Gravée par *Collette*, d'après un dessin de *Quaglia*[2]. (18ᵉ div.)

LEBROC (Jean-Baptiste), statuaire, né à Paris le 17 novembre 1825, décédé en 1878. — Groupe en bronze (H. 0ᵐ60) : un génie funèbre est accoudé du bras gauche sur un motif décoratif composé d'amours et de fleurs ; le génie indique de la main droite des couronnes qu'il vient de tresser ; au centre est ménagé un cartel avec l'inscription : « *A Lebroc*, statuaire, 1825-1878. » (65ᵉ div.)

NUNES (Mercédès), décédée en 1890. — Statue en marbre (H. 1ᵐ25) : Ange ailé posé sur des nuages et ayant une étoile au front. (91ᵉ div.)

PINEYRO (Famille F.). — Tombeau en marbre blanc sur lequel est sculptée une croix couchée. Au sommet du tombeau, un piédestal rectangulaire surmonté d'une statue en marbre (H. 1ᵐ50) : l'*Espérance* représentée par une jeune fille en pied, debout, joignant les mains sur sa poitrine ; elle a une étoile au front et lève les yeux au ciel ; à sa droite, une

---

1. L'inscription funéraire nous apprend que le comte Malet est le fondateur de la congrégation de Sainte-Marie de Lorette et qu'il fut réuni à sa femme le 28 août 1843, jour anniversaire de leur mariage.

2. *Le Père-Lachaise*, etc., pl. XI.

ancre dont elle tient la chaîne ; à ses pieds, un livre sur lequel on lit : *Angelo*[1]. (1re div.)

REVILLON (Lise THOMASSIN, Mme), décédée le 27 décembre 1861, à l'âge de 25 ans, et Henri REVILLON, son fils, décédé le 5 mars 1869, à l'âge de 11 ans. — Tombeau surmonté d'une statue en marbre (H. 1m50) : une jeune femme ailée, en pied, debout, adossée à une croix, lève les yeux au ciel et croise les mains sur sa poitrine. (73e div., 1re section.)

SCHICKLER (Famille). — De chaque côté de la porte d'une chapelle est une Cariatide voilée. Celle placée à droite tient une branche de cyprès d'une main et de l'autre laisse tomber des pièces de monnaie ; celle de gauche tient une branche de cyprès et une torche renversée. Au-dessus de la porte est sculpté un écusson, de chaque côté duquel est un génie ; les deux génies soutiennent une guirlande de fruits, de cyprès, etc., servant de support à l'écusson. La chapelle a été construite en 1844 sur les dessins de *Marchebeus*, architecte[2]. (36e div.)

VOLPINI (Ambroglio), né à Crémone, décédé à Paris le 13 septembre 1871, à l'âge de 45 ans. — Statue en terre cuite. (Long. 1m75) : Volpini est représenté couché sur son tombeau ; la tête tournée vers l'épaule droite est posée sur un coussin. (67e div.)

WHITCOMB (Adolphus CARTER), né le 26 février 1827, décédé le 5 octobre 1888, et Félicité-Denise LESUEUR, veuve VION, née le 10 juillet 1818, décédée le 19 janvier 1891. — Sur la paroi du fond d'une chapelle est placé un médaillon d'homme, en plâtre (Diam. 0m48). Dans l'angle droit de la chapelle est une statue de femme, debout, en marbre blanc (grandeur nature). Elle a le bras droit levé ; la main tient une fleur qu'elle semble offrir au personnage représenté sur le médaillon. La chapelle a été construite sur les dessin de M. *Salvan*, architecte. (91e div.)

---

1. M. Pineyro, propriétaire du monument, en réponse à notre lettre du 21 juin 1897, nous informe que cette statue a été exécutée en Italie, mais qu'il ne se souvient plus du nom de l'artiste (23 juin 1897).

2. Renseignements fournis par M. le baron de Schickler (25 juin 1897).

II. — BUSTES

ANGOT (Catherine-Adélaïde CAGNON, femme d'Alexandre), née le 24 juin 1797, décédée à Paris le 11 février 1830. — Buste en bronze (H. 0 m 40)[1]. (9e div.)

BECKER (Famille). — Dans une chapelle, est un buste de femme, en plâtre. (H. 0 m 40). (23e div.)

BERTRAND (Jean-Amable-Vincent, baron), général de division, né à Bonifacio le 15 juillet 1790, décédé à Paris le 15 décembre 1876. — Buste en marbre (H. 0 m 65) surmontant une stèle. (19e div.)

BORDIN. — Un buste d'homme, en plâtre (H. 0 m 55) est placé dans une chapelle (44e div.)

BOURGOIN (Jean-Baptiste-Théodore), décédé en 1824, à l'âge de 36 ans. — Buste en bronze (H. 0 m 68).

BOY (J.-B.), fabricant de bronzes, décédé à Paris le 22 mars 1870, à l'âge de 52 ans. — Buste en bronze (H. 0 m 80) surmontant une stèle. (53e div.)

BRÉGUET (Abraham-Louis), horloger et mécanicien, membre de l'Académie des sciences, né à Neuchâtel (Suisse), le 10 janvier 1747, décédé à Paris le 17 septembre 1823. — Buste en bronze (H. 0 m 50)[2] (11e div.)

BRION (Hippolyte-Isidore-Nicolas), statuaire, né à Paris, décédé le 24 octobre 1863, dans sa 63e année. — Buste en marbre (H. 0 m 45). La partie supérieure du tombeau de l'artiste est décorée d'un groupe en bronze composé de deux génies nus, assis, adossés à une urne qui les sépare. Dans la partie inférieure est encastré un bas-relief en marbre blanc (H. 0 m 45. L. 0 m 40) : Ephèbe nu, debout, ayant dans la main droite une bille qu'il s'apprête à lancer au pied d'un

---

1. Mme Angot, belle-fille du personnage représenté, nous écrit, à la date du 9 juin 1897, qu'il lui a été impossible de se procurer le nom de l'artiste qui a sculpté le buste de sa belle-mère.

2. M. L. Halévy, membre de l'Institut, arrière-petit-fils de Bréguet, nous écrit à la date du 20 juin 1897, qu'il ignore le nom de l'artiste qui a exécuté le buste d'Abraham Bréguet.

arbre placé devant lui. Le monument de *Brion*, élevé sur les dessins d'*Alphonse Girard*, architecte, a été gravé par *Obermayer*[1]. (39e div.)

CADIAT (Nicolas), ingénieur civil, décédé à Toulon le 12 décembre 1856. — Buste en bronze (H. 0m 45). (52e div.)

CALLIAT (Charles-Philippe), inhumé le 25 novembre 1836, à l'âge de 65 ans. — Buste en terre cuite (H. 0m 55). (51e div.)

CERCOU (Marin), né à Azé (Mayenne), décédé à Paris le 24 avril 1822, à l'âge de 64 ans. — Buste en bronze (H. 0m 45), placé à l'intérieur d'une chapelle. (22e div.)

CHAGOT (Pre.-J.-Bte), né à Paris le 14 juillet 1759, décédé le 19 mars 1826. — Au sommet d'un tombeau est une niche dans laquelle est placé le buste en plâtre (H. 0m 35) de Chagot. Le monument de Chagot a été élevé par les soins de sa fille. (41e div.)

CHEREAU (Pierre-Charles), fabricant de billards, né à Vendôme (Loir-et-Cher) le 7 décembre 1794, décédé le 30 janvier 1855. — Buste en bronze (H. 0m 55)[2]. (39e div.)

COUTARD (Louis-François, comte de), général de division, né en 1769, décédé en 1852. — Buste en marbre (H. 0m 55). (37e div.)

DESBONNE (Charles). — Buste en plâtre (H. 0m 70) placé à l'intérieur d'une chapelle. (43e div.)

DESCLÉE (Aimée), artiste dramatique, née à Paris le 16 novembre 1836, décédée à Paris le 9 mars 1874[3]. — Buste en bronze (H. 0m 70) surmontant une stèle (70e div.)

FATTET (Jean-Pierre), décédé à Torcy (Seine-et-Marne) le 15 juin 1857, âgé de 66 ans, et Jean-Georges FATTET, décédé à Paris le 5 novembre 1874, âgé de 54 ans. — Monument surmonté d'un buste en marbre (H. 0m 50). De chaque

---

1. *Architecture funéraire contemporaine*, 2e section D, pl. IX.
2. M. Coquilla, petit-fils de Chereau, nous écrit, à la date du 20 août 1897, qu'il ignore le nom de l'artiste qui a sculpté le buste de son grand-père.
3. Vapereau, dans le *Dictionnaire des contemporains*, écrit : « 29 mars 1874. »

côté du socle supportant le buste est un ange ailé à genoux ; l'un des anges tient un flambeau renversé. (28e div.)

FOULD (Adèle BRULL, femme Louis), née à Brambourg en Franconie, décédée aux Eaux-Bonnes le 6 août 1839, âgé de 30 ans. — Buste en pierre (H. 0m49), engagé dans l'ogive médiane d'un monument vertical très orné et divisé en trois baies ; le tout surmonté de chouettes. Le monument de la famille Fould, élevé sur les dessins d'*Hector Moreau*, architecte, a été gravé par *L. Normand*[1]. (Cimetière israélite.)

FOURCROY (Antoine-François, comte), chimiste, membre de la Convention et du Comité de Salut public ; directeur général de l'Instruction publique, membre de l'Académie des sciences, née à Paris le 15 janvier 1755, décédé dans la même ville le 16 décembre 1809. — Buste en marbre (H. 0m52). (11e div.)

GARAT (Pierre-Jean), chanteur et compositeur, né à Ustaritz le 25 avril 1764, décédé à Paris le 1er mars 1823. — Buste en bronze (H. 0m60). Sur la face antérieure de la stèle supportant le buste est sculpté un bas-relief cintré en marbre blanc (H. 1m20. L. 0m60) : Allégorie de la musique représentée par une femme posée sur des nuages et touchant de la lyre. Dans la partie supérieure de la composition, une couronne de cyprès et des palmes en sautoir. (11e div.)

GIRARDIN (Jeanne-Henriette-Victoire de NAVAILLES, comtesse Louis de), née à Pau (Basses-Pyrénées) le 5 mai 1770, décédée le 7 juin 1818. — Buste en marbre blanc (H. 0m62). Le tombeau de la comtesse de Girardin, élevé sur les dessins de *Charles Percier*, architecte, a été gravé par *L. Normand*[2]. (8e div.)

GOBLET (Hylaire-Charles), potier de terre, né le 14 mars 1780, décédé le 20 avril 1825. — Buste en plâtre (H. 0m40) placé dans une niche. (22e div.)

GRÉGOIRE (Louis), statuaire, né en 1840, inhumé le 6 janvier 1890. — Buste en bronze (H. 0m55). (92e div.)

---

1. *Monuments funéraires*, etc., t. I, pl. XXXVI.
2. *Monuments funéraires*, etc., t. I, pl. XI.

Grétry (André-Ernest-Modeste), compositeur, membre de l'Institut, né à Liége le 11 février 1741, décédé à l'Hermitage d'Émile (Montmenrency, Seine-et-Oise) le 24 septembre 1813. — Buste en terre cuite bronzée (H. 0ᵐ 63). Le monument a été élevé par les neveux et les nièces de *Grétry*. (11ᵉ div.)

Herz (Henri), pianiste allemand, naturalisé français, né à Vienne le 6 janvier 1804, décédé à Paris le 5 janvier 1888. — Buste en plâtre (H. 0ᵐ 60), placé à l'intérieur d'une chapelle. (27ᵉ div.)

Hoffman (Clémentine Tanska), femme de lettres, née à Varsovie le 23 novembre 1798, décédé à Passy le 21 septembre 1845. — Stèle surmontée du buste de l'écrivain (H. 0ᵐ 45); à gauche de la stèle, une jeune fille ayant dans une main une corbeille de fleurs et dans l'autre une couronne de marguerites; à droite, une autre jeune fille, à genoux sur des livres, fait la lecture. Ces deux statues sont en bronze et mesurent 0ᵐ 90 et 1ᵐ 15 de hauteur. Sur la face antérieure de la stèle, on lit : « Klementine Z. Tanskich Hoffmanowey Ziomkowie 1848. » Sur le côté gauche du monument est gravé : « morte en exil où l'avaient conduite son patriotisme et son dévouement d'épouse. Monument élevé par la reconnaissance de ses compatriotes. » (26ᵉ div.)

Horne (Françoise Husset, Mᵐᵉ), décédée en 1870, à l'âge de 49 ans. — Buste en bronze (H. 0ᵐ 30). (69ᵉ div.)

Jecker (François-Antoine), mécanicien, né en 1765, décédé en 1834. — Buste en bronze (H. 0ᵐ 50). (6ᵉ div.)

Labenette-Corsse (Jean-Baptiste), artiste dramatique, décédé le 20 décembre 1815, à l'âge de 56 ans. — Buste en marbre (H. 0ᵐ 38) placé dans un enfoncement pratiqué dans la face antérieure du tombeau [1]. (20ᵉ div.)

Lacressonnière (Marguerite Gérinière, femme Lesot Delapenneterie, dite), artiste dramatique, décédée le 26 jan-

---

[1] M. J. Rondeau, petit-fils de *Labenette-Corsse*, nous écrit, à la date du 13 juin 1897, qu'il lui a été impossible de se procurer le nom de l'artiste qui a sculpté le buste de son grand-père.

vier 1859, à l'âge de 42 ans. — Buste en bronze (H. 0^m 55) : elle est représentée tenant un masque de la main droite. Le monument de l'artiste a été élevé par ses amis[1]. (12e div.)

LAVALETTE (Antoine-Marie CHAMANS, comte de), aide de camp de Bonaparte, directeur général des Postes sous l'Empire, conseiller d'État, né à Paris en 1769, décédé dans la même ville le 15 février 1830, et la comtesse de LAVALETTE, née de BEAUHARNAIS, décédée le 18 juin 1855. — Buste en bronze (H. 0^m 45) du comte de Lavalette. Dans la face antérieure du monument est encastré un bas-relief en marbre blanc (H. 0^m 40. L. 0^m 95) : une cellule de prison; au centre, la comtesse de Lavalette suppliant son mari de lui laisser prendre sa place; dans l'angle gauche, un lit. Une jeune fille écoute au guichet. (36e div.)

LEBLANC (César-Nicolas-Louis), professeur de dessin au Conservatoire des arts et métiers, né le 8 juillet 1787, décédé le 25 novembre 1835. — Buste en bronze (H. 0^m 47) surmontant une stèle. (11e div.)

LENORMAND (Marie-Anne-Adélaïde), cartomancienne, née à Alençon le 27 mai 1772, décédée à Paris, « rue de la Santé, n° 11 », le 23 juin 1843.—Buste en plâtre (H. 0^m 50), placé dans une chapelle[2]. (3e div.)

LOUIS (Mme Pierre-Thomas), née DUC, née à Évricourt (Oise), décédée à Paris le 31 août 1842, à l'âge de 57 ans. — Buste en terre cuite (H. 0^m 58). Dans le fronton du monument sous lequel est placé le buste, on lit : « A Mme Louis, née Duc, les doreurs sur bois et ses amis. » Et sur la face postérieure : « Son bonheur était de travailler et de faire travailler son prochain. » (2e div., 2e section.)

MANGET (Louis-Joël), docteur médecin, né à Genève (Suisse) le 1er mars 1817, décédé à Paris le 22 novembre 1867[3]. — Buste en terre cuite (H. 0^m 52). (66e div.)

---

1. L'acteur Lacressonnière s'étant remarié, sa veuve nous écrit, à la date du 21 septembre 1897, qu'elle ne connait pas le nom de l'artiste qui a sculpté le buste de *Marguerite Gérinière*.

2. A la date du 20 juin 1897, M. A. Buron, propriétaire de cette tombe, nous écrit que, malgré les recherches qu'il a faites, il lui a été impossible de découvrir le nom de l'artiste qui a modelé le buste de Mlle Lenormand.

3. Manget fut, pendant vingt ans, médecin du bureau de bienfaisance du X° arrondissement.

Martignon (Famille). — Buste de femme, en marbre (grandeur nature) placé dans une chapelle. (5ᵉ div.)

Melzessard (C.-T.). — Stèle surmontée d'un buste en bronze (H. 0ᵐ70). Sur le piédouche est gravé : « C. T. Melzessard. » (66ᵉ div.)

Musias (Famille). — Buste de femme, en plâtre (H. 0ᵐ30), placé dans l'intérieur d'une chapelle. (45ᵉ div.)

Naveau (Louis), décédé le 29 mars 1887, à l'âge de 82 ans. — Buste en pierre (H. 0ᵐ50) surmontant une stèle également en pierre. (34ᵉ div.)

Perras (François), décédé le 15 décembre 1870, dans sa 46ᵉ année. — Buste en marbre (H. 0ᵐ63). (61ᵉ div.)

Paterson (Gilles-Jean), directeur de la comptabilité de l'ancienne Caisse d'amortissement, né en 1745, décédé en 1825. — Buste en terre cuite (H. 0ᵐ47), placé dans un enfoncement pratiqué dans la face antérieure d'une stèle en pierre. (17ᵉ div.)

Plaisir, décédé le 4 mars 1829, à l'âge de 44 ans. — Buste en marbre (H. 0ᵐ58). (9ᵉ div.)

Prin (J. C.), né le 1ᵉʳ août 1803, décédé le 11 novembre 1836. — Dans la face antérieure d'une stèle est encastré un médaillon en bronze (Diam. 0ᵐ12) : à droite est gravé en exergue, « I B. C. Prin », et à gauche horizontalement « A͞NO MDCCCXXXIII. » Un buste en terre cuite est placé sur la pierre tumulaire. (H. 0ᵐ45). (32ᵉ div., 1ʳᵉ section.)

Roman (Jean-Baptiste-Louis), sculpteur, membre de l'Institut, né à Paris le 31 octobre 1792, décédé dans la même ville le 11 février 1835. — Buste en marbre (H. 0ᵐ55)[1]. La colonne circulaire supportant le buste est gravée par *L. Normand*[2]. (53ᵉ div.)

---

1. Par sa lettre du 27 octobre 1897, Mᵐᵉ Veuve A. Beugnier, petite-nièce de *Roman*, incline à croire que le buste de son grand-oncle a été exécuté en 1835 par *F. Rude* ; mais en l'absence d'un document certain nous n'osons inscrire le buste en question sous le nom de *Rude*.

2. *Monuments funéraires*, etc., t. II, pl. XLIV.

ROUTHIER (Michel-Ferdinand), « avocat à la Cour royale de Paris, auteur de plusieurs ouvrages sur le droit français et sur le droit romain, décédé le 20 décembre 1823, avant sa 25e année. » — Buste en marbre (H. 0m 40), placé dans une niche vitrée. (13e div.)

RUMFORD (Marie-Anne-Pierrette PAULZE LAVOISIER, comtesse de), née à Montbrison le 20 janvier 1758, décédée le 10 février 1836. — Buste en pierre (H. 0m 50). Le monument, décoré du buste de la comtesse de Rumford, « lui a été élevé par la reconnaissance de sa petite-nièce Mme L. de Chazelles, née de Sugny. » (13e div.)

SALCEDO (Famille de). — Buste de femme, en marbre (H. 0m 50), placé dans une chapelle. (19e div.)

SALLES (Alphée-Marie LAVEISSIÈRE, Mme), décédée le 1er septembre 1861, à l'âge de 32 ans. — Buste de femme, en marbre (H. 0m 28), placé dans une chapelle. (18e div.)

SANFOURCHE (Daniel), décédé le 2 mars 1865, dans sa 69e année. — Buste en bronze (H. 0m 55), portant la date de 1862, et une signature illisible. (60e div.)

SCHLOSS (Henri), né en 1796, décédé en 1840. — Buste en marbre (H. 0m 65). Sur la plinthe, on lit : « Buste offert par ses ouvriers reconnaissants[1]. » (Cimetière Israélite.)

SECONDAT (Jean), né le 30 avril 1793, décédé le 13 février 1830. — Buste en bronze (H. 0m 49). (6e div.)

SENONNES (Alexandre de LAMOTE BARACÉ, vicomte de), « lieutenant de cavalerie, secrétaire de la Chambre du Roi, secrétaire général des musées royaux, secrétaire général du ministère de la Maison du Roi, conseiller d'État, membre de l'Institut, né le 3 juillet 1781, décédé le 21 mars 1840. » — Au fond d'une chapelle, au-dessus de l'autel, est le médaillon en marbre blanc (Diam. 0m 60) de Marie-Geneviève MARCOZ, vicomtesse de SENONNES, décédée le 25 avril 1828. Sur le devant d'autel est placé un bas-relief en marbre blanc (H. 1m. L. 0m 80) : un génie, nu, est accoudé du bras droit sur

---

1. A la date du 22 juin 1897, Mme Schloss nous écrit qu'elle ne se souvient pas du nom de l'artiste qui a sculpté le buste de Henri Schloss.

une urne funéraire ; il tient de la main gauche un flambeau renversé. Le bas-relief, seulement, est gravé par *L. Normand*[1]. (45ᵉ div.)

Touvoye (Auguste), né à Savignies en 1774, décédé le 26 février 1831. — Buste en bronze (H. 0ᵐ 57). (9ᵉ div.)

Zborowski (Isabelle, femme de Martin) de la Nouvelle Jersey, fille de Peyton Randolphe Key, de Kentucky, décédée à Paris le 30 janvier 1873. — Buste en marbre blanc (H. 0ᵐ55). (54ᵉ div.)

III. — BAS-RELIEFS

Bicquelin (Charles), botaniste, décédé le 4 juillet 1828, à l'âge de 52 ans. — Bas-relief en marbre (H. 0ᵐ 44. L. 0ᵐ 55) : jeune femme assise traçant, à l'aide d'un style, sur un monument funéraire simulé : « Je te suis, homme vertueux, époux chréti... » (28ᵉ div.)

Borsa, dite Mazzetty (Mélanie-Josèphe Dequesne, femme de Charles-François-Jean-Baptiste), née à Beaumont en Hainaut le 18 janvier 1771, décédée à Paris le 25 janvier 1815. — Haut relief sculpté dans la partie inférieure d'une table verticale en marbre. Deux génies funèbres dont l'un, drapé, debout, s'accoude sur un monument simulé, et se voile tandis que le deuxième génie, nu, assis, tient d'une main un flambeau renversé et de l'autre un écusson sur lequel sont gravées les lettres D et B en monogramme. (13ᵉ div.)

Brongniart (Alexandre-Théodore), architecte, né à Paris en 1739, décédé le 6 juin 1813. — Bas-relief en pierre (H. 1ᵐ. L. 0ᵐ 90) représentant, dans la partie supérieure, le palais de la Bourse ; au-dessous, une allégorie de l'*Architecture*, sous les traits d'une jeune femme en pleurs, voilée, assise à terre, et accoudée du bras gauche sur un chapiteau simulé ; d'une main elle tient un compas, et de l'autre soulève son voile. Gravé par *L. Normand*, d'après un dessin de *Boisse-*

---

1. *Monuments funéraires*, etc., t. I, pl. xxiii.

lier[1], et par *Collette*, d'après un dessin de *Quaglia*[2]. (11ᵉ div.)

BRONGNIART (Alexandre), chimiste et géologue, ingénieur des mines, professeur d'histoire naturelle et de minéralogie, directeur de la manufacture de Sèvres, membre de l'Académie des sciences, né à Paris le 5 février 1770, décédé le 7 octobre 1847. — Vase en bronze (H. 0ᵐ 80. Diam. 0ᵐ 36), à anses relevées, décoré, en relief, de nombreux personnages dont la plupart sont drapés à l'antique. Au centre, la *Nature*, d'après une figure de Diane d'Éphèse. Sur le col du vase, entre des enroulements de fleurs et de feuillage, est le portrait de Brongniart, entouré d'une guirlande de chêne. (11ᵉ div.)

BURGÈS (Charlotte-Éliza), fille de feu David BURGÈS, de la Compagnie des Indes Orientales, décédée à Paris le 18 janvier 1823, à l'âge de 21 ans. — Bas-relief en marbre (H. 0ᵐ 57. L. 0ᵐ 48) : un petit génie nu, ailé, s'appuie de la main droite sur une lyre, pendant que de l'autre main il dépose une couronne d'immortelles sur une urne funéraire; du pied gauche il renverse une sphère; dans la partie inférieure sont des livres, une palette et des pinceaux. Gravé par L. *Normand*[3]. (10ᵉ div.)

COLLOT (Famille). — De chaque côté de la porte d'une chapelle, à fronton triangulaire, est un bas-relief sculpté dans la pierre (H. 1ᵐ 23. L. 0ᵐ 52). Dans celui de gauche : un éphèbe debout, nu, ailé, couronné d'une branche de cyprès, est accoudé du bras gauche sur un monument simulé placé devant lui; de la main droite, il pose une couronne de fleurs et de cyprès sur le monument. Dans celui de droite : un éphèbe debout, nu, ailé, couronné d'une branche de chêne, s'accoude du bras droit sur un édicule simulé sur lequel il pose une branche de cyprès[4]. La chapelle de la famille Collot, élevée sur les dessins de *Visconti*, architecte, a été gravée par L. *Normand*[5]. (6ᵉ div.)

---

1. *Monuments funéraires*, etc., t. I, pl. LXI.
2. *Les cimetières de Paris*, etc., pl. V.
3. *Monuments funéraires*. etc., t. I, pl. XVIII.
4. M. le marquis de Lillers, propriétaire actuel de la chapelle, veut bien nous écrire, à la date du 25 juin 1897, qu'il ne connaît pas le nom de l'artiste qui a sculpté les deux bas-reliefs, et que la chapelle a dû être construite pendant la période comprise entre 1820 et 1830.
5. *Monuments funéraires*, etc., t. II. pl. XIV et XV.

CRUSSOL D'UZÈS (Alexandre-Emmanuel BAILLI de), général, pair de France, capitaine des gardes du corps du comte d'Artois, décédé le 27 décembre 1815. — Monument dont les faces latérales sont décorées de deux bas-reliefs en marbre (H. 1 m 50. L. 1 m 30). Celui de droite représente une femme assise au pied d'un saule pleureur et posant la tête sur une urne funéraire placée devant elle. Gravé par *Collette*, d'après un dessin de *Quaglia*[1]. Celui de gauche : jeune femme drapée à l'antique, assise, la tête couronnée d'épines ; elle est accoudée sur la Bible et l'Évangile, et tient une croix de la main droite ; de l'autre main elle remet une couronne de laurier à un génie ailé qui s'apprête à la déposer sur un buste d'homme simulé. Ce monument a été élevé par Mme la marquise de Grollier, tante du général[2]. (18e div.)

DECRÈS (Denis, duc), amiral, ministre de la guerre, décédé le 7 décembre 1821. — Monument rectangulaire, en pierre. Aux quatre angles, des génies ailés, debout, soutiennent d'énormes guirlandes de laurier. Les quatre faces sont décorées de bas-reliefs. Face antérieure : Blason avec une décoration. Face postérieure : Ancre entourée d'un triton, d'un trident et d'un caducée. Les deux autres faces représentent des épisodes de la vie de l'amiral. Côté droit : *Combat du Guillaume-Tell devant Malte le 30 mars 1800*. Côté gauche : *Remorque portée au Glorieux. Combat du 12 avril 1782*. Les bas-reliefs mesurent 1 m 60 et 2 m 70 de largeur et 1 m 50 de hauteur. Gravé par *Collette*, d'après un dessin de *Quaglia*[3]. (39e div.)

DURANT (Susan D.), statuaire, décédée le 1er janvier 1873. — Bas-relief circulaire en bronze (Diam. 0 m 48) : chœur de jeunes filles chantant ; deux anges ailés tiennent un livre ouvert. Signé *H. T.* en monogramme, *1872*. (56e div.)

GAVET (J.), « propriétaire du domaine de Monceau, près Tournon (Seine-et-Marne), maire de sa commune, décédé au

---

1. *Le Père-Lachaise*, etc., pl. XII.
2. M. Thuault nous écrit, le 21 juillet 1897, que, malgré maintes recherches, il lui a été impossible de découvrir le nom de l'artiste qui a exécuté la sculpture décorative du tombeau de la famille Bailli de Crussol.
3. *Les cimetières de Paris*, etc., pl. XVII.

château de Montceau le 6 décembre 1836, dans sa 81e année. »
— Demi-ronde bosse en marbre blanc (H. 0ᵐ 65) : un petit
génie nu, en pleurs, s'essuie les yeux d'une main, pendant
que de l'autre main il tient une torche renversée. (43e div.)

JUIGNÉ (Famille). — Chapelle en pierre. Dans la face
antérieure sont sculptées en haut-reliefs (H. 0ᵐ 40) la *Foi*,
l'*Espérance* et la *Charité*. M. Rocle, marbrier, possède le
modèle d'une de ces figures. La chapelle a été construite sur
les dessins d'*Isabey*, architecte. (29e div.)

LABÉDOYÈRE (César-Raphaël HUCHET, comte de), sénateur,
né le 2 octobre 1814, décédé le 9 août 1867. — Bas-relief en
marbre (H. 0ᵐ 27. L. 0ᵐ 40) : une jeune femme voilée est
agenouillée près d'une urne funéraire ; elle attire à elle un
jeune enfant nu qui lui tend les bras ; des cyprès s'élèvent de
chaque côté. Gravé par *Collette*, d'après un dessin de *Quaglia*[1]. (16e div.)

LA FONTAINE (Jean de), fabuliste, né à Château-Thierry,
le 8 juillet 1621, décédé à Paris le 13 avril 1695. — Sarcophage
en pierre surmonté d'un Renard en bronze (H. 0ᵐ 25). Les
faces latérales sont décorées de deux bas-reliefs en bronze repro-
duisant les scènes de deux des fables de La Fontaine : *Le Loup
et l'Agneau* et *Le Loup et la Cigogne*. Le sarcophage de La Fontaine, qui a fait partie du Musée des Monuments français, a
été transporté au Père-Lachaise le 6 mars 1817[2]. Gravé par
Guyot[3], par *L. Normand*, d'après un dessin de *Boisselier*[4],
et par *Collette*, d'après un dessin de *Quaglia*[5]. (25e div.)

MOLZ (Famille Henry). — Chapelle dont la partie supérieure
est entièrement composée de bronze et surmontée d'une croix.
Dans le fronton de la chapelle est un bas-relief méplat, également en bronze, représentant une allégorie de la Mort, sous
les traits d'une jeune femme vue à mi-corps, couverte d'un
voile transparent, et coupant des fleurs à l'aide d'une faucille.

---

1. *Le Père-Lachaise*, etc., pl. II.
2. Voy. *Archives du Musée des Monuments français*, t. III, p. 236-240.
3. *Musée des Monuments français*, etc., par Alexandre Lenoir. Paris, 1800-1806,
5 vol. in-8 (t. V, pl. 200).
4. *Monuments funéraires*, etc., t. I, pl. XLII.
5. *Le Père-Lachaise*, etc., pl. IV.

PERROLLE (Antoine), décédé à Paris le 11 mai 1827, à l'âge de 63 ans. — Une chapelle dans laquelle est placé un bas-relief en marbre blanc (H. 0ᵐ 80. L. 0ᵐ 45) : une jeune femme en pleurs, debout, est voilée; elle pose la main droite sur une urne funéraire surmontant une colonne circulaire. La chapelle a été construite sur les dessins de *A. Sauvage,* architecte. (13ᵉ div.)

ROBERTSON (Étienne-Gaspard), « physicien, aéronaute, perfectionna le miroir d'Archimède, » né à Liége en 1763 [1], décédé aux Batignolles le 2 juillet 1837. — Monument rectangulaire en granit surmonté d'un sarcophage, de forme antique. L'entablement de ce monument est décoré de têtes de femmes et de crânes ailés, de guirlandes, de serpents enroulés sur des branches de cyprès, etc. Les faces latérales sont décorées de deux bas-reliefs en pierre (H. 0ᵐ 90. L. 1ᵐ 55). Dans celui de gauche : une foule est attentive à suivre du regard un ballon qui s'élève dans les airs. Dans celui de droite : le *Jugement dernier* : un squelette, couvert de son suaire, plane dans les airs et sonne de la trompette; une foule paraît effrayée à la vue de deux squelettes, enveloppés de leurs suaires, qui sortent d'une caverne et s'avancent vers elle; un dragon rugissant s'avance également dans la direction de la foule. Le monument est en outre décoré aux quatre angles de têtes de mort à ailes de chauve-souris. (8ᵉ div.)

ROUXEL (Famille). — Chapelle dont le fronton est décoré d'un haut-relief en pierre (H. 0ᵐ 60. L. 0ᵐ 70) : Trois anges ailés sont posés sur des nuages; celui qui est placé au centre a dans ses mains une banderole dont les extrémités sont tenues par les deux autres anges. On lit sur la banderole : *Spes illorum immortali…* La chapelle est surmontée d'une statue en pierre (H. 1ᵐ 25) : un ange a un genou en terre et les bras croisés sur la poitrine; il lève les yeux au ciel dans l'attitude de la prière. (14ᵉ div.)

TENRET (Jean-Joseph), décédé le 19 janvier 1834, à l'âge de 80 ans, et Marie-Thérèse Mosset, femme TENRET, décédée le 7 juillet 1809, à l'âge de 48 ans. — Haut-relief en marbre

1. Desobry écrit 1762.

blanc (H. 1ᵐ 12. L. o 54) : un génie nu, ailé, debout, en pleurs, s'appuie des deux bras sur une table de marbre placée verticalement, sur laquelle sont gravées les inscriptions[1]. (4ᵉ div., 2ᵉ section.)

Vigier (Famille du comte Achille). — Monument décoré d'un bas-relief cintré, en marbre (H. 0ᵐ 80. L. 2ᵐ) : deux petits anges sont en adoration devant une croix qui les sépare. Le monument a été construit sur les dessins de *J. Lecomte*, architecte, et gravé par *L. Normand*[2], par *Marlier*, d'après un dessin de *Demont*[3], et par *Collette*, d'après un dessin de *Quaglia*[4]. (39ᵉ div.)

IV. — MÉDAILLONS.

Aboville (François-Marie, comte d'), pair de France, lieutenant général, né à Brest le 23 janvier 1730, décédé à Paris le 1ᵉʳ novembre 1817[5]. — Chapelle dont les angles de la face antérieure comportent deux canons en bronze, debout, formant pilastres et où sont gravés les noms de batailles auxquelles a pris part le lieutenant général. Dans le fronton de la chapelle est placé le médaillon en marbre (Diam. 0ᵐ 40) du comte d'Aboville[6]. Gravé par *Collette*, d'après un dessin de *Quaglia*[7]. (25ᵉ div.)

Beauvisage (Antoine-Jean), manufacturier, né à Paris le 6 mai 1786, décédé le 25 mai 1836. — Demi-ronde bosse en bronze (Diam. 0ᵐ 37) ; au-dessous du médaillon est gravé : « A.-J. Beauvisage, par ses ouvriers reconnaissants. » (4ᵉ div., 2ᵉ section).

Boieldieu (François-Adrien), compositeur, membre de

---

1. Nous relevons ces mots : «Leurs enfants pour perpétuer leur mémoire leur ont consacré ce monument. »
2. *Monuments funéraires*, etc., t. I, pl. xl.
3 *Recueil de divers tombeaux*, etc., pl. viii.
4. *Le Père-Lachaise*, etc., pl. xiv.
5. Lalanne écrit par inadvertance « 1819 ».
6. M. le vicomte d'Aboville, petit-fils du pair de France, nous écrit, à la date du 13 septembre 1897, que, malgré ses recherches, il lui a été impossible de se procurer le nom de l'artiste qui a sculpté le médaillon de son grand-père.
7. *Le Père-Lachaise*, etc., pl. xiii.

l'Institut, né à Rouen le 15 décembre 1775, décédé à Jarcy, près Grosbois, le 8 octobre 1834. — Tombeau de forme antique. Sur la face antérieure, un médaillon ovale, en marbre (H. 0ᵐ 95. L. 0ᵐ 65), renfermant le profil du compositeur, une lyre dont les cordes sont fixées, des manuscrits et deux branches de laurier. Au fronton du monument est sculptée la tête de Minerve dans un médaillon. Le monument de *Boieldieu* a été élevé au moyen d'une souscription nationale. (11ᵉ div.)

BOYER (Marguerite-Louise PIOCHE, veuve), née en 1767, décédée à Paris le 10 janvier 1842. — Médaillon en bronze (Diam. 0ᵐ 35). (26ᵉ div.)

BROSSARD (Pierre-Augustin), décédé le 30 juin 1875, à l'âge de 75 ans. — Médaillon en bronze (Diam. 0ᵐ 21). — BROSSARD (Marie-Marguerite-Adélaïde), décédée le 29 décembre 1866, dans sa 74ᵉ année. — Médaillon en bronze (Diam. 0ᵐ 21). (61ᵉ div.)

CARTIER DE VEY (Mˡˡᵉ). — Médaillon en marbre blanc (Diam. 0ᵐ 35 environ), encastré dans le fronton d'une chapelle[1]. (60ᵉ div.)

CELLERIER (Jacques), architecte et ingénieur en chef de la généralité des bâtiments civils au ministère de l'Intérieur, né le 11 novembre 1742, décédé le 28 mars 1814. — Médaillon en bronze (Diam. 0ᵐ 30). (24ᵉ div.)

COMPANS (Louise-Octavie LECOCQ, comtesse), femme de Jean-Dominique, comte COMPANS, pair de France, lieutenant général des armées du Roi, née le 8 septembre 1792, décédée le 13 juin 1816. — Monument en marbre blanc composé d'un cippe surmonté d'une urne dans la face antérieure de laquelle est sculpté un médaillon ovale (H. 0ᵐ 25. L. 0ᵐ 20) représentant une figure de femme voilée. Sur la face antérieure du cippe est sculpté un bas-relief (H. 0ᵐ 27. L. 0ᵐ 35) ayant pour sujet un nid de colombes ; la mère meurt percée d'une flèche. (38ᵉ div.)

---

1. A la date du 22 juillet 1897, M. Cartier de Vey nous écrit qu'il ne se souvient plus du nom de l'artiste qui a sculpté le médaillon de sa fille.

COUDER (A.-L.-F.-Cornélie STOUF, femme d'Auguste), décédée en 1823, à l'âge de 26 ans. — Médaillon en marbre blanc (Diam. 0ᵐ 28). (27ᵉ div.)

DAVID (Jacques-Louis), peintre, né le 31 août 1748, décédé le 29 décembre 1825. — Médaillon en bronze (Diam. 0ᵐ 47)[1] gravé par *L. Normand*[2] et par *Collette*, d'après un dessin de *Quaglia*[3]. (56ᵉ div.)

DÉSAUGIERS (Marc-Antoine-Madeleine), chansonnier et vaudevilliste, né à Fréjus le 17 novembre 1772, décédé à Paris le 9 août 1827. — Médaillon en marbre (Diam. 0ᵐ 35). Le monument de Désaugiers a été élevé à sa mémoire par ses amis. A la base du monument est gravé : « *Dubuc*, sculpteur-marbrier du roi. »[4] (22ᵉ div.)

DESNOYERS (François), décédé le 14 juillet 1848, à l'âge de 74 ans. — Médaillon en fonte (Diam. 0ᵐ 30). Signé : *P. D.* — DESNOYERS (Pierre), décédé le 16 décembre 1849, à l'âge de 75 ans. — Médaillon en fonte (Diam. 0ᵐ 30). Signé : *P. D.* (39ᵉ div.)

DEURBERGUE (Louis), ciseleur, né le 23 décembre 1815, décédé le 4 février 1868. — Médaillon en bronze (Diam. 0ᵐ 20) encastré dans la face antérieure d'une stèle[5]. (55ᵉ div.)

GALLOT (Jean-Léopold), né en 1820, décédé en 1882. — Médaillon en bronze (Diam. 0ᵐ 20). (36ᵉ div.)

GÉMOND (Cornélie), née le 27 août 1796, décédée le 19 avril 1822. — Médaillon en bronze (Diam. 0ᵐ 80), placé sur l'une des faces d'une haute pyramide en pierre. (24ᵉ div.)

GERBELLOT (Caroline-Hyacinthe MEIGNEN, Mᵐᵉ), dite BARILLOT, décédée le 20 octobre 1846, dans sa 28ᵉ année. — Médaillon ovale en bronze (H. 0ᵐ 25. L. 0ᵐ 19). (61ᵉ div.)

---

1. A la date du 27 juillet 1897, M. *Léon Brey*, architecte, nous informe que malgré ses recherches, il lui a été impossible de découvrir le nom du sculpteur qui a modelé le médaillon de *Louis David*.

2. *Monuments funéraires*, etc., t. I, pl. I.

3. *Le Père-Lachaise*, etc., pl. II.

4. Mᵐᵉ E. Désaugiers nous écrit, à la date du 27 juin 1897, qu'elle ignore le nom de l'artiste qui a sculpté le médaillon.

5. M. G. Latapie, beau-père du fils de *Louis Deurbergue*, nous écrit le 17 octobre 1897 que, malgré ses recherches, il n'a pu découvrir le nom de l'artiste qui a modelé le médaillon de *Louis Deurbergue*.

Geslin (René), négociant à Nantes, né dans cette ville le 3 mai 1739, décédé à Paris le 20 juin 1818. — Médaillon en marbre (Diam. 0 ^{m} 40). (20e div.)

Godoy (Don Manuel), « principe de la Paz, duque de la Alcudia », né à Badajoz le 12 mai 1767, décédé à Paris le 4 octobre 1851. — Médaillon ovale, en marbre (H. 0 ^{m} 45. L. 0 ^{m} 40). (45e div.)

Goujon aîné (Famille). — Deux médaillons ovales en marbre (H. 0 ^{m} 18. L. 0 ^{m} 13) sont encastrés dans la face antérieure d'un tombeau de forme antique. (71e div., 1re section.)

Gourdon (Joseph), statuaire, décédé le 10 novembre 1860, à l'âge de 29 ans. — Médaillon en marbre blanc (Diam. 0 ^{m} 37). (28e div.)

Grisar (Albert), compositeur, né à Anvers le 25 décembre 1808, décédé le 15 juin 1869. — Médaillon en marbre blanc (Diam. 0 ^{m} 45). (71e div., 1re section.)

Jobert (J.-B.), né à Beaune le 9 janvier 1767, décédé à Paris le 15 avril 1840. — Médaillon en bronze (Diam. 0 ^{m} 40). Signé illisiblement. (45e div.)

Jollivet (André), décédé le 16 juin 1864, à l'âge de 46 ans. — Demi-ronde bosse en marbre (H. 0 ^{m} 35). (58e div.)

Jomart (Edme-François), géographe, orientaliste, membre de l'Institut, né à Versailles le 22 novembre 1777, décédé le 23 septembre 1862. — Médaillon en marbre blanc (Diam. 0 ^{m} 26). (49e div., 2e section.)

Legendre (Rose), décédée en 1820, à l'âge de 24 ans. — Médaillon en bronze (Diam. 0 ^{m} 31) (25e div.)

Lemoine (Alexandre-André-Joseph), décédé le 5 mars 1830, âgé de 24 ans. — Médaillon en bronze (Diam. 0 ^{m} 30). (18e div.)

Maurice (Louis-Joseph), peintre, né à Nancy le 4 juin 1731, décédé à Paris le 21 mai 1820. — Médaillon en marbre (Diam. 0 ^{m} 40), gravé par *L. Normand* [1]. (27e div.)

1. *Monuments funéraires*, etc., t. I, pl. LXVI.

Mongrolle (Victor), décédé le 3 septembre 1847. — Médaillon en bronze (Diam. 0ᵐ 35), daté de 1847. (2ᵉ div.)

Nainer (François-Claude), né en 1813, décédé en 1864. — Médaillon en bronze (Diam. 0ᵐ 19). (61ᵉ div.)

Odiot (Jean-Baptiste-Claude), orfèvre, né à Paris le 8 juin 1763, décédé dans la même ville le 23 mai 1850. — Médaillon en marbre blanc (Diam. 0ᵐ 67)[1]. (4ᵉ div., 2ᵉ section.)

Oliveira Arruda (le chevalier Dominiciand de), né le 8 mars 1808, décédé le 18 juin 1849. — Médaillon en marbre blanc (Diam. 0ᵐ 40). (29ᵉ div.)

Payen (Jean-François), docteur en médecine, né en 1800, décédé en 1870. — Médaillon en bronze (Diam. 0ᵐ 25). — Payen (Marie-Clémence Maillard, femme), née en 1806, décédé en 1866. — Médaillon en bronze (Diam. 0ᵐ 25). Ces deux médaillons sont encastrés dans la face antérieure d'un cippe vertical. (44ᵉ div.)

Pertat (Jean-Baptiste-Étienne), « greffier du tribunal du département de la Seine, décédé en 1857. » — Médaillon en bronze (Diam. 0ᵐ 35). (51ᵉ div.)

Philippi (Carl-Léopold), né en 1842, décédé en 1871. — Médaillon en bronze (Diam. 0ᵐ 22). Daté de 1879. (66ᵉ div.)

Pithou (Nicolas-Pierre), peintre, né le 16 juin 1750, décédé le 7 février 1818. — Médaillon ovale, en stuc, (H. 0ᵐ 37. L. 0ᵐ 28). (11ᵉ div.)

Poux (Famille). — Médaillon d'homme, en bronze (Diam. 0ᵐ 27). (42ᵉ div.)

Prazmowski (Adam), savant, auteur d'instruments d'optique, directeur de l'Observatoire de Varsovie, né le 15 mars 1821, décédé le 5 février 1885[2]. — Médaillon en bronze (Diam. 0ᵐ 35). Signé illisiblement. (41ᵉ div.)

---

1. M.-G. Odiot, petit-fils de l'orfèvre, nous écrit, à la date du 30 juin 1897, qu'il ne connaît pas le nom de l'artiste qui a sculpté ce médaillon.
2. Renseignements fournis par M. le docteur Lewenhard (17 octobre 1897).

PRÉVÔT (Jean-Pierre), président de la société des « Bons humains », né en 1811, décédé en 1878. — Médaillon en bronze (Diam. 0ᵐ 15). (86ᵉ div.)

SMITH (Sir William SIDNEY), amiral, né le 21 juin 1764, décédé le 26 mai 1840. — Médaillon en marbre blanc (Diam. 0ᵐ 40)[1]. (43ᵉ div.)

TARGET (Gui-Jean-Baptiste), avocat au Parlement, membre de l'Académie française, député aux États généraux, juge en la cour de cassation, né à Paris le 6 décembre 1733, décédé aux Molières (Seine-et-Oise) le 9 septembre 1806. — Médaillon en marbre blanc. (Diam. 0ᵐ 45)[2]. (11ᵉ div.)

VANDENBERGUE (Eugénie PELLEGRINI, Mᵐᵉ), décédée le 24 juillet 1889, à l'âge de 36 ans. — Médaillon en terre cuite (Diam. 0ᵐ 35). (44ᵉ div.)

VIROLET (Jean-Baptiste), né en 1821, décédé en 1891. — Médaillon en marbre (Diam. 0ᵐ 45)[3]. (91ᵉ div.)

ZACHAREZUK (Pauline), née le 31 mai 1850, décédée le 28 avril 1870. — Médaillon en marbre (Diam. 0ᵐ 31). (54ᵉ div.)

V. — DIVERS.

BÉGUIN (Famille). — Édicule surmonté d'une levrette couchée, en bronze. (59ᵉ div.)

BILLON (André), commandant d'armes, décédé à Paris le 5 mars 1820, et Sophie-Rosalie GANNERON, sa femme, décédée en 1818. — Monument en granit au centre duquel est sculptée une flamme renversée. Au sommet, un coq en bronze (H. 0ᵐ 45). (10ᵉ div.)

---

1. *David d'Angers* a modelé, en 1834, le médaillon de ce personnage. Le bronze mesure 0ᵐ 16 de diamètre. Il se peut que le marbre anonyme du tombeau soit une copie agrandie de l'œuvre de *David*.

2. M. Ph. Target, petit-fils du député aux États Généraux, nous écrit, à la date du 10 octobre 1897 qu'il ne connait pas le nom de l'artiste qui a sculpté le médaillon de son grand-père.

3. A la date du 16 septembre 1897, M Léon Virolet, fils du personnage représenté, nous écrit que le médaillon fut modelé par un artiste italien (dont il ignore le nom), lors d'un voyage de son père à Florence, au cours de l'année 1869.

Bourgoin (Thérèse-Étiennette), sociétaire de la Comédie-Française, née à Paris en 1785, décédée à Paris le 11 août 1833. — Urne funéraire en marbre, rapportée, dit-on, de Pompéi (H. 0ᵐ 35), dont les anses sont formées de deux têtes de bucranes ; elle est décorée de têtes de harpies, de fleurs et d'épis de blé[1]. (12ᵉ div.)

Chenavard (Claude-Aimé), peintre ornemaniste, décédé en juin 1838. — Mausolée sur lequel est placé un vase en bronze. (H. 1ᵐ 25), décoré de deux bas-reliefs représentant : 1° *Léonard de Vinci peignant le portrait de la Joconde*. François Iᵉʳ et un groupe de musiciens assistent à la scène. 2° *Jean Goujon sculptant la statue de Diane de Poitiers*. Henri II et Diane sont dans l'atelier de l'artiste. (49ᵉ div., 1ʳᵉ section.)

Dabadie (Jean-Melchior, baron), inspecteur général du génie, né à Castelnau de Magnoac, décédé à Paris le 8 mars 1820. — Pyramide tronquée, en granit, surmontée d'une cuirasse, d'un casque et de différents autres attributs militaires, en bronze. Gravé par *Collette* d'après un dessin de *Quaglia*[2]. (35ᵉ div.)

Demidoff (Comtesse Marie). — Riche monument en marbre décoré de nombreux motifs de sculptures. Ce monument, exécuté à Carrare, a été construit sur les dessins de *Jaunet*, architecte, et placé par *Chatillon*, aussi architecte. Gravé par *L. Normand*[3], par *Collette*, d'après un dessin de *Quaglia*[4], et par *Bordet*[5]. (19ᵉ div.)

Halanzier (Famille). — Sur le fronton d'une chapelle est assis un petit génie ailé, en bronze (H. 0ᵐ 70), ayant une couronne d'immortelles dans chaque main. (69ᵉ div.)

Hérold (Louis-Joseph-Ferdinand), compositeur, né à Paris le 28 janvier 1791, décédé dans la même ville le 19 janvier 1833. — Au sommet d'un tombeau, une stèle rectangulaire en pierre sur la face antérieure de laquelle est sculptée une lyre

1. C'est sur le désir exprimé par l'artiste que cette urne a été placée sur sa tombe.
2. *Le Père-Lachaise*, etc., pl. ix.
3. *Monuments funéraires*, etc., t. I, pl. xxxix.
4. *Les cimetières de Paris*, etc., pl. xv.
5. *Architecture funéraire contemporaine*, 2ᵉ section D. pl. xii et xiii.

traversée par une branche de cyprès en sautoir. (H. 0ᵐ 91. L. 0ᵐ 63). Gravé par *L. Normand*[1]. (13ᵉ div.)

Hurtault (Maximilien-Joseph), architecte, membre de l'Institut, inspecteur général des bâtiments civils, né à Huningue (Haut-Rhin) le 8 juin 1765, décédé à Paris le 2 mai 1824. — Monument de forme antique avec acrotères; aux quatre angles, des torches renversées; sur la face antérieure, une épaisse guirlande de cyprès, au-dessus de laquelle est sculpté, en bas-relief, un hibou dans une couronne. Ce monument, élevé d'après les dessins d'*Hurtault*, a été gravé par *L. Normand*[2]. (11ᵉ div.)

Maillard (Louis-Gaspard), géographe, né le 29 octobre 1814, décédé le 23 janvier 1865. — Bas-relief bronze (H. 0ᵐ 45. L. 0ᵐ 50). Dans l'angle inférieur gauche est gravé: « Relief de l'Ile de la Réunion $\frac{1}{150.000}$. » (39ᵉ div.)

✓ Molière (Jean-Baptiste Poquelin, dit), poète comique, né à Paris le 15 janvier 1622, décédé à Paris le 17 février 1673. — Sarcophage en pierre supporté par quatre pilastres; il est surmonté d'une coupe en bronze. Le sarcophage de Molière qui a fait partie du Musée des monuments français a été transporté au cimetière du Père-Lachaise le 6 mars 1817[3]. Gravé par *Guyot*[4] et par *Colette* d'après un dessin de *Quaglia*[5]. (25ᵉ div.)

Pacthod (Michel-Marie, comte), général, né à Saint-Julien (Savoie) le 16 janvier 1764, décédé à Paris le 24 mars 1830. — Tombeau surmonté d'une pyramide, à base quadrangulaire, sur la face antérieure de laquelle sont sculptés l'uniforme du général et des trophées d'armes. (40ᵉ div.)

Pezon (Famille). — Groupe en bronze représentant le dompteur Pezon à cheval sur son lion Brutus, et ayant une cravache dans la main droite[6]. (86ᵉ div.)

---

1. *Monuments funéraires*, etc., t. II, pl. xvi.
2. *Monuments funéraires*, t. I, pl. liii.
3. *Archives du Musée des Monuments français*, t. III, p. 236-240.
4. *Musée des monuments français*, t. V, pl. 199.
5. *Le Père-Lachaise*, etc., pl. iv.
6. Ce groupe a été posé sur la tombe de la famille Pezon le 14 août 1885.

PRUD'HON (Pierre), peintre, né à Cluny (Saône-et-Loire) le 4 avril 1758, décédé à Paris le 16 février 1823, et Marie-Françoise-Constance MAYER LAMARTINIÈRE, peintre, née à Paris en 1778, décédée dans la même ville le 26 mai 1821. — Tombeau surmonté d'un sarcophage ; les faces latérales sont décorées de deux couronnes de chêne et de laurier entrelacées, et d'une torche renversée de chaque côté des couronnes ; entre les frontons sont sculptées des palmettes d'angle ; sur les frontons latéraux, un sablier entre deux ailes couronne les frontons principaux. Un petit chien en bronze, gémissant, est placé sur le sarcophage. Gravé par *Alfred Taiée*[1]. (39e div.)

RICHETON (Famille). — Tombeau quadrangulaire sur lequel est assis un chien caniche, en bronze (H. 0m55). (20e div.)

II

CIMETIÈRE DU NORD

(*Montmartre*)

ADAM-SALOMON (Antony-Samuel).

LEVASSEUR (Nicolas-Prosper), artiste lyrique, professeur au Conservatoire, né à Bresle (Oise) le 9 mars 1791, décédé le 7 décembre 1771. — Médaillon en bronze (Diam. 0m55). Signé : *Adam-Salomon, 1875*. Le tombeau de *Levasseur* a été érigé « par sa veuve et ses amis. » (25e div.)

ALLASSEUR (Jean-Jules).

ALLASSEUR (Adélaïde-Thérèse), décédée en 1843, à l'âge de 23 ans. — Médaillon en bronze (Diam. 0m37). Signé : *Allasseur, 1843*. (14e div.)

ASTRUC (Astruc).

PUGET (Jacques-Marius), artiste lyrique, né à Marseille

---

1. *Gazette des Beaux-Arts*, année 1879, 2e période, t. XX, p. 530.

en 1820, décédé à Paris en 1887. — Médaillon en bronze (Diam. 0ᵐ 45). Signé : *Zacharie Astruc, 1888.* (24ᵉ div.)

AUBRY (Alexandre-Pierre-Victor).

GARNIER (Mˡˡᵉ Fanny), décédée le 12 août 1861. — Médaillon en pierre. (Diam. 0ᵐ 25) Signé : *A. P. V. Aubry, 1861.* (18ᵉ div.)

BALDINI.

VANNETELLE (Suzanne), inhumée le 10 mai 1891, à l'âge de 22 ans. — Sur l'autel d'une chapelle est placé le buste en plâtre de Suzanne Vannetelle (H. 0ᵐ 70), par *Baldini* [1]. La chapelle, élevée sur les dessins de *Théodore Cruchet*, architecte, est construite en pierre d'Euville. Cette chapelle, de forme rectangulaire, avec avant-corps décoré de deux colonnes en porphyre des Vosges, est surmontée d'un dôme que domine une croix; le dôme est supporté par quatre colonnettes en granit rouge. (18ᵉ div.)

BARRIAS (Louis-Ernest).

BLANCHARD (Édouard-Théophile), peintre, né à Paris le 18 avril 1844, décédé dans la même ville le 24 octobre 1879. — Médaillon en pierre (Diam. 0ᵐ65). Signé : *E. Barrias.* (2ᵉ div.)

Barrias.

GARNIER (Joseph-Clément), économiste, fondateur et secrétaire perpétuel de la Société d'économie politique, membre de l'Institut, sénateur, né à Beuil (Alpes-Maritimes) le 3 octobre 1813, décédé à Paris le 25 septembre 1881. — Demi-ronde bosse en bronze (Diam. 0ᵐ 50). Signée : *E. Barrias sculpt.* Le tombeau de l'économiste a été élevé « par sa famille, ses amis, ses confrères, ses disciples. » (8ᵉ div.)

Barrias.

GUILLAUMET (Gustave-Achille), peintre, né à Paris le 26 mars 1840, décédé dans la même ville le 14 mars 1887. — Sur le tombeau du peintre est placée une statue en bronze (gran-

---

1. Par sa lettre du 11 novembre 1897, Mᵐᵉ veuve Vannetelle nous informe que le buste de sa fille, exécuté par *Baldini*, sera remplacé à sa mort par un buste en marbre blanc qu'elle possède et qui est l'œuvre de *Francis de Saint-Vidal.*

deur nature) : une jeune fille de Bou-Saada ; elle est assise et effeuille des pétales de jasmin[1]. Signée : *E. Barrias 1890*. Aux pieds de la jeune fille se trouve le médaillon de l'artiste (Diam. 0^{m}40), également en bronze. Signé : *E. Barrias*. Il est posé obliquement sur une palette et des pinceaux, une couronne d'immortelles, et un album ayant pour titre : « Gustave Guillaumet. Tableaux algériens. » Une écritoire est près de l'album. (21e div.)

BARTHOLDI (Frédéric-Auguste).

Nefftzer. — Statue en bronze (H. 0^{m}78) : un génie funèbre voilé, est assis à terre ; le corps est replié sur lui-même et la tête pose sur les genoux dans l'attitude d'une profonde douleur. Signée : *A. Bartholdi, 1866. Fondu par V^{or} Thiébaut*[2]. (28e div.)

Bartholdi.

Robberechts (André), violoniste, né en 1798[3], décédé le 23 mai 1860. — Médaillon ovale en bronze (H. 0^{m}33. L. 0^{m}28). Signé : *Aug. Bartholdi, 1860*. Le tombeau de *Robberechts* a été élevé par les élèves et les amis du violoniste. (18e div.)

BECKER (Trochmé).

Massart (Lambert-Joseph), né à Liége le 17 juillet 1811, décédé à Paris le 13 février 1892, et Louise-Aglaé Masson, dame Massart, née en 1827, décédée en 1887. — Leurs portraits accolés dans un médaillon en bronze. (Diam. 0^{m}50). Signés : *Trochmé Becker 1896. F. Barbebienne fondeur.* (22e div.)

BOUTARD (Ch.).

François (Berthe), née le 3 mai 1846, décédée le 4 décembre 1869. — Médaillon ovale en bronze (H. 0^{m}50. L. 0^{m}40). Signé : *Ch. Boutard, 1869-1870.* (28e div.)

---

1. Le modèle, en cire, a figuré au Salon de 1890 sous le n° 3490.
2. Le modèle de cette statue a figuré au Salon de 1866 sous le n° 2626.
3. Fétis, dans la *Biographie universelle des musiciens*, le fait naître à Bruxelles le 16 décembre 1797.

BRACONY (Léopold).

Dupotet de Sennevoy (Denis-Jules, baron), chef de l'école magnétique moderne, né à Chapelle (Yonne) le 12 avril 1796, décédé à Paris le 1er février 1881. — Stèle surmontée du buste en marbre (H. 0m 65) de Dupotet. Signé : *Bracony*. Sur le tombeau sont sculptés, en bronze, un flambeau, des couronnes, des branches de chêne et de cyprès. Ce monument a été élevé au magnétiseur par « ses élèves et ses admirateurs reconnaissants. » (23e div.)

BRIAN (Joseph).

Zeuner (Charles-Traugott), pianiste et compositeur, né à Dresde le 28 avril 1775, décédé à Paris le 23 janvier 1841. — Médaillon ovale en pierre (H. 0m 43. L. 0m 37). Signé : *Jh Brian*. Les lignes suivantes sont gravées sur la face postérieure du monument de *Zeuner* : « Ce monument lui a été érigé par la reconnaissance de sa fille adoptive, Émilie Schenck Zeuner. » (22e div.)

BRUYER (Antoine-Léon).

Evrard, Bruyer et Raydon (Familles). — Stèle surmontée d'un buste en marbre blanc (H. 0m 90) représentant le *Christ couronné d'épines*. Signé : *L. Bruyer, 1879*. (16e div.)

CANIEZ (Barthélemy).

Moret (Henry), décédé le 25 août 1889. — Stèle surmontée du buste en bronze (H. 0m 55) de Moret. Signé : *B. Caniez*. Des branches de rosier et des pavots sont déposés sur la pierre tumulaire; de chaque côté de la stèle est un porte-bouquets; ces ornements sont en bronze. La décoration du monument a été exécutée d'après les dessins d'*André Doré*, bronzier, beau-frère de Moret[1]. (18e div.)

CARNIELO (R.).

Schouvaloff (Pierre), inhumé le 5 novembre 1857, à l'âge de 3 ans, et Paul-Andrewich, comte Schouvaloff, prince

---

1. *André Doré*, mort le 9 juin 1895, repose dans le même tombeau que Moret, son beau-frère. — Renseignements fournis par Mme veuve Moret (26 septembre 1897).

Woronzoff, inhumé le 22 avril 1885, à l'âge de 37 ans. — Statue en marbre (H. 2^m 15) : un Ange vêtu d'une tunique sans manches est adossé à une croix en marbre ; de ses deux mains il retient ses ailes repliées. Signée : *R. Carnielo, Firenze*. (5e div.)

CARRIER-BELLEUSE (Albert-Ernest).

Petit (J.-B. Vincent), chef d'institution, décédé à Paris le 21 avril 1858. — Dans un enfoncement pratiqué dans la face antérieure d'une stèle est placé le buste en marbre (H. 0^m 57) du chef d'institution. Signé : *A. Carrier, 1858*. (30e div.)

CARRIER-BELLEUSE (Louis).

Ball (Benjamin), médecin aliéniste, membre de l'Académie de médecine, né à Naples le 28 janvier 1834, décédé à Paris le 23 février 1893. — Buste en bronze (H. 0^m 45). Signé : *Louis Carrier-Belleuse 1894*. (9e div.)

CAVELIER (Pierre-Jules).

Thouret (Louise), décédée le 16 octobre 1858, dans sa seizième année. — Tombeau surmonté d'une statue couchée en marbre blanc (Long. 1^m 60) : la jeune morte a la main droite posée sur la poitrine ; le bras gauche est allongé, et la main serre un cahier de musique. Signée : *Cavelier, 1872*. Sur la face antérieure du tombeau sont gravées les lignes suivantes : « Le père a élevé ce monument selon le vœu de la mère, à Louise Thouret, l'amour, la joie, l'orgueil de la maison. » Le monument a été érigé d'après les dessins de *H. Labrouste*, architecte. (5e div.)

CHABAUD (Louis-Félix).

Isambert (François-André), jurisconsulte et homme politique, né à Aunay (Eure-et-Loir) le 30 novembre 1792, décédé à Paris le 13 avril 1857. — Buste en marbre blanc (H. 0^m 65), par *F. Chabaud*[1]. Sur la face latérale droite du monument, bas-relief en marbre blanc (H. 0^m 52. L. 0^m 80):

---

1. Par sa lettre du 12 octobre 1897, M. Gaston Isambert, petit-fils du jurisconsulte, nous informe qu'il possède une réplique en marbre de ce buste portant la signature de *F. Chabaud*.

Groupes de nègres dont l'un porte encore sa chaîne ; un jeune enfant vient baiser la robe du défenseur de la race noire, pendant que d'autres nègres manifestent leur joie par des gestes d'allégresse. Isambert, debout, vêtu d'une robe de magistrat, tend un parchemin sur lequel on lit : « Abolition de l'esclavage. » Signé : *F. Chabaud*[1]. Le monument d'Isambert lui a été élevé par « les mulâtres et nègres reconnaissants » dont il s'était constitué le défenseur. (11e div.)

CHAPLAIN (Jules-Clément).

TRÉLAT (Ulysse), docteur-médecin, né à Paris le 13 août 1828, décédé dans la même ville le 28 mars 1890 — Dans le fronton d'une chapelle est encastré le médaillon en marbre blanc (Diam. 0ᵐ50) du docteur Trélat. Signé : *J. C. Chaplain 1892.* (23ᵉ div.)

Chaplain.

· DELIBES (Clément-Philibert-Léo), compositeur, membre de l'Institut, né à Saint-Germain-du-Val (Sarthe) le 21 février 1836, décédé le 16 janvier 1891. — Stèle en granit dans la partie supérieure de laquelle est encastré un médaillon en marbre blanc (Diam. 0ᵐ60). Signé *J. C. Chaplain 1893.* A la base de la stèle sont sculptés dans le granit, une lyre, des partitions de musique, des roses, un myosotis et des oiseaux. Le monument a été élevé sur les dessins de *Jean Girette*, architecte. (9ᵉ div.)

CHAPU (Henri-Michel-Antoine).

DUC (Joseph-Louis), architecte, né à Paris le 25 octobre 1802, décédé dans la même ville le 22 janvier 1879. — Médaillon en pierre (Diam. 0ᵐ53), par *H. Chapu*[2]. Le tombeau est en outre décoré d'une épaisse guirlande de fleurs et des attributs de l'architecte. (21ᵉ div.)

CHRISTOPHE (Ernest). Voy. RUDE (François).

---

1. Ce bas-relief a été exposé au Salon de 1864 sous le nᵒ 2539. Le plâtre avait figuré au Salon précédent sous le nᵒ 2282.

2. Renseignements fournis par M. *E. Loviot*, architecte, gendre de *J.-L. Duc* (13 octobre 1897).

CRAUK (Gustave-Adolphe-Désiré).

Samson (Joseph-Isidore), artiste dramatique, né à Saint-Denis le 2 juillet 1793, décédé à Paris le 28 mars 1871. — Stèle surmontée du buste en bronze (H. 1ᵐ) du comédien. *Samson* est vêtu d'un ample manteau rejeté sur l'épaule. Sous l'épaule droite, et à demi caché par le manteau, on aperçoit un masque et un parchemin demi-déroulé sur lequel on lit : « Comédie-Française, 1826-1863. » Signé avec cette mention : *A Samson, souvenir de sympathie et d'admiration, Crauk, 1875.* Un livre ouvert, une couronne, des fleurs et une palme en bronze décorent la face antérieure de la stèle. Les lignes suivantes sont gravées au-dessous du buste : « A *Samson* de la Comédie-Française, chevalier de la Légion d'honneur, ses admirateurs, ses amis, ses élèves. » (22ᵉ div.)

CUSCO (D.).

Cucco (Germain), né en 1776, décédé en 1840. — Médaillon en marbre blanc (Diam. 0ᵐ 40). Signé : *D. Cusco* (20ᵉ div.)

DANTAN aîné (Antoine-Laurent).

Cart (Harriet Savage, femme de B. A. A.), née à Overbury (Angleterre), décédée le 25 septembre 1844, et Marie-Louise Dantan aîné, née Cart, née en 1811, décédée en 1890. — Bas-relief cintré en marbre blanc (H. 0ᵐ 60. L. 0ᵐ 45) : une femme ailée, ayant un genou en terre, a les mains croisées sur la poitrine ; elle fixe attentivement un papillon qui est venu se poser sur ses mains. Signé : *Dantan aîné, 1844.* (22ᵉ div.)

DANTAN jeune (Jean-Pierre).

Travot (Jean-Pierre, baron), général, né à Poligny (Jura) le 7 janvier 1767, décédé à Paris le 7 janvier 1836. — Tombeau surmonté du buste en marbre blanc (H. 0ᵐ 50) du général. Signé : *Dantan jeune, 1836.* Sur la face antérieure du tombeau est gravé un extrait du testament de Napoléon à Saint-Hélène : « Je lègue aux enfants du brave et vertueux général Travot... » (12ᵉ div.)

Dantan.

BARROILHET (Paul-Bernard), artiste lyrique, né le 20 décembre 1805, décédé le 17 avril 1871. — Buste en pierre (H. 0^m 55). Ce buste, non signé, est une reproduction de celui en bronze, exécuté en 1842, par *J. Dantan*, et qui décore la bibliothèque de l'Opéra[1]. (28e div.)

Dantan.

HEUDIER (Mélanie), décédée à Saint-Eloy le 14 septembre 1841. — Buste en marbre blanc (H. 0^m 60). Signé : *Dantan j^e 1841*. (16e div.)

DAVID D'ANGERS (Pierre-Jean).

ABRANTÈS (Laure-Adélaïde-Constance de PERMON COMMÈNE, femme du général JUNOT, duc d'), écrivain, née à Montpellier le 6 novembre 1784, décédée à Paris le 7 juin 1838. — Médaillon en marbre (Diam. 0^m 44) dans la face antérieure d'une stèle. Signé : *P. J. David d'Angers, 1840*. La stèle est surmontée d'une couronne de duc, d'une plume, de branches de laurier et de feuillets sur lesquels sont gravés les titres des principales publications de l'écrivain. Le monument a été « érigé à la mémoire de la duchesse d'Abrantès, par une dame russe, le 8 janvier 1841. » (22e div.)

David d'Angers.

BEYLE (Marie-Henri), connu sous le pseudonyme de STENDHAL, littérateur, né à Grenoble le 23 janvier 1783, décédé à Paris le 23 mars 1842. — Médaillon en bronze (Diam. 0^m 43) sur lequel on lit : *D'après David d'Angers, 1829, par son fils, 1892*. (18e div.)

David d'Angers et Poitevin (Auguste).

BUONAROTTI (Filippo), homme politique, né à Pise le 11 novembre 1761, décédé à Paris le 17 septembre 1837[2]. — Médaillon en bronze (Diam. 0^m 16). Signé : *P. J. David*. — TESTE (Charles-Antoine), né à Bagnols (Gard), décédé le 30 août 1848. — Médaillon en bronze (Diam. 0^m 25). Signé : *Poitevin, s. 1845*. (12e div.)

---

1. Renseignements fournis par M. Tarelli, gendre de *Barroilhet* (9 octobre 1897).
2. L'inscription funéraire nous apprend que Buonarotti fut naturalisé Français par décret de la Convention en date du 27 mai 1793.

DEBUT (Didier).

Palmier (le docteur), né en 1797, décédé en 1864. — Buste en pierre (H. 0ᵐ 58). Signé : *Debut*. Le tombeau du docteur Palmier a été élevé par ses parents et ses amis. Gravé par *Obermayer*[1].(19ᵉ div.)

Debut.

Roger (Napoléon-Alexandre), architecte de la ville de Paris, né en 1806, décédé en 1883. — Buste en bronze (H. 0ᵐ 55). Signé : *Debut*[2]. (19ᵉ div.)

DEHODENCQ (Edmond)[3].

Dehodencq (Alfred), peintre d'histoire, né le 23 avril 1822, décédé le 2 janvier 1882. — Buste en bronze (H. 0ᵐ 70). Signé : *Edmond Dehodencq, 1880*[4]. *Gruet, fondeur, Paris*. (22ᵉ div.)

DELAPLANCHE (Eugène).

Mombinne (Théodore-Nicolas-Marie), décédé le 21 mars 1876, à l'âge de 72 ans. — Médaillon en bronze (Diam. 0ᵐ 42). Signé : *E. Delaplanche, 1876*. (9ᵉ div.)

DENÉCHEAU (Séraphin).

Songeon (Jacques-Nestor-Lucien), président du Conseil municipal de Paris (1882), sénateur de la Seine (1885), né à Bourgoin (Isère) le 3 septembre 1818, décédé en 1889. — Médaillon en bronze (Diam. 0ᵐ 40). Signé : *Sᵖʰⁱⁿ Denécheau, 1890*. (17ᵉ div).

DESPREZ (Louis).

Artot (Alexandre-Joseph Montagny, dit), compositeur et violoniste, né à Bruxelles le 4 février 1815, décédé à Ville-d'Avray, près de Paris, le 20 juillet 1845. — Stèle surmontée du buste en marbre (H. 0ᵐ 42), par *L. Desprez*[5]. Dans la face

---

1. *Architecture funéraire contemporaine*, 2ᵉ section B, pl. 1.
2. Le modèle en plâtre a figuré au Salon de 1868, sous le n° 3521.
3. *Edmond Dehodencq*, fils d'*Alfred*, est décédé le 27 avril 1887, à l'âge de 24 ans, et repose dans le tombeau où est inhumé son père.
4. Le modèle en plâtre a figuré au Salon de 1880 sous le n° 6248.
5. Ce buste a figuré au Salon de 1846 sous le n° 2153. — Renseignements fournis par Mᵐᵉ Cinti-Damoreau (25 octobre 1897).

antérieure de la stèle sont sculptés, en relief, un violon et un archet posés sur des partitions de musique. Gravé par *L. Normand*[1]. (19e div.)

DESTREEZ (Jules-Constant).

Pauwels (L.-Antoine), ingénieur, député, membre du Conseil général de la Haute-Marne et du Conseil supérieur des manufactures, décédé le 27 juillet 1852, à l'âge de 56 ans. — Bas-relief en pierre (H. 1ᵐ 05. L. 1ᵐ 20), placé dans le fronton d'une chapelle : une jeune femme, nue, ailée, assise, ayant une flamme au front, pose à terre une couronne de laurier; de la main gauche elle tient un flambeau renversé. Des roues d'engrenage et autres attributs de l'industrie complètent la composition. Signé : *J. C. Destréez*[2]. (1re div.)

DOUBLEMARD (Amédée-Donatien) et SOLLIER (Émile).

Garcin (Jules-Auguste Salomon, dit), compositeur et violoniste, né à Bourges le 11 juillet 1830, décédé à Paris le 10 octobre 1896. — Stèle en pierre d'Euville surmontée du buste en marbre (H. 0ᵐ 70) du musicien. Signé : *Doublemard, invᵗ, 1886. E. Sollier, sculpᵗ. 1896.* Sur la face antérieure de la stèle est sculptée une double palme et la croix de chevalier de la Légion d'honneur. Un trophée décore la face postérieure : il comprend un violon et son archet, un bâton de chef d'orchestre, et une branche de laurier. La sculpture décorative est due au ciseau de *E. Sollier*. Le monument a été élevé sur les dessins de *E. Navarre*, architecte[3]. (7e div.)

DUBOIS (Alphée).

Lévy (Gustave), graveur, né à Toul le 21 juin 1819, décédé en 1894. — Médaillon en bronze (Diam. 0ᵐ 60). Signé : *Alphée Dubois*. Le médaillon est entouré d'une double branche de laurier[4]. Une planche en cuivre, gravée par *Lévy*, est encastrée dans le côté gauche de son monument. Cette

---

1. *Monuments funéraires*, etc., t. I, pl. xxx.
2. Dans le caveau de la même chapelle reposent les restes d' « Antoine Pauwels, chirurgien-major des armées, décédé à Gentilly le 1ᵉʳ novembre 1852, à l'âge de 91 ans. »
3. Renseignements fournis par Mˡˡᵉ C. Garcin, fille du musicien, et par *Émile Sollier* (18 et 19 octobre 1897).
4. Ce médaillon a figuré au Salon de 1895 sous le n° 3048.

planche, la dernière gravée par l'artiste, représente la *Belle Jardinière*, d'après *Raphaël*. Le monument de *G. Lévy* a été élevé par souscription. (Cimetière israélite.)

DUBOIS d'AVESNES (Mlle Marguerite-Fanny).

DESBŒUFS (Antoine), graveur en médailles et sur pierres fines, et sculpteur, né à Paris le 13 octobre 1793, décédé à Passy le 11 juillet 1862. — Tombeau horizontal en marbre blanc sur lequel est sculpté le médaillon (Diam. 0^m 41) du sculpteur. Signé : *Fanny Dubois d'Avesnes*. (1re div.)

DUMILATRE (Jean-Alphonse-Edme-Achille).

CHARBONNIER (J.), né en 1844, décédé en 1882. — Médaillon en marbre (Diam. 0^m 35). Signé : *A. J. Dumilatre*. (26e div.)

DUMONT (Augustin-Alexandre).

NOURRIT (Adolphe), artiste lyrique, né le 3 mars 1802, décédé le 8 mars 1839. — Médaillon en marbre (Diam. 0^m 45). Signé : *A. Dumont, 1841*. Le monument de *Nourrit* a été élevé par ses amis sur les dessins de *Léon Vaudoyer*, architecte. Gravé par *L. Normand* [1], et par *Obermayer* [2]. (22e div.)

DUPUIS (Daniel-Jean-Baptiste).

DERAISMES (Maria), journaliste, conférencière, présidente de la Société pour l'amélioration du sort de la femme et la revendication de ses droits, née à Paris en 1836, décédée dans la même ville le 6 février 1894. — Médaillon en bronze (Diam. 0^m 40), par *Daniel Dupuis*. (31e div.)

DURAND (Ludovic-Eugène).

MÉRY (Joseph), poète, auteur dramatique et romancier, né aux Aygalades (Bouches-du-Rhône) le 20 janvier 1797, décédé à Paris le 17 juin 1867. — Au sommet d'un tombeau est une stèle surmontée d'une statue en bronze (H. 1^m 95) : une jeune femme, en pied, debout, voilée et drapée, a les bras nus;

---

1. *Monuments funéraires*, etc., t. II, pl. LX.
2. *Architecture funéraire contemporaine*, etc., 2e section B, pl. III.

elle tient une lyre sur le bras gauche et, de la main droite, pose une couronne d'immortelles sur un fût de colonne portant des livres; sur le fût de cette colonne est gravé : « Napoléon en Égypte, Héva, la Floride, la guerre du Nizam. » La face antérieure de la stèle est décorée du médaillon en bronze (Diam. 0ᵐ 60) de Méry. Signé : *Ludovic Durand, 1867. Ch. Matifat, fondeur à Paris, 1867.* Sur le tombeau, un parchemin demi-déroulé sur lequel sont une plume et une croix. Sur la face antérieure de la stèle on lit : « A Méry, ses amis ont élevé ce monument, 1867. » (28ᵉ div.)

DURET (Francisque-Joseph).

Adam (Adolphe-Charles), compositeur, membre de l'Institut, né à Paris le 24 juillet 1803, décédé dans la même ville le 3 mai 1856. — Stèle surmontée du buste en bronze du compositeur (H. 0ᵐ 50). Signé : *F. Duret* (5ᵉ div.)

Duret et Mᵐᵉ Halévy.

Halévy (Jacques-François-Fromental-Élie), compositeur, secrétaire perpétuel de l'Académie des Beaux-Arts, professeur au Conservatoire impérial de musique, membre du Consistoire central des Israélites de France, né à Paris le 27 mars 1799, décédé à Nice le 17 mars 1862. — Chapelle surmontée de la statue d'*Halévy*, en marbre (H. 2ᵐ environ). Signée : *Duret 1864.* Le compositeur, en costume d'académicien, est en pied, debout ; il a dans la main gauche une partition de musique, et dans l'autre main une plume ; à ses pieds, un masque et une lyre. Le buste en marbre du secrétaire perpétuel, par Mᵐᵉ *Halévy*[1], est placé à l'intérieur de la chapelle. Sur la face postérieure de la chapelle est gravé : « Ce monument, érigé par souscription à la mémoire de *Fromental Halévy* a été inauguré le 17 mars 1864, *H. Lebas*, architecte, *Duret*, statuaire. » Gravé par *Bury* père[2]. (Cimetière israélite.)

Duret.

Fleurac (Élisabeth-Léontine Bonniot de), décédée le 26 février 1860, à l'âge de 29 ans. — Son buste en plâtre

---

1. Ce buste a été sculpté par Mᵐᵉ *Halévy* en 1862 ou 1863. — Renseignements fournis par Mᵐᵉ Halévy Strauss, fille de Mᵐᵉ *Halévy* (4 novembre 1897).
2. *Architecture funéraire contemporaine*, etc., 3ᵉ section B, pl. ii.

(H. o^m 28) est placé dans une niche vitrée. Signé : *F. Duret.* (9e div.)

DUSEIGNEUR (Jean-Bernard).

Lacroix (Paul), dit le bibliophile Jacob, littérateur, né à Paris le 27 février 1806, décédé dans la même ville le 16 octobre 1884. — Stèle surmontée du buste en bronze du littérateur (H. o^m 60), posé sur livres également en bronze. Signé : *Jehan Duseigneur, 1832*[1]. Fondu par *Delafontaine* 1884. Sur la face antérieure de la stèle est gravé : « Je souhaite que mon buste par *Jean Duseigneur* soit placé sur la tombe de mes parents. P. L. Bibliophile Jacob. » (20e div.)

ELSHOECHT (Jean-Jacques-Marie-Carl-Vital).

Fougère (Louis-Gustave), avocat, décédé le 11 octobre 1833 à l'âge de 24 ans. — Médaillon en marbre (Diam. o^m 50). Signé : *Carle Elshoecht f. 1834.* (13e div.)

ETEX (Antoine).

Mozin (Désiré-Théodore), compositeur, professeur au conservatoire de musique, né à Paris le 25 janvier 1818, décédé dans la même ville le 16 novembre 1850. — Médaillon en marbre blanc (Diam. o^m 45) placé dans une chapelle. Signé : *Etex, 1851.* Au-dessous du médaillon on lit : « A Théodore *Mozin*, ses amis, ses élèves.

> Emporte nos regrets, ami tant regrettable !
> Laisse à nous, qui t'aimons, le deuil et la douleur,
> Nous pleurons ta jeunesse et ton talent aimable.
> Nous pleurons aussi ton bon cœur.

(4e div.)

Etex.

Alexandre (Adélaïde), décédée le 3 mai 1860, à l'âge de 64 ans. — Buste en marbre (H. o^m 45). Signé : *Etex.* (Cimetière israélite.)

EUDE (Louis-Adolphe).

Bernard (Paul), compositeur, né à Poitiers le 4 octobre

---

1. Un buste de Paul Lacroix, par *Jean Duseigneur*, a figuré au Salon de 1833 sous le n° 2528.

1827, décédé à Paris le 24 février 1879. — Le médaillon en bronze (Diam. o^m 40) du compositeur est encastré dans la face antérieure d'une stèle en granit. Signé : *Ad. Eude*. Au-dessous du médaillon sont sculptés dans la stèle une lyre, une palme entremêlée de lierre et des partitions de musique. (11e div.)

FALGUIÈRE (Jean-Alexandre-Joseph).

BONNEHÉE (Marc), musicien, né à Moumours (Basses-Pyrénées) le 2 avril 1828, décédé à Paris le 28 février 1886. — Au fond d'une chapelle, sur une sorte d'autel, *Tarcisius*, martyr chrétien, statue couchée, en plâtre stéariné, d'après le marbre de *Falguière* exposé au Musée du Luxembourg (33e div.)

FAUGINET (Jacques-Auguste).

SIMON (Aristide-Marie). — Buste en marbre (H. o^m 67). Signé : *Fauginet, 1833*[1]. (27e div.)

FERRAT (Jean-Joseph-Hippolyte-Romain).

COLET (Hippolyte-Raimond), compositeur, décédé le 29 avril 1851. — Demi-ronde bosse en bronze (Diam. o^m 45). Signée : *H^te Ferrat, 1851*. Le monument de *Colet* a été élevé « par sa veuve, sa fille, ses collègues et ses élèves. » (33e div.)

FERRU (Félix).

RICARD (Louis-Gustave), peintre, né à Marseille le 1er septembre 1823, décédé à Paris le 23 janvier 1873. — Édicule à fronton triangulaire. Dans la face antérieure existe une niche où se trouve placé le buste en marbre blanc (H. o^m 80) du peintre. Signé : *Ferru*[2]. Au-dessous sont sculptés une palette, des pinceaux, une branche de chêne et une palme. Sur la face antérieure on lit :

> Venise en le perdant aurait porté le deuil.
>
> (Autran.)

Ce monument a été élevé sur les dessins de *Léon Dupré*, archi-tecte. (23e div.)

---

1. Ce buste a figuré au Salon de 1833 sous le n° 2544.
2. Ce buste a figuré au Salon de 1874 sous le n° 2850.

FLOSI.

ACHARD (Pierre-Frédéric), artiste dramatique du Palais-Royal et du Gymnase, né à Lyon le 4 novembre 1808, décédé le 14 août 1856. — Buste en bronze (H. 0^m 55), placé dans une chapelle. Ce buste a été exécuté par *Flosi* en 1838[1]. (9e div.)

FRANCESCHI (Jules) et MIGLIORETTI (P.).

KAMIENSKI (Miécislas), jeune Polonais, soldat volontaire français, tué à Magenta le 4 juin 1859[2]. — Tombeau surmonté d'une statue en bronze (grandeur nature) : Kamienski, en costume militaire, blessé, est assis à terre; sa giberne lui sert d'appui; il essaye de se soutenir de la main gauche; les armes du jeune soldat gisent à ses côtés. Sur la face antérieure du socle est gravé : « Je meurs, calme, Polonais et chrétien. Magenta, 4 juin 1859, Kamienski, légion étrangère. Adieu, rêves, illusions, vanités!!! (ses derniers mots). » Sur la face postérieure du socle on lit : « Fils unique de parents exilés. » Signée : *Jules Franceschi, s^{cpt}, 1861. F^{rie} de Eck et Durand*[3]. A droite du tombeau est une stèle peu élevée recouverte d'un coussin en marbre sur lequel repose la tête du jeune soldat; il est représenté mort, en demi-bosse, également en marbre (Diam. 0^m 40). Signée : *P. Miglioretti, Milano.* La stèle est adossée à une croix en pierre entre les bras de laquelle est placée une tête de *Christ*, en bronze. (5e div.)

Franceschi.

ROUVENAT (François-Pierre-Léon), né le 6 juillet 1809, décédé le 7 septembre 1874. — Buste en bronze (H. 0^m 69). Signé : *Jules Franceschi. Boyer et Rolland fondeurs.* (32e div.)

Franceschi.

OFFENBACH (Jacques), compositeur, né à Cologne le 21 juin 1819, décédé à Paris le 5 octobre 1880. — Stèle en marbre rose surmontée du buste en bronze du compositeur (H. 0^m 70). Signé : *Jules Franceschi 1881. Rolland f^r.* La face antérieure

---

1. Renseignements fournis par M. Victor Achard, fils de l'acteur (14 octobre 1897).

2. Il était fils de Nicolas Kamienski, colonel polonais, décédé à Paris le 5 février 1875.

3. Cette statue a figuré au Salon de 1861 sous le n° 3351.

de la stèle est en outre décorée d'une lyre et d'une palme en bronze. Le monument d'*Offenbach* a été élevé par la famille aidée d'une souscription. (9ᵉ div.)

Franceschi.

Rivière (Henri-Laurent), capitaine de vaisseau, commandant en chef de l'expédition du Tonkin, né à Paris le 12 juillet 1827, tué à Hanoï le 19 mai 1883 [1]. — Stèle surmontée du buste en bronze (H. 0ᵐ 75) du commandant. Signé : *Jules Franceschi. A. Rolland fʳ*. Le monument d'Henri Rivière a été élevé, au moyen d'une souscription, par la Société des gens de lettres et l'Association des auteurs et compositeurs dramatiques. (13ᵉ div.)

Franceschi.

Franceschi (Pierre), décédé en 1873. — Médaillon d'enfant, en stuc (Diam. 0ᵐ 16). En exergue du médaillon est gravé : « Pierre Franceschi, 1873 ». Ce médaillon, qui ne porte aucune signature, a sans nul doute été exécuté par le père de l'enfant, *Jules Franceschi*, mort en 1893, qui repose dans le même tombeau. (12ᵉ div.)

FULCONIS (Victor-Louis-Pierre). Voy. **MARQUET DE VASSELOT** (Anatole).

GARNIER (Gustave-Alexandre).

Foucault (Bernard-Léon), « membre de l'Académie des sciences, de l'Académie de Berlin, de la société royale de Londres, honoré de la médaille de Copley en 1864, physicien de l'Observatoire de Paris, membre du Bureau des longitudes et du Comité consultatif des arts et manufactures, né en 1819, décédé en 1868. » — Pyramide en granit à base quadrangulaire. Sur le socle en retrait est placé le buste en marbre du physicien (H. 0ᵐ 65). Signé : *Garnier* [2]. (7ᵉ div.)

GATTI (Geraldo).

Pigny (Berthe), décédée le 12 février 1882, à l'âge de

---

1. Les restes du commandant Rivière ont été ramenés en France en janvier 1885. (Voy. le *Journal des Arts* du 30 janvier 1885.)

2. Un buste en marbre du physicien, par *Garnier*, a figuré au Salon de 1874 sous le nº 2878. Ce buste était destiné à l'École normale supérieure de Paris.

dix ans[1]. — Buste en plâtre (H. 0^{m}30) placé dans une chapelle. Signé : *Gatti, 1884*[2]. (9e div.)

GAUTHERIN (Jean).

GUMERY (Charles-Alphonse), sculpteur, né à Paris le 14 juin 1827, décédé dans la même ville le 19 janvier 1871. — Buste en marbre blanc (H. 0^{m}55). Signé : *J. Gautherin, 1868*[3]. (8e div.)

Gautherin.

GRANDJACQUET (Georgette), née en 1836, décédée en 1887. — Médaillon en bronze (Diam. 0^{m}25). Signé : *Jean Gautherin 1887.* — GRANDJACQUET (Alfred), né en 1834, décédé en 1890. — Médaillon en bronze (Diam. 0^{m}25). *Non signé.* (8e div.)

Gautherin.

OBIN (Louis-Henry), chanteur de l'Opéra, professeur au Conservatoire (1869-1889), pensionnaire de l'Opéra (1844-1872), né à Ascq (Nord) le 4 août 1820, décédé à Paris le 9 novembre 1895. — Dans une chapelle est placé le buste en bronze (H. 0^{m}75) d'*Obin*. Signé : *Jean Gautherin*[4]. (33e div.)

GÉROME (Jean-Léon).

GÉRÔME (Jean), fils du peintre-statuaire, né en 1864, décédé en 1891. — La *Douleur*, statue en bronze (H. 1^{m}20) : Femme voilée, assise, courbée sur ses genoux et ayant la tête posée sur la main droite dans l'attitude d'une profonde douleur. Signée : *J. L. Gérôme.* (18e div.)

GIRARD (Noël-Jules).

GOZLAN (Léon), romancier et auteur dramatique, né à Marseille le 1er septembre 1803, décédé à Paris le 14 septembre 1866. — Médaillon en marbre blanc (Diam. 0^{m}60). Signé : *Girard, 1866.* Le tombeau de Gozlan a été érigé « par sa famille,

---

1. Renseignements fournis par M. Piquet (10 novembre 1897).
2. Ce buste a figuré au Salon de 1884 (n° 3535) sous le nom de « Blanche » Piguy.
3. Ce buste a figuré au Salon de 1868 sous le n° 3618.
4. Ce buste est une réplique de celui qui décore la Bibliothèque de l'Opéra, et qui a été offert à cet établissement par *L.-H. Obin.* — Renseignements fournis par M. Ch. Nuitter, archiviste de l'Opéra (7 décembre 1897).

les sociétés des auteurs compositeurs dramatiques et gens de lettres, » sur les dessins de *Ch. Duval* fils, architecte. Gravé par *Chappuis* [1]. (21ᵉ div.)

GODEBSKI (Cyprien).

GAUTIER (Théophile), poète, romancier, critique, bibliothécaire de la princesse Mathilde, né à Tarbes le 31 août 1811, décédé à Neuilly le 23 octobre 1872. — Tombeau surmonté de la muse *Calliope*, statue en marbre (H. 1ᵐ 25). Signée : *Cyp. Godebski 1875*. Calliope, assise, tient une palme et une lyre, et s'accoude du bras droit sur le médaillon du poète posé sur des livres ; l'un de ces livres a pour titre : *Émaux et Camées*. Les inscriptions suivantes sont gravées sur le tombeau. Face antérieure : « A Théophile Gautier, ses amis. » Côté gauche :

> Priez Dieu pour son âme, et par des fleurs nouvelles
> Remplacez en pleurant les pâles immortelles
> Et les bouquets anciens.

Côté droit :

> L'oiseau s'en va, la feuille tombe,
> L'amour s'éteint, car c'est l'hiver
> Petit oiseau viens sur ma tombe
> Chanter quand l'arbre sera vert.

Face postérieure :

> Où retrouverez-vous le temps sacrifié
> Et ce qu'a de votre âme emporté sur son aile
> Des révolutions la tempête éternelle !

Le tombeau de Théophile Gautier a été élevé sur les dessins de *J. Brevet*, architecte. (3ᵉ div.)

Godebski

BERLIOZ (Hector), compositeur, né à la Côte-Saint-André (Isère) le 18 décembre 1803, décédé à Paris le 8 mars 1869. — Monument décoré du médaillon en bronze du compositeur (Diam. 0ᵐ 60). Signé : *Cyp. Godebski, 1884. Husset fondeur, Paris*. Une lyre et une plume, également en bronze, com-

---

1. *Architecture funéraire contemporaine*, etc., **2ᵉ** section C, pl. XII.

plètent la décoration. Le monument a été élevé sur les dessins de l'architecte *Jouvin*. (7e div.)

GODIN (Eugène-Louis).

Collard (Charles-André), né à Paris le 18 février 1819, décédé à Samois le 15 septembre 1882. — Médaillon en marbre (Diam. 0m 35), par *E.-L. Godin*. Le monument de Collard a été érigé en 1883 sur les dessins de *A.-L. Joigny*, architecte [1]. (26e div.)

GOSSIN (Étienne).

Dupont (Paul-Ernest-Alfred), décédé le 2 mars 1891, à l'âge de 75 ans [2]. — Médaillon ovale en bronze (H. 0m 42. L. 0m 37). Signé : *E. Gossin*. (27e div.)

GREBER (Henri).

Lecomte (Gustave), ingénieur, né le 28 novembre 1853, décédé à Panama le 21 juin 1886. — Buste en marbre (H. 0m 70). Signé : *H. Greber*. (25e div.)

GUILBERT (Ernest-Charles-Démosthène).

Feyen (Augustin-François), dit Perrin, peintre, né à Bey-sur-Seille (Meurthe) le 12 avril 1826, décédé à Paris le 14 octobre 1888. — Stèle en granit surmontée du buste en bronze (H. 0m 85) de *Feyen-Perrin*. Adossée à la stèle, une statue en bronze (H. 1m 50) représente une jeune paysanne debout, les pieds nus, vêtue d'une robe courte, et semant des fleurs sur le tombeau. Ces deux œuvres sont signées : *E. Guilbert 1892*. Le monument a été érigé « par les amis et les admirateurs du peintre, » sur les dessins de *Laurent Farge*, architecte. (18e div.)

Guilbert.

Deslandes (Raimond), auteur dramatique, directeur du Vaudeville, né à Yvetot le 12 juillet 1825, décédé à Nice le 21 mars 1890. — Buste en marbre (H. 0m 80). Signé : *E. Guilbert, 1892*. Le monument de Deslandes a été élevé,

---

1. Renseignements fournis par Mme Collard (14 octobre 1897).
2. Renseignements fournis par M. Dupont et *E. Gossin* (10 et 11 novembre 1897).

en 1892, par « ses amis, son théâtre, » d'après les dessins de *Paul Blondel*, architecte. (28ᵉ div.)

GUMERY (Charles-Alphonse).

Toussaint (François-Christophe-Armand), statuaire, né à Paris le 7 avril 1806, décédé dans la même ville le 24 mai 1862. — Médaillon en bronze (Diam. 0ᵐ 43). Signé : *A. Gumery, 1850.* (23ᵉ div.)

Gumery.

Salvador-Tuffet (Louis-Georges), décédé le 17 avril 1858, à l'âge de 20 ans. Médaillon en marbre (Diam. 0ᵐ 38). Signé : *A. Gumery, 1858.* (21ᵉ div.)

Gumery.

Ampère (André-Marie), physicien, inspecteur général de l'Université, membre de l'Académie des sciences, né à Lyon le 21 juin [1] 1775, décédé à Marseille le 10 juin 1836. — Médaillon en bronze (Diam. 0ᵐ 30). Signé : *A. Gumery 1864.* — Ampère (Jean-Jacques-Antoine), littérateur, membre de l'Académie française et de l'Académie des Inscriptions et belles-lettres, né à Lyon le 12 août 1800, décédé à Pau le 27 mars 1864. — Médaillon en bronze (Diam. 0ᵐ 30). Signé : *A. Gumery* [2]. (30ᵉ div.)

HUSSON (Honoré-Jean-Aristide).

Bénard. — Buste en marbre blanc (H. 0ᵐ56). Sur le socle est gravé : « 15 septembre 1837. » Signé : *A. Husson, 1838.* (19ᵉ div.)

JOUFFROY (François).

Masse (Famille). — Stèle circulaire surmontée d'un groupe en marbre (H. 0ᵐ 60) : trois enfants nus, debout, ayant les yeux et les bras levés au ciel. Signé : *F. Jouffroy, 1864.* (29ᵉ div.)

Jouffroy.

Clapisson (Antoine-Louis), compositeur, membre de

---

1. Lalanne le fait naître le 20 janvier.
2. Le modèle en plâtre de ce médaillon a figuré au Salon de 1861 sous le n° 3393.

l'Institut, né à Naples le 16 septembre 1808, décédé à Paris le 19 mars 1866. — Médaillon en marbre blanc (Diam. 0^m 40), par *F. Jouffroy*[1]. Gravé par *J.-J. Sulpis*[2]. (28e div.)

LAVIGNE (Jules).

França Leite (le Docteur Childéric), jeune Brésilien, décédé le 26 décembre 1857, à l'âge de 23 ans. — Bas-relief en marbre (H. 0^m 53. L. 0^m 50) : Ephèbe nu, ailé, s'élevant au ciel. Signé : *Jules Lavigne*. (11e div.)

LEFEBVRE.

Pluyette Gioanelli (Famille). — Bas-relief en bronze (H. 0^m75. L. 0^m 48) : une jeune femme voilée, assise dans l'attitude de la douleur, tient des fleurs dans ses mains. Ce bas-relief est de *Lefebvre*[3]. Dans l'angle inférieur est écrit : *E. Gruet jeune fondeur* (28e div.)

LENOIR (Alfred).

Goncourt (Jules-Alfred Huot de), littérateur, né à Paris le 17 décembre 1830, décédé à Auteuil le 20 juin 1870. — Médaillon ovale en bronze (H. 0^m 35. L. 0^m 25), fixé sur un tombeau horizontal en marbre. Signé : *A. Lenoir 1890*. — Goncourt (Edmond-Louis-Antoine Huot de), littérateur, né à Nancy le 26 mai 1822, décédé à Champrosay le 16 juillet 1896. — Médaillon ovale en bronze (H. 0^m 35. L. 0^m 25), placé à côté de celui de son frère. Signé : *A. Lenoir 1897*. (13e div.)

LOISON (Pierre.)

Billard (Marie), née Haas, décédée le 6 décembre 1864. — Médaillon en bronze (Diam. 0^m 21). Signé : *P. Loison 1863*. (9e div.)

LORMIER (Edouard).

Patti (Carlotta), mariée en premières noces au musicien Strakosch, puis au violoncelliste de Münck, cantatrice, née à Florence en 1840, décédée à Paris le 27 juin 1889. — Médail-

---

1. Renseignements fournis par Mme Clapisson (7 octobre 1897).
2. *Architecture funéraire contemporaine*, etc., 2e section D, pl. XIV.
3. Renseignements fournis par M. *E. Gruet* jeune (22 septembre 1897).

ion en bronze (Diam. 0^m 45), encastré dans la face antérieure d'une stèle. Signé : *H. Lormier, 1890.* (28e div.)

MARJOLIN (Mme). Voy. **SCHEFFER (Ary).**

MAROCHETTI (le baron Charles).

Darnay (Gustave), décédé à 23 ans. — Tombeau surmonté d'une statue en pierre (grandeur nature) : Ange ailé, agenouillé, et ayant les bras croisés sur la poitrine dans l'attitude de l'adoration; une croix est dans sa main droite. Cette statue est due au ciseau de *Marochetti*. Gravée par *L. Normand*[1]. (21e div.)

MARQUET DE VASSELOT (Anatole).

Gonzalès (Louis-Jean-Emmanuel), romancier, président honoraire et délégué de la Société des gens de lettres, né à Saintes le 25 octobre 1815, décédé à Paris le 17 octobre 1887. — Buste en bronze (H. 0^m 55), par *Marquet de Vasselot.* Sur la face antérieure de la stèle supportant le buste est gravé : « A Emmanuel Gonzalès, la Société des gens de lettres. » (21e div.)

Marquet de Vasselot.

Dash (Gabrielle de Cisterne de Courtiras, vicomtesse de Saint-Mars, connue sous le nom de comtesse), femme de lettres, née à Poitiers le 1er août 1804, décédée à Paris le 9 septembre 1872. — Médaillon en marbre blanc (Diam. 0^m 40). Signé : *A. Vasselot.* Le monument de la comtesse Dash a été élevé à sa mémoire par « ses meilleurs amis ». (23e div.)

Marquet de Vasselot et Fulconis (Victor-Louis-Pierre).

Meyer (H.), mécanicien constructeur, décédé en 1891. — Dans le fronton d'une chapelle est encastré un médaillon en bronze (Diam. 0^m 40), par *Marquet de Vasselot.* Sur la porte en bronze est sculpté un bas-relief méplat (H. 0^m 35. L. 0^m 50). Signé : *V. Fulconis 1889.* Ce bas-relief représente *l'Arrivée du « Saint-Pierre » dans la rade de Saint-Pierre de la*

---

1. *Monuments funéraires,* etc., t. I, pl. xxiv. — C'est *L. Normand* qui nous fait connaître que cette œuvre a été exécutée par *Marochetti.*

Martinique. Au bas est gravé : « Hommage de périlleuse traversée du plus petit vapeur de S. Pierre de France à la Martinique du 5 7bre au 5 X^bre 1850[1]. » A l'intérieur de la chapelle se trouvent les bustes en marbre de M. et Mme Meyer, sculptés par *V. Fulconis*. (33e div.)

MATHIEU-MEUSNIER (Mathieu-Roland dit).

THIBOUST (Lambert), auteur dramatique, né à Paris en 1827, décédé à Passy le 10 juillet 1867. — Bas-relief en marbre blanc (H. 1^m 90. L. 1^m 45) : Au centre, dans un enfoncement, est placé le médaillon (Diam. 0^m 40) de l'auteur dramatique ; à gauche, une jeune femme accoudée sur le portrait tient dans sa main un parchemin déroulé sur lequel est gravé : « Comédies, vaudevilles de 1850 à 1867 ; à ses pieds, un masque, et une Folie qui vient de s'échapper de sa main ; à droite, une jeune femme drapée, ayant une branche de lierre dans sa chevelure, pose la main gauche sur son cœur, et de l'autre main grave, à l'aide d'un style, au-dessus de la tête du dramaturge les mots suivants : « A notre cher Lambert Thiboust. » Signé : *Mathieu-Meusnier, F^it*. (27e div.)

Mathieu-Meusnier

BERNARD (Martin), représentant du peuple, né à Montbrison en 1808, décédé à Paris en 1883. — Médaillon en bronze (Diam. 0^m 35), encastré dans la face antérieure d'une stèle en granit. Signé : *1884, Mathieu-Meusnier s^t*. Au-dessous du médaillon, sont sculptées dans la stèle une palme, des branches de laurier et de chêne. Le monument de Bernard a été érigé par souscription d'après les dessins de *Léon Dupré*, architecte. (27e div.)

---

1. Il est fait allusion, dans ces lignes, aux dangers courus par Meyer pendant sa traversée de France à la Martinique qui fut des plus périlleuses. Le hardi mécanicien avait entrepris de se rendre à la Martinique sur le petit vapeur à aubes le « Saint-Pierre », premier navire à vapeur qui ait fait ce voyage. Le capitaine et le second furent enlevés par une lame. Meyer resta seul avec trois nègres pour diriger son navire. Enfin, après trois mois de navigation, ils arrivèrent, manquant de vivres, et presque mourants, à la Martinique. Meyer fonda une usine à Saint-Pierre et installa des ateliers de fonte. Son industrie ayant prospéré il amassa une fortune. Le mécanicien revint en France où, vers 1889, il dirigea lui-même les travaux de construction de la chapelle dans laquelle il repose. — Renseignements fournis par *V. Fulconis* (25 novembre 1895).

MERCIÉ (Antonin).

Osiris (Sépulture). — Moïse assis, statue en marbre, de grande dimension. Sur le socle antérieur est gravé : « Au plus grand législateur. »

« Osiris. »

Sur la base du siège, à gauche, on lit : « D'après *Michel-Ange*. » Cette copie a été exécutée par les soins de *A. Mercié*. (3ᵉ div.)

MIGLIORETTI (P.). Voy. **FRANCESCHI (Jules).**

MILLET (Aimé).

Baudin (Alphonse), docteur médecin, représentant du peuple, « mort en défendant le Droit et la Loi, le 3 décembre 1851. » — Tombeau en marbre et en granit surmonté de la statue en bronze (Long. 2ᵐ 10) de Baudin. Il est représenté couché sur son tombeau, le front troué par une balle ; la main droite est posée sur une table verticale en marbre où sont gravés les deux mots : « La Loi ». Signée : *Aimé Millet, sculp. Ch. Matifat, fondeur*. Sur le côté droit du tombeau on lit : « Ses concitoyens, 1872. » Ce tombeau a été élevé par souscription, sur les dessins de *Léon Dupré*, architecte. (27ᵉ div.)

Millet.

Murger (Henry), littérateur, poète et auteur dramatique, né à Paris le 24 mars 1822, décédé dans la même ville le 28 janvier 1861. — Stèle quadrangulaire en granit surmontée d'une statue en pierre (H. 1ᵐ 40) : une femme en pied, debout, drapée, symbolisant la Jeunesse ; dans ses mains, des fleurs qu'elle sème sur la tombe. Signée : *Aimé Millet sc*[1]. Le médaillon du poète (Diam. 0ᵐ 35) est sculpté sur la base de la stèle ; au-dessous du médaillon, une plume, des feuillets et la croix de la Légion d'honneur. Le monument de Murger a été construit sur les dessins de *Léon Dupré* architecte. Gravé par *Léon Gaucherel* et *Huguenet*[2]. (5ᵉ div.)

---

1. Le modèle en bronze, à moitié d'exécution, a figuré au Salon de 1863 sous le n° 2487.

2. *Architecture funéraire contemporaine*, etc., 2ᵉ section C, pl. ɪ et ɪɪ.

Millet.

Noriac (Claude-Antoine-Jules Cairon, dit), littérateur, né à Limoges en 1826[1]. décédé à Paris le 1er octobre 1882. — Le médaillon en bronze (Diam. 0^{m}40) du romancier est encastré dans une stèle en granit. Signé : *Aimé Millet sc.* Sur la face antérieure de la stèle sont sculptés un livre, une plume et des feuillets sur lesquels on lit : *Le Figaro, le Monde illustré, le 101*^{ème}, *la Bêtise humaine.* (8e div.)

Millet.

Audéoud (Jules), décédé le 2 avril 1885, à l'âge de 45 ans. — Médaillon en bronze (Diam. 0^{m}40), placé dans le fronton d'une chapelle. Signé : *Aimé Millet 1886.* En exergue du médaillon on lit : « A Jules Audéoud, ses amis. » (20e div.)

MONTAGNY (Étienne).

Fourneyron (Benoît), ingénieur, né à Saint-Étienne, le 2 novembre 1802[2], décédé à Paris le 8 juillet 1867. — Buste en bronze (H. 0^{m}60 environ) placé à l'intérieur d'une chapelle, par *E. Montagny.* Dans le fronton de la chapelle est encastré le médaillon en bronze (Diam. 0^{m}55) de l'ingénieur. Signé : *E. Montagny*[3]. Le buste date de 1855 et le médaillon de 1868 seulement. La chapelle a été érigée sur les dessins de *Le Royer*, architecte. (26e div.)

MONY (Adolphe-Stéphane).

Flachat (Eugène), ingénieur, président et l'un des fondateurs de la Société des ingénieurs civils, né à Paris le 16 avril 1802, décédé à Arcachon le 16 juillet 1873. — Buste en bronze (H. 0^{m}85). Signé : *A. Mony, 1893.* (29e div.)

MORICE (Léopold).

Portier (Adolphe), né le 29 août 1835, décédé le 24 novembre 1890. — Statue en bronze (H. 1^{m}80) : femme debout, voilée, semant des fleurs de la main droite. Signée

---

1. Vapereau, dans le *Dictionnaire des Contemporains,* le fait naitre en 1827.
2. Vapereau le fait naitre le 31 octobre 1802.
3. Renseignements fournis par M. Crozet-Fourneyron, sénateur de la Loire, neveu de Benoît Fourneyron (1er octobre 1897).

sur un livre ouvert posé au pied de la statue : *L. Morice s*. *A. Durenne fondeur* [1]. (2ᵉ div.)

OLESZCZYNSKI (Ladislas).

Sʟᴏᴡᴀᴄᴋɪ (Jules), poète polonais, né le 25 août 1809, décédé le 3 avril 1849. — Médaillon en bronze. (Diam. 0ᵐ 40), par *Oleszczinski* [2]. (7ᵉ div.)

PAUFARD (Jean-Baptiste-Auguste).

Gᴜɪʟᴍɪɴ (Charles-Marie-Adrien), mathématicien, né à Brest le 1ᵉʳ mars 1812, décédé à Paris le 20 février 1884. — Médaillon en marbre (Diam. 0ᵐ 45). Signé : *A. Paufard.* (13ᵉ div.)

PETIT (P.).

Pᴇᴛɪᴛ (Marie-Louise), musicienne, née le 10 novembre 1845, décédée le 1ᵉʳ septembre 1864. — Édicule supporté par quatre colonnettes. Sous cet édicule est placé le buste en marbre blanc (H. 0ᵐ 50) de *Marie-Louise Petit*. Signé : *P. Petit.* (29ᵉ div.)

PÊTRE (Charles).

Pʀᴜᴅᴇɴᴛ (Racine Gᴀᴜʟᴛɪᴇʀ, dit Émile), pianiste et compositeur, né à Angoulême le 3 février 1817, décédé à Paris le 14 mai 1863. — Médaillon en bronze (Diam. 0ᵐ31) encastré dans la face antérieure d'un cippe. Signé : *Ch. Pêtre.* Au-dessous du médaillon est sculptée dans le cippe une portée de musique avec ces mots : « Les trois rêves », et deux branches de laurier. Le tombeau du musicien a été élevé sur les dessins de *P. Manguin*, architecte. Gravé par *A. Guillaumot* [3]. (22ᵉ div.)

POITEVIN (Auguste). Voy. **DAVID D'ANGERS (Pierre-Jean).**

POLLET (Joseph-Michel-Ange).

Cᴏᴛᴛʀᴇᴀᴜ (Pierre-Félix), peintre, inspecteur général des

---

1. Cette statue a figuré au Salon de 1893, sous le n° 3223.
2. Lors de la restauration du tombeau du poète, en 1894, le médaillon en pierre qui commençait à s'effriter fut coulé en bronze. C'est ce bronze qui, aujourd'hui, est placé sur le tombeau de Slowacki. Le médaillon en pierre fait actuellement partie du musée polonais de Rapperswyl en Suisse. — Renseignements fournis par le docteur Lewenhard (17 octobre 1897).
3. *Architecture funéraire contemporaine*, 2ᵉ section D. pl. ᴠɪɪɪ.

Beaux-Arts, né le 6 mars 1799, décédé le 19 décembre 1852.
— Buste en marbre blanc (H. 0ᵐ63). Signé : *Pollet.*
(16ᵉ div.)

PRÉAULT (Auguste).

Rouvière (Philibert), peintre et artiste dramatique, né à
Nîmes le 19 mars 1806, décédé à Paris le 19 octobre 1865.
— Demi-ronde bosse en bronze (Diam. 0ᵐ40), encastrée
dans la partie supérieure d'une stèle : Rouvière est représenté
mort ayant un masque à sa gauche, Signé : *1866, A. Préault
fecit.* Au-dessous, un bas-relief en bronze (H. 0ᵐ52. L.
0ᵐ61) : L'acteur est représenté dans le rôle d'*Hamlet* qu'il
a créé au Théâtre-Historique en 1847 dans le drame en vers
d'Alexandre Dumas et Paul Meurice. La scène reproduite en
sculpture est celle où Hamlet, sur la plate-forme du château
d'Elseneur, est en colloque avec le fantôme. (Deuxième
partie, scène première). *Rouvière* debout, le corps rejeté en
arrière dans un mouvement d'effroi porte vivement la main
droite à son front. Le bras gauche est rejeté en arrière et la
main tient une épée, la pointe en terre. Signé : *A. Préault,
1866.* (26ᵉ div.)

Préault.

Didier (Aglaé), décédée le 27 mai 1863 [1]. — Stèle surmontée d'un buste de femme en marbre blanc (H. 0ᵐ97).
Signé : *Auguste Préault, statuaire, 1865.* Un médaillon ovale
en marbre blanc (H. 0ᵐ50. L. 0ᵐ38) est placé au-dessous du
buste [2]. Gravé par *J. Huguenet* [3]. (27ᵉ div.)

RENAUDOT (Jules-François-Gabriel).

Chaudey (Ange-Gustave), avocat et journaliste, né à
Vesoul (Haute-Saône) le 5 octobre 1817, fusillé à Paris par
les insurgés le 23 mai 1871. — Dans la face antérieure d'un
monument est encastré une demi-ronde bosse en bronze.
(Diam. 0ᵐ40). Signée : *J. Renaudot stᵉ, 1873. F. Barbedienne,*

---

1. Mᵐᵉ Didier est la femme de Charles Didier, auteur de *Rome souterraine.*
2. Un dessin à l'encre de Chine du premier projet du tombeau de Mᵐᵉ Didier,
par *Préault,* fait partie du Musée d'Orléans. (Voy. *Catalogue du Musée d'Orléans,*
édition de 1876, n° 865.)
3. *Architecture funéraire contemporaine,* 2ᵉ section C. pl. III.

fondeur. Au-dessous, on lit l'inscription suivante gravée sur un cartel en bronze : « Si quelque balle récriminatrice nous est réservée, nous n'avons qu'à tomber en faisant des vœux pour la République. » (Chaudey, *Siècle* du 24 mai 1871). (29ᵉ div.)

ROBINET (Pierre-Alfred).

Malinet (Marie-Éliza-Camille), décédée le 5 juillet 1851, à l'âge de 9 ans. — Médaillon ovale en marbre (H. 0ᵐ 60. L. 0ᵐ 45). Signé : *P. Robinet fⁱ, 1854*. (33ᵉ div.)

RODIN (Auguste).

Castagnary (Jules-Antoine), journaliste, critique d'art, président du Conseil municipal de Paris (1879), conseiller d'État (1879), directeur des Cultes (1881), directeur des Beaux-Arts (1887), né à Saintes (Charente-Inférieure) le 11 avril 1830, décédé à Paris le 11 mai 1888. — Buste en bronze muni de bras (H. 0ᵐ 75) : La main droite, posée sur la poitrine, tient une plume. Signé : *Rodin*. Le monument de Castagnary a été élevé par souscription. (17ᵉ div.)

RUDE (François) et CHRISTOPHE (Ernest).

Cavaignac (Eléonore-Louis-Godefroy), polémiste, né à Paris en 1801, mort dans la même ville le 5 mai 1845. — Statue en bronze (Long. 2ᵐ). L'écrivain est représenté drapé et couché sur son tombeau ; il a la main droite posée sur un sabre et sur une plume. Le sabre est ici un attribut du combattant de Juillet. Signée : « *Rude et Christophe son jeune élève. Fⁱᵉ de Eck et Durand, 1847.* » Gravée par *Gibert*[1]. (31ᵉ div.)

SAINT-MARCEAUX (René de).

Dumas fils (Alexandre), littérateur et auteur dramatique, membre de l'Académie française, né à Paris le 28 juillet 1824, décédé le 30 novembre 1895. — Statue en marbre blanc (Long. 2ᵐ), par *R. de Saint-Marceaux*[2]. Alexandre Dumas est représenté couché et ayant les mains jointes sur la poitrine ; une forte couronne de laurier posée au sommet de la

---

1. *Architecture funéraire contemporaine*, 1ʳᵉ section B, pl. VI.
2. Cette statue a figuré au Salon du Champ-de-Mars en 1897 sous le n° 131.

pierre tumulaire vient effleurer la tête de l'écrivain. La statue est placée sous une sorte de sarcophage en granit porté par quatre colonnes romaines. (21ᵉ div.)

SAINT-VIDAL (Francis de).

Neuville (Alphonse-Marie-Adolphe de), peintre, né à Saint-Omer le 31 mai 1836, décédé à Paris le 19 mai 1885. — Édicule formant fronton coupé par une croix. Dans la face antérieure est un enfoncement où se trouve placé le buste de l'artiste (H. 0ᵐ 50). Sur le tombeau, une femme affaissée (grandeur nature) symbolisant la France en deuil. Elle pose les mains sur une palette et des pinceaux. A terre, un képi et des débris d'armure. Ce monument, en marbre blanc, est signé : *Francis de Saint-Vidal, 1894*. (23ᵉ div.)

SALMSON (Jean-Jules).

Salmson (Jean-Eugène-Denis), décédé le 20 juin 1848, à l'âge de 16 ans et demi. Cippe en pierre dans la face antérieure duquel est sculpté un médaillon ovale (H. 0ᵐ 45. L. 0ᵐ 35), par *J. Salmson*[1]. En exergue on lit : « L'amitié fraternelle. » (22ᵉ div.)

SCALLIET (L.).

Doré (Philippe), chimiste, décédé le 21 avril 1870, à l'âge de 39 ans. « Pendant quinze ans il a fait gratuitement, dans son amphithéâtre de la cité Doré, un cours de physique et de chimie aux ouvriers du 13ᵉ arrondissement de Paris. » — Médaillon en bronze (Diam. 0ᵐ 19). Signé : *L. Scalliet 1858*. (9ᵉ div.)

SCHEFFER (Ary) et MARJOLIN (Mᵐᵉ), née SCHEFFER.

Scheffer (Cornélia Lamme, Mᵐᵉ), née à Dordrecht le 23 avril 1771, décédée à Rueil le 4 juillet 1839. — Statue en pierre (grandeur nature), d'après *Ary Scheffer*. La mère du peintre est représentée couchée sur un tombeau. Cette statue, placée dans une chapelle, est la reproduction de celle en marbre due au ciseau d'*Ary Scheffer*. Les parois de la chapelle sont en outre décorées de peintures sur lave exécutées par

---

1. Renseignements fournis par *J. Salmson* (22 octobre 1897).

Mme C. *Marjolin*, d'après des œuvres de son père : 1° paroi du fond : fragment du tableau du *Christ consolateur* ; 2° paroi de droite : *Les douleurs de la terre qui se transforment en espérance en s'élevant vers le ciel* ; 3° paroi de gauche : *l'Ange annonçant la résurrection aux saintes femmes.* Cette composition est la reproduction de la dernière œuvre (inachevée) d'*Ary Scheffer.* Le fronton de la chapelle comporte un bas-relief en marbre (H. 0^m 50. L. 0^m 90) : *un Ange pleurant sur un tombeau.* L'inscription suivante se lit sur le tombeau simulé : « Heureux ceux qui pleurent, ils seront consolés. » Ce bas-relief a été exécuté par Mme C. *Marjolin* d'après une œuvre peinte par son père[1]. (22e div.)

SCHROEDER (Louis).

ROSTAN (Louis-Léon), médecin des hôpitaux, professeur à la Faculté, membre de l'Académie de médecine, né à Saint-Maximin (Var) le 15 mars 1790, décédé à Paris le 4 octobre 1866[2]. — Haut-relief en marbre blanc (H. 1^m 90. L. 0^m 80) : Rostan, en pied, debout, vêtu de la robe universitaire, tient un parchemin dans la main gauche ; il est dans l'attitude du professeur qui fait son cours. Signée : *Schroeder.* (26e div.)

TAIÉE (Jean-Alfred).

LACHAUD (Noël-Ernest), décédé à Vire (Calvados) le 8 septembre 1867, à l'âge de 52 ans, inhumé à Vire le 10 septembre 1867. — Le cénotaphe est décoré d'un médaillon en bronze (Diam. 0^m 22). Signé : *A. Taiée.* (29e div.)

THABARD (Martial-Adolphe).

SIMON (L.-E. Fortuné), curé de Saint-Eustache, décédé à Paris le 26 avril 1873. — Médaillon en bronze (Diam. 0^m 39). Signé : *A. Thabard.* Le tombeau de l'abbé Simon a été élevé « par sa famille, ses vicaires, etc. » (23e div.)

THOMAS (Gabriel-Jules).

DUPRATO (Jules-Laurent-Anacharsis), compositeur, né à Nîmes le 20 août 1827, décédé à Paris le 20 mai 1892. —

---

1. Renseignements fournis par Mme *Marjolin*, fille d'*Ary Scheffer* (12 octobre 1897).
2. Vapereau écrit : 16 mars 1796 et 3 octobre 1866 ?

Médaillon en bronze (Diam. 0^m40), encastré dans la face antérieure d'une stèle. Signé : *G. J. Thomas, 1893.* Au-dessous du médaillon, une lyre, également en bronze, complète la décoration du monument. (17e div.)

THOMIRE (Pierre-Philippe).

THOMIRE (Pierre-Philippe), sculpteur et ciseleur, né à Paris le 6 décembre 1751, décédé dans la même ville le 9 juin 1843. — Stèle surmontée du buste en bronze du sculpteur (H. 0^m58). Signé : *P. P. Thomire sculp^r, 1813. F^{rie} de Eck et Durand.* Sur la face antérieure de la stèle est gravée l'inscription suivante : « Les ouvriers réunis de la fabrication du bronze ont fait élever ce monument pour honorer le talent et perpétuer la mémoire d'un bienfaiteur qui fut leur ami. » (9e div.)

TORRELLI.

COZETTE père, décédé le 16 octobre 1848. — Chapelle dans laquelle est placé son buste en stuc (H. 0^m55). — COZETTE fils. — Buste en stuc (H. 0^m45). Ces deux bustes ont été exécutés par *Torelli*[1]. (32e div.)

TOUSSAINT (François-Christophe-Armand).

TOUSSAINT (Jean-Jacques-Alexandre), professeur au collège Rollin, né le 26 février 1772, décédé le 31 octobre 1836. — Médaillon en marbre blanc (Diam. 0^m30). Signé : *A^d Toussaint, 1837.* (22e div.)

TRENTACOSTE (Domenico).

HERBILLON (le colonel A.), né en 1825, décédé en 1893. — Tombeau en marbre sur lequel est une statue en bronze (Long. 1^m15) : une jeune femme, légèrement drapée, le torse nu, est affaissée sur le tombeau, la face contre terre ; les mains jointes, sont posées en avant. Signée : *D^{co} Trentacoste, 1892. Thiébaut frères fondeurs, Paris.* (5e div).

---

1. Renseignements fournis par Mme veuve Leclerc (14 octobre 1897).

SCULPTURES ANONYMES

I. — GROUPES

BAILLY-PERRIN (Famille). — Pyramide en bronze; dans la face antérieure est un enfoncement où se trouve placé un groupe en bronze (H. 0ᵐ 33) : un ange ailé, debout, montre du doigt le ciel à un jeune enfant agenouillé à ses pieds. Au-dessus, un médaillon en bronze (Diam. 0ᵐ 15). Sous ce médaillon est gravée l'inscription suivante : « Érigé en 1876 par Alphonse-Pierre Perrin à la mémoire de sa famille. » (3ᵉ div.)

CALLUAUD (Famille). — Dans une chapelle, sur un autel, est placé un groupe en marbre (H. 0ᵐ 40) représentant une *Mater dolorosa*. (23ᵉ div.)

II. — STATUES

DENISE (Joseph-Amand-Augustin), homme de lettres, né à Rouen, décédé à Paris le 17 janvier 1861, à l'âge de 89 ans. — Statuette en pierre (H. 0ᵐ 80) : Denise, en pied, debout, la tête nue, tient une plume dans la main droite et un livre dans l'autre main ; à ses pieds, sont des livres. (2ᵉ div.)

LEJEUNE (Marc). — Chapelle en pierre surmontée d'un sarcophage. Devant le sarcophage, sont deux femmes voilées, en pied, debout, légèrement inclinées dans l'attitude de la prière, en face d'un trépied que surmonte une flamme. Derrière le sarcophage, deux autres statues de femme dans la même attitude. Ces statues, en pierre, sont de grandeur nature [1]. (29ᵉ div.)

---

1. Mᵐᵉ Lejeune, propriétaire du monument, consultée, nous a dit ne pas connaître le nom de l'artiste qui a exécuté ces quatre statues (5 novembre 1897).

Rohart (Famille). — Statue en fonte (H. 1 ^{m} 35) : une jeune fille ailée, vêtue d'une tunique sans manches, a un genou en terre et tient un flambeau renversé ; du doigt de la main droite elle indique le ciel. La statue a été fondue au Val d'Osne. (5e div.)

Soltikoff (la comtesse Potocka, princesse), née à Saint-Pétersbourg le 4 février 1807, décédée à Paris le 21 janvier 1845. — Chapelle gothique décorée de trois clochetons dans lesquels est pratiqué un enfoncement où se trouvent placées les statuettes, en pierre, de la Charité, de l'Espérance et de la Foi. Une statue de la Vierge, debout, tenant l'Enfant Jésus, existe à l'intérieur de la chapelle, sur l'autel ; le rétable comprend un bas-relief en marbre représentant une Tête de Christ et les quatre Évangélistes. La chapelle a été construite en 1845 sur les dessins de *J. Hittorff*, architecte. Gravée par *L. Normand*[1]. (4e div.)

Ward (Famille). — Statue en bronze (H. 1 ^{m} 25) : *Christ en croix*. (26e div.)

III. — HAUT-RELIEFS

Blasini et Court (Familles). — Une chapelle dont la façade est décorée de deux médaillons en marbre (Diam. 0 ^{m} 35). A l'intérieur est un haut-relief en marbre représentant la Vierge assise tenant l'Enfant Jésus dans ses bras. (19e div.)

Larmoyer (Famille). — Haut-relief en pierre (H. 1 ^{m}. L. 1 ^{m} 90) : un homme est étendu sur son lit de mort ; près de lui est une femme en pleurs entourée de ses quatre enfants ; au pied du lit, un Génie ailé tient d'une main un flambeau renversé et de l'autre tend au moribond une couronne de roses[2]. (29e div.)

---

1. *Monuments funéraires*, etc., t. I, pl. xlvi et xlvii. *Normand* attribue la sculpture de la chapelle de la princesse Soltikoff au ciseau de *F. Duret*. Mais comme nous n'avions aucun document à l'appui de l'assertion de *Normand*, nous nous sommes adressé à Mme Cot, fille de *Duret*, et à *A. Thabard*, élève du statuaire. L'un et l'autre nous ont répondu qu'ils n'avaient jamais entendu dire que la sculpture de cette chapelle eût été exécutée par *Duret*. Nous avons donc lieu de supposer que *Normand* a été mal informé. (Renseignements obtenus les 27 octobre et 7 novembre 1897.)

2. M. Larmoyer nous écrit, à la date du 14 octobre 1897, qu'il ne connaît pas le nom de l'artiste qui a sculpté le haut-relief décorant le tombeau de sa famille.

Porée (Famille Henri). — Dans le tympan d'une chapelle est un haut-relief cintré en marbre blanc (H. 0ᵐ 60.
L. 0ᵐ 70) : saint Jean-Baptiste enfant est assis sur des nuages ;
il tient une croix dans sa main gauche et indique le ciel du
doigt de la main droite. (5ᵉ div.)

IV. — BUSTES

Bailly (le Docteur), de Blois, décédé à l'âge de 42 ans.
— Stèle surmontée d'un buste en bronze (H. 0ᵐ 60) du docteur. L'inscription suivante est gravée sur le monument : « la
Grèce reconnaissante de ses soins et de son dévouement l'avait
placé au rang de ses sauveurs et de ses enfants. » Ce monument a été élevé par la famille et les amis de Bailly. (32ᵉ div.)

Braux d'Anglure (François-Nicolas de), décédé le 4 août
1849, à l'âge de 45 ans. — Stèle surmontée d'un buste en
bronze (H. 0ᵐ 45). Au-dessous, bas-relief en bronze
(H. 0ᵐ 72. L. 0ᵐ 43) : un petit Génie, debout, en pleurs,
se cache la figure avec un pan de draperie[1]. (21ᵉ div.)

Delion (Famille). — Buste d'homme, en plâtre (H. 0ᵐ 80)
placé dans une chapelle. (10ᵉ div.)

Fourier (François-Marie-Charles), chef de l'école pha-
lanstérienne, né à Besançon le 7 avril 1772, décédé à Paris le
10 octobre 1837. — Buste en marbre (H. 0ᵐ 75). (23ᵉ div.)

Hesse (Aaron-Arthur), né le 8 mai 1812, décédé le 9 mai
1883. — Buste en terre cuite (H. 0ᵐ 40). (Cimetière
israélite.)

Jullien (Famille). — Buste d'enfant, en plâtre
(H. 0ᵐ 35), placé dans une chapelle. (6ᵉ div.)

Laval (Famille). — Buste de femme, en marbre
(H. 0ᵐ 50), placé dans une chapelle. (25ᵉ div.)

Lunardi (Pietro) di Lucca (Italie), décédé le 10 janvier

---

1. Mᵐᵉ de Braux d'Anglure nous écrit, à la date du 13 octobre 1897, que le buste
et le médaillon ont dû être exécutés vers 1850, mais qu'elle ignore le nom de l'artiste
qui les a modelés.

1867. — Buste en plâtre teinté (H. 0ᵐ 75), placé dans une chapelle. (6ᵉ div.)

MONTENA (Famille). — Buste d'homme, en marbre blanc (H. 0ᵐ 60), placé dans une chapelle. Le fronton de la chapelle est décoré d'un bas-relief en pierre (H. 0ᵐ 30. L. 0ᵐ 90) : Au centre, une ruche ; de chaque côté, une femme assise dépose au pied de la ruche une branche de cyprès et une couronne d'immortelles. (22ᵉ div.)

REY (François), décédé le 11 août 1864, à l'âge de 50 ans. — Buste en marbre (H. 0ᵐ 50), placé dans une chapelle. — (10ᵉ div.)

ROUSSET (Claude), marbrier, né en 1838, décédé en 1895. — Buste en bronze (H. 0ᵐ 55), surmontant une stèle en pierre. (21ᵉ div.)

SABATTIER (Antoine-Joseph), chef d'institution, décédé le 21 février 1837. — Buste en marbre (H. 0ᵐ 60). Le tombeau de Sabattier a été élevé par « ses élèves reconnaissants. » (21ᵉ div.)

SANREY (Philippe-Auguste), né en 1810, décédé en 1860. — Buste en plâtre (H. 0ᵐ 40), placé dans une chapelle. (9ᵉ div.)

VANONY (Famille). — Buste d'homme, en marbre (H. 0ᵐ 28), placé dans une chapelle. (9ᵉ div.)

V. — MÉDAILLONS

AMAURY-DUVAL, membre de l'Académie des Inscriptions et Belles-Lettres, né à Rennes le 28 février 1760, décédé à Paris le 12 novembre 1838. — Médaillon en pierre (Diam. 0ᵐ 33). (13ᵉ div.)

BATTON (Désiré-Alexandre), compositeur, né à Paris le 2 janvier 1798, décédé à Versailles le 15 octobre 1855. — Médaillon en bronze (Diam. 0ᵐ 45). (19ᵉ div.)

BELLEMARE (Marie-Zoé Ferry de), décédée en 1868. — Médaillon en marbre blanc (Diam. 0ᵐ 35). (12ᵉ div.)

Berthault et Koller (Familles). — Médaillon en marbre (Diam. 0^m 25), placé dans une chapelle. (22e div.)

Bruzzesi (Hélène), décédée à Paris le 5 février 1857. — Médaillon ovale en marbre (H. 0^m 40. L. 0^m 35), encastré dans la face antérieure d'un tombeau. (22e div.)

Cailleux (Famille). — Dans une chapelle est placé un médaillon ovale en marbre (H. 0^m 50. L. 0^m 45) : Femme voilée tenant un jeune enfant dans ses bras. (4e div.)

Chevalier (Charles), né à Paris le 18 novembre 1804, décédé dans la même ville le 21 novembre 1859. — Médaillon en pierre (Diam. 0^m 40). Le monument de Chevalier, élevé sur les dessins de *Cheviron*, architecte, a été gravé par *J.-J. Sulpis*[1]. (5e div.)

Clarac (Charles-Othon-Frédéric-Jean-Baptiste, comte de), archéologue, conservateur des antiques au Musée du Louvre, membre de l'Institut, né à Paris le 16 juin 1777, décédé le 20 janvier 1847. — Médaillon en marbre (Diam. 0^m 25)[2]. (9e div.)

Courtois (Pierre-Félix), décédé le 18 janvier 1867, à l'âge de 56 ans. — Médaillon en marbre (Diam. 0^m 40). (7e div.)

Danjoy (Jean-Charles-Léon), architecte, né à Avensac (Gers) le 31 mai 1806, décédé à Paris le 4 septembre 1862. — Médaillon en marbre (Diam. 0^m 32) représentant Minerve casquée, une lampe romaine allumée, un temple antique et un épi de blé symbolisant le génie se développant par la science, le travail et la tradition[3]. Gravé par *H.-E. Gibert*[4]. (21e div.)

Decamps (Mme), mère du peintre *Alexandre-Gabriel Decamps*. — Médaillon en marbre (Diam. 0^m 35), encastré dans la face antérieure d'un cippe. (17e div.)

1. *Architecture funéraire contemporaine*, 2e section D, pl. xiv.
2. M. A. Héron de Villefosse, neveu de Clarac, nous écrit, le 18 novembre 1897, qu'il possède un moulage du médaillon de Clarac dont nous nous occupons ici, mais qu'il lui a été impossible, malgré ses recherches, de parvenir à découvrir le nom de l'artiste qui a modelé cette œuvre.
3. M. E. Danjoy, architecte, fils de *Léon Danjoy*, nous écrit, à la date du 30 octobre 1897, qu'il ne connaît pas le nom de l'artiste qui a sculpté le médaillon décorant le tombeau de son père.
4. *Architecture funéraire contemporaine*, etc., 1re section B, pl. vi.

FAUREAU (Louis), président fondateur de la Société la « Méridienne », décédé le 30 mars 1884, à l'âge de 78 ans. — Médaillon en bronze (Diam. 0^m 30). Le tombeau de Faureau lui a été érigé par la Société de secours la « Méridienne. » (10e div.)

LAGRIFFE (J.-B.), décédé le 11 janvier 1865, à l'âge de 45 ans. — Médaillon en terre cuite (Diam. 0^m 16). (27e div.)

LETHIÈRE (Pierre-Guillon), procureur du Roi en l'île Grande-Terre, Guadeloupe, né à la Martinique en 1725, décédé à Paris en 18...[1]. — Médaillon en marbre (Diam. 0^m 29), décorant la face antérieure d'une stèle. Le monument de Lethière lui a été élevé par son fils, *Guillaume-Guillon Lethière*, peintre, inhumé dans ce tombeau le 24 avril 1832. (16e div.)

STORKS (Henry), magistrat d'Ely et de Cambridge, né le 25 juillet 1779, décédé le 4 novembre 1866. — Stèle en marbre blanc, au sommet d'un tombeau, dans laquelle est sculpté le médaillon de Storks (Diam. 0^m 40). Gravé par *Chappuis*[2]. (28e div.)

TERRASSE (Philippe), décédé le 30 décembre 1892, dans sa 82e année. — Médaillon en bronze (Diam. 0^m 35). — Clarisse FOURNIER, femme TERRASSE, née le 23 décembre 1818, décédée le 6 février 1882. — Buste en bronze (H. 0^m 28). Un petit chien couché, en bronze, est posé sur la pierre tumulaire. (12e div.)

TROYON (Constant), peintre paysagiste, né à Sèvres (Seine-et-Oise) le 25 août 1810, décédé à Paris le 21 mars 1865. — Édicule décoré d'acrotères, d'une guirlande et de palmes. Le médaillon, en marbre blanc (Diam. 0^m 40), de l'artiste est placé dans la partie supérieure de l'édicule. Le monument de *Troyon* a été érigé sur les dessins de *G. Diéterle*, architecte. La sculpture décorative est due au ciseau de *L. Doudeau*. (27e div.)

---

1. Millésime effacé. — Pierre-Guillon Lethière ne repose pas sous ce monument commémoratif.
2. *Architecture funéraire contemporaine*, etc., 2e section C, pl. XII.

VI. — DIVERS

ADHÉMAR (Alphonse-Joseph), mathématicien, né en 1795, décédé en 1862. — Pyramide à base quadrangulaire en granit. Dans la face antérieure est sculptée une sphère en relief. Le monument d'Adhémar, élevé sur les dessins de *P. Lorain*, architecte, a été gravé par *Mercier*[1]. (22ᵉ div.)

BAUDIN (Charles), amiral, né le 21 juillet 1784, décédé le 7 juin 1854. — Sur la face antérieure d'un tombeau sont sculptés en relief deux branches de laurier enlacées avec deux bâtons de commandement et une ancre. (18ᵉ div.)

DELAGARDE (Victor Paschal, dit Pascal), né en 1845, décédé en 1892. — Au sommet d'un tombeau est une stèle en pierre surmontée d'un vase en bronze ; sur la face antérieure de la stèle sont fixées une lyre traversée par une épée, et des branches de laurier et de chêne ; ces attributs sont en bronze. Au-dessous, sont sculptés dans la pierre : une partition de musique, des instruments de musique, un masque, etc., et plus bas une plume. Sur une palme en bronze, placée sur le tombeau, est gravé : « 3ᵉ anniversaire. » (23ᵉ div.)

JADIN (Louis-Emmanuel), compositeur, né le 22 septembre 1768, décédé le 11 avril 1853 ; et JADIN (Louis-Godefroy), peintre, né le 30 juin 1805, décédé le 24 juin 1882. — Tombeau sur lequel est couché un levrier en marbre. (13ᵉ div.)

MASSÉ (Félix-Marie-Victor), compositeur, membre de l'Institut, né à Lorient le 7 mars 1822, décédé à Paris le 5 juillet 1884. — Une stèle circulaire, en marbre rouge veiné, est surmontée d'une urne funéraire, et décorée d'attributs en bronze : une lyre, une palme, une couronne de roses et de lierre. (26ᵉ div.)

MOZIN (Charles-Louis), peintre, né à Paris en 1806, décédé à Trouville le 7 novembre 1862. — Tombeau hori-

---

1. *Architecture funéraire contemporaine*, etc., 2ᵉ section A, pl. XII.

zontal, en marbre blanc; sur la face est sculptée une branche de laurier qui disparaît en partie sous une palette et des pinceaux. (5ᵉ div.)

Neustedt Bennett (Famille). — Tombeau en marbre sur lequel est un vase en bronze; un oiseau ayant le bec et les ailes ouverts est posé sur le socle; en avant du vase est une gerbe de fleurs, également en bronze. Sur le ruban liant la gerbe est gravé en relief le nom de « Marthe ». (18ᵉ div.)

Vogel (Adolphe), compositeur, né à Lille le 6 mai 1808, décédé à Paris le 27 septembre 1892. — Sur la face antérieure d'un cippe en pierre sont sculptées une lyre, une couronne et une palme. (24ᵉ div.)

III

CIMETIÈRE DU SUD

(*Montparnasse*)

ADAM (Lucie-Sébastienne).

Loison (Pierre), statuaire, né à Mer (Loir-et-Cher) en 1816, décédé à Cannes le 3 février 1886. — Stèle surmontée d'un buste en bronze (H. 0ᵐ 48). Signé avec cette mention : *A Madame Loison, S. L. Adam, 1874.* (10ᵉ div.)

ADAM-SALOMON (Antony-Samuel).

Mallefille (Jean-Pierre-Félicien), auteur dramatique, né à l'Ile-de-France le 3 mai 1813, décédé à Bougival le 24 novembre 1868. — Tombeau en granit dont la face antérieure est décorée du médaillon en bronze de Mallefille (Diam. 0ᵐ 43). Signé avec cette mention : « *A la mémoire de Félicien Mallefille, Adam-Salomon.* » (3ᵉ div., 1ʳᵉ section.)

Adam-Salomon.

Niepce de Saint-Victor (Claude-Félix-Abel), chimiste,

né à Saint-Cyr (Saône-et-Loire) le 26 juillet 1805, décédé à Paris le 6 avril 1870. — Médaillon en bronze (Diam. 0^m 45). Signé : *Adam-Salomon, 1872.* Le tombeau de Niepce de Saint-Victor lui a été élevé « par ses amis ». (12e div.)

AIZELIN (Eugène-Antoine).

Boisseaux (Claude-Nicolas-Henri), homme de lettres, né à Dijon le 14 octobre 1821, décédé à Paris le 20 novembre 1863. — Médaillon en marbre (Diam. 0^m 32). Signé : *E. Aizelin, 1864.* (11e div.)

ALLIER (Antoine).

Tribalet (Amédée-Louis-Félix), « inspecteur des finances, membre du Conseil général du département de l'Aisne », né à Coucy-le-Château (Aisne) le 25 août 1767, décédé à Paris le 11 avril 1840. — Médaillon en marbre (Diam. 0^m 45) encastré dans la face antérieure d'une stèle. Signé : *Allier, à son ami.* (6e div.)

Allier.

Allier (Antoine-Jean-François), député des Hautes-Alpes, né à Embrun le 5 mai 1768, décédé à Paris le 7 avril 1838. — Médaillon en marbre (Diam. 0^m 48). Signé : *Allier fils.* (13e div.)

ALLOUARD (Henri-Émile).

Boivin (Arsène-Désiré), président de la Chambre syndicale des constructeurs électriciens, membre de la société des sauveteurs de la Seine, décédé le 4 juillet 1892, dans sa 52e année. — Buste en bronze (H. 0^m 70). Signé : *H. Allouard.* (18e div.)

BADIOU DE LA TRONCHÈRE (Jacques-Joseph-Émile).

Clair (Alexandre), membre de la société des ingénieurs civils de France, décédé le 13 janvier 1886, à l'âge de 34 ans. — Médaillon en bronze (Diam. 0^m 35). Signé : *Badiou de Latronchère, 1885.* (26e div.)

BAILLY (Charles-Éloy).

Daumas (Jean-Barthélemy), sculpteur, né à Toulon

en 1815, décédé à Paris le 9 août 1879. — Stèle en marbre blanc dans la face antérieure de laquelle est sculpté le médaillon (Diam. 0^m 32). Signé : *E. Bailly*. L'inscription suivante est gravée au-dessous du médaillon : « La société de secours mutuels des sculpteurs praticiens et ornemanistes a acheté ce terrain et élevé ce monument à la mémoire de *J.-B. Daumas*, un de ses fondateurs, son président pendant 25 ans, comme témoignage d'estime et de reconnaissance. » (18e div.)

Bailly.

PAGNIEZ (Aimé-Félix-Joseph), né le 25 septembre 1818, décédé le 17 octobre 1885. — Stèle en pierre dont la face antérieure est décorée du médaillon en bronze (Diam. 0^m 38) de Pagniez. Signé : *E. Bailly*, 1885. — BAILLY (Charles-Eloy), statuaire, né à Remenoville (Meurthe-et-Moselle) le 7 janvier 1830, décédé à Paris le 6 août 1895. — Buste en bronze (H. 0^m 57), placé sur un socle posé sur la pierre tumulaire. Signé : *E. Bailly, 1885*. L'inscription suivante a été gravée sur la face antérieure du socle, par les soins de la famille Pagniez : « A notre ami *C.-E. Bailly*, statuaire. » (26e div.)

BARRE (Jean-Auguste).

FONTAINE (Joseph-Dominique), décédé le 27 janvier 1871, dans sa 70e année. — Médaillon ovale en terre cuite (H. 0^m 25. L. 0^m 20). Signé : *A. Barre, F^t 1831*. (11e div.)

Barre.

DUVAL (Alexandre-Vincent PINEU), auteur dramatique, administrateur de la Bibliothèque de l'Arsenal, membre de l'Académie française, né à Rennes le 6 avril 1767, décédé à Paris en janvier 1842. — Médaillon en marbre (Diam. 0^m 40), attribué à *Auguste Barre*[1]. Le monument de Pineu Duval lui a été élevé par « la Société des auteurs dramatiques et ses amis ». (9e div.)

---

[1]. M. André Vincent, notaire à Paris, nous écrit que les héritiers d'Alexandre Duval possèdent un buste de ce dernier sculpté par *Auguste Barre*, et qu'ils présument que cet artiste a dû également exécuter le médaillon qui décore le monument de l'auteur dramatique (25 novembre 1897).

BARRIAS (Louis-Ernest).

Mazerolle (Alexis-Joseph), peintre, né à Paris le 29 juin 1826, décédé dans la même ville le 29 mai 1889. — Sur la face antérieure d'une stèle est encastré le médaillon en bronze (Diam. o^m 40) de *Mazerolle*. Signé avec cette mention : *Mazerolle, peintre, 1826-1889. E. Barrias, sculp. Thiébaut frères, fondeurs*. Une palette et des pinceaux, en bronze, sont posés sur la pierre tumulaire. (7ᵉ div.)

Barrias.

Barboux (Marie-Laure Simon, Mᵐᵉ), inhumée le 18 décembre 1893, à l'âge de 56 ans. — Une chapelle dont la face postérieure comporte un portique avec fronton, porté par quatre colonnettes. Sous ce portique est placé un groupe en marbre (H. 1^m 60) représentant l'*Éducation maternelle* : une jeune femme assise dans un fauteuil a dans la main gauche un livre posé sur son genou; un jeune garçon debout près d'elle se montre attentif à son enseignement. Signé : *E. Barrias, 1896*[1]. Sur le socle de la statue est gravée l'inscription suivante : « L'homme a deux ailes pour s'élever de la terre : la simplicité et la pureté. La simplicité cherche Dieu, la pureté le trouve et le goûte. » Le monument a été construit sur les dessins de *Henri Rauline*, architecte. (28ᵉ div.)

BARTHEZ (Alphonse-Barthélemy).

Fouassier (Hélène Vimont, Mᵐᵉ), née le 29 décembre 1840, décédée le 19 mars 1872. — Médaillon en bronze (Diam. o^m 40) attribué à *A.-B. Barthez*[2]. (7ᵉ div.)

BARTHOLDI (Frédéric-Auguste).

Jundt (Gustave), peintre, né en 1830, décédé en 1884. — Stèle en pierre surmontée du buste en bronze (H. o^m 70) de l'artiste. Signé : *Bartholdi, 1885. Thiébaut frères, fondeurs*. A la base de la stèle est une statue en bronze (H. 1^m 35) : une jeune Alsacienne debout sur la pierre tumulaire vient de cueillir des fleurs dont elle couvre la palette du peintre fixée

---

1. Ce groupe a figuré au Salon de 1896 sous le n° 3198.
2. M. *Achille Estival*, architecte de la famille Fouassier, nous écrit, le 22 novembre 1897, que le médaillon de Mᵐᵉ Fouassier a dû être exécuté par *A.-B. Barthez*.

dans la face antérieure de la stèle. Cette statue a été également modelée par *Bartholdi* [1]. (17e div.)

BARTHOLOMÉ (Albert).

MABEL DE LA CROIX (Mme), née en 1860, décédée en 1889. — Tombeau en pierre dans la face antérieure duquel est encastrée une tête d'enfant, demi-ronde bosse en bronze (H. 0 m 30). Signée : *A. Bartholomé* [2]. (8e div.)

BEAUVAIS (Jean-Baptiste).

BEAUVAIS (Marie-Rose BUSSIÈRE, veuve), née en 1825, décédée en 1892. — Buste en terre cuite (H. 0 m 56). Signé : *J. B. Beauvais, Paris.* (18e div.)

BÉGUINE (Michel-Léonard).

ROUSSELLE (Georges et Hippolyte), fils du président du Conseil municipal de Paris [3]. Georges, né en 1869, décédé en 1875 ; Hippolyte, né en 1872, décédé en 1894. — Leurs deux médaillons accolés sont sculptés dans un bloc de marbre en forme de rocher (Diam. 0 m 30). Signé : *Béguine.* (29e div.)

BELLOC (Jean-Baptiste).

RIEDER (Frédéric), né en 1828, décédé en 1896. — Stèle en marbre décorée du médaillon en bronze de Rieder (Diam. 0 m 33). Signé : *J. B. Belloc.* A droite du médaillon, sur la stèle, est gravé : « Offert par l'Association des anciens élèves de l'école alsacienne. » (9e div.)

BEYLARD (Charles).

COLFAVRU (Jean-Claude), « avocat, représentant de Saône-et-Loire à l'Assemblée législative de 1849, chef du 85e bataillon de marche de la garde nationale de Paris en 1870, député de Seine-et-Oise en 1885, président du conseil de l'Ordre du Grand-Orient de France, fondateur de la loge la Constante Amitié », né à Lyon le 1er décembre 1820, décédé à Paris le

---

1. Ce monument a figuré au Salon de 1885 sous le n° 3330.
2. Mme Mabel de la Croix est morte en donnant le jour à l'enfant dont le portrait décore ce tombeau.
3. Ernest Roussel, président du conseil municipal de Paris, décédé en 1896, repose dans le même tombeau que ses deux fils.

18 mai 1891. — Buste en bronze (H. 0ᵐ 73). Signé :
C. Beylard, 1893. Au-dessous du buste est gravé : « La loge
la Constante Amitié et la franc-maçonnerie française ont élevé
ce monument. » (20ᵉ div.)

BIGOT (Mᵐᵉ Amélie).

Mathieu-Meusnier (Mathieu-Roland, dit), statuaire, né
à Paris le 1ᵉʳ avril 1824, décédé dans la même ville le
31 janvier 1896. — Une stèle s'élève au sommet d'un tombeau en pierre. Le médaillon en bronze (Diam. 0ᵐ 47) de
Mathieu-Meusnier est encastré dans la face antérieure de la stèle.
Signé : *A. Bigot* ¹. (6ᵉ div.)

BLANCHARD (Jules).

Parlo Martinez del Rio, né le 20 juin 1838, décédé le
18 mai 1878. — Médaillon en bronze (Diam. 0ᵐ 38). Signé :
J. Blanchard. (13ᵉ div.)

Blanchard.

Gauthier (Charles), statuaire, né à Chauvirey-le-Châtel
(Haute-Saône) le 7 décembre 1831, décédé à Paris le 5 janvier
1891. — Stèle au sommet d'un tombeau surmontée du buste
en bronze de *Charles Gauthier* (H. 0ᵐ 60), par *Blanchard* ².
Ce monument a été élevé à *Gauthier* « par ses amis et ses
élèves. » (10ᵉ div.)

BOGINO (Frédéric-Louis-Désiré).

Moulin (Pierre-Jules), consul de France à Salonique. Il
fut assassiné dans cette ville pendant une émeute le 6 mai
1876, à l'âge de 39 ans. L'inscription funéraire dit qu' « il
est mort en faisant son devoir ». — Tombeau avec pyramide
quadrangulaire tronquée. Dans la face antérieure de la pyramide, sur un socle formant saillie, est placé le buste en bronze
de Moulin (H. 0ᵐ 45). Signé : *F. Bogino, 1877. A. Charnod,*
fondeur. (17ᵉ div.)

BOISSEAU (Émile-André).

Lomon (Aristide), poète, « mort à 28 ans, le 15 février

---

1. Mᵐᵉ *Amélie Bigot* est l'élève de *Mathieu-Meusnier.* Renseignements fournis
par M. Georges Meusnier, fils du statuaire (6 décembre 1897).
2. Renseignements fournis par M. *H. Louis-Noël,* statuaire (22 novembre 1892).

1871, des suites de ses blessures reçues le 19 janvier à Buzenval. » — Médaillon en bronze (Diam. 0^m 40). Signé : *E. Boisseau*. (9e div.)

BOITEL (Isidore-Romain).

PETIT (Jean-Martin, baron), général de division, né à Paris le 28 juillet 1772, décédé le 8 juin 1856. — Colonne circulaire surmontée du buste en bronze (H. 0^m 65) du général. Signé : *I. R. Boitel, 1856* [1]. (14e div.)

BORREL (Alfred).

BOULANGER (Auguste), né en 1823, décédé le 12 juillet 1867. — Médaillon en bronze (Diam. 0^m 21). Signé : « A M. Boulanger, hommage affectueux, *A. Borrel, 1861*. — Hyacinthe CANON-PAGÈS, veuve BOULANGER, née le 1er août 1818, décédée le 7 octobre 1891. — Médaillon en bronze (Diam. 0^m 20). Signé : « Souvenir d'Aulnay, *A. Borrel, 1864*. » (3e div., 1re section.)

Borrel.

DESJARDINS (Louis-Joseph Isnard), né en 1814, inhumé le 14 novembre 1894. — Médaillon en bronze (Diam. 0^m 40). Signé : *A. Borrel*. (6e div.)

BOURGEOIS (Louis-Maximilien).

SOITOUX (Jean-François), sculpteur, né à Besançon le 5 septembre 1816, décédé à Paris le 21 mai 1891. — Monument composé d'une pierre tumulaire à l'extrémité de laquelle se dresse une stèle de style grec dont la partie droite forme une colonne avec base et chapiteau. Sur la colonne est placée une réduction en bronze de la statue de la *République* par *Soitoux* qui décore la place de l'Institut. Au sommet de la stèle, dans sa partie centrale, est encastré le médaillon en bronze (Diam. 0^m 32) exécuté par *Maximilien Bourgeois* et représentant *Soitoux* vu de profil. Dans l'angle de la stèle opposé à la colonne qui supporte la *République,* une branche de laurier en bronze. Au-dessous du médaillon est gravé :

---

1. Le marbre du buste du baron Petit est au musée de Versailles. Il a été exposé au Salon de 1853 sous le n° 1239. — Le général baron Edmond Petit, décédé en 1894, repose dans le même tombeau.

« A notre ami, *J. Soitoux*, statuaire, chevalier de la Légion d'honneur, 1816-1891 », et plus bas : « Concession perpétuelle donnée par la Ville de Paris ». La partie décorative du monument, élevé par les amis et les élèves de *Soitoux*, est due au ciseau de *L. Villeminot*. L'inauguration du monument a eu lieu le 21 mai 1892[1]. (29e div.)

BRIAN (Jean-Louis).

DARGAUD (Jean-Marie), littérateur, né à Paray-le-Monial le 22 février 1800, décédé le 6 janvier 1866. — Stèle circulaire surmontée du buste en bronze de Dargaud (H. 0m 55). Signé : *L. Brian, 1843*. Sur le piédouche est gravé : « Jane Gray, Marie Stuart, Élisabeth, la Famille, la Liberté religieuse, Cromwel. » (10e div.)

BRUN (Henri).

VEYNE (F.-A.), docteur-médecin. — Médaillon en granit (Diam. 0m 40) sculpté dans la face antérieure d'une stèle. Signé : *H. Brun*[2]. (12e div.)

BULIO (Jean).

PEIGNAT (François-Paul), décédé le 5 novembre 1889, dans sa 17e année. — *Christ couronné d'épines*, buste en bronze (H. 0m 38). Signé : *Bulio, 1874*. (10e div.)

BULLIER (Alexandre-Augustin-Célestin).

ESPANET (Nicolas-Jules), décédé le 11 mars 1865, à l'âge de 55 ans. — Médaillon en bronze (Diam. 0m 37). Signé : *Bullier, 1865*. (20e div.)

Bullier.

NARGEOT (Michel), inhumé le 17 octobre 1874, à l'âge de 57 ans. — Demi-ronde bosse en bronze (Diam. 0m 35) représentant une *Tête de Christ*. Signée : *A. Bullier*. (6e div.)

Bullier.

BULLIER (Guy-Pierre), né le 9 janvier 1795, décédé le

---

1. *J.-F. Soitoux* avait d'abord été inhumé au cimetière de Bagneux. Ses restes ont été rapportés au cimetière Montparnasse le 12 mai 1892.

2. Le modèle en plâtre de ce médaillon a été exposé au Salon de 1876 sous le n° 3109.

9 février 1862. — Stèle avec enfoncement dans la face antérieure de laquelle se trouve placé le buste en marbre blanc de Bullier (H. 0^m 55). Signé à la section de l'épaule : « A mon père... ». — BULLIER (Alexandrine-Françoise), née le 5 juillet 1858, décédée le 20 août 1863. — Médaillon en bronze (Diam. : 0^m 31) encastré dans la stèle au-dessous du buste. Signé avec cette mention : *A ma fille, A^{dre} Bullier.* (18e div.)

Bullier.

PILLIER (Famille). — Bas-relief en terre cuite (H. 0^m 75. L. 0^m 65) : une jeune femme voilée, assise, est accoudée du bras droit sur son genou ; la tête pose sur la main ; elle tient une couronne d'immortelles dans la main gauche. Signé : *Bullier.* (18e div.)

Bullier. Voy. Desprey (Louis-Antoine-Prudent).

CABET (Jean-Baptiste-Paul).

RUDE (François), statuaire, né à Dijon le 4 janvier 1784, décédé à Paris le 3 novembre 1855. — Au sommet d'une pierre tumulaire est une stèle en pierre dont les angles sont décorés de torches renversées. La stèle est surmontée du buste en bronze de *Rude* (H. 0^m 72). Signé : *P. Cabet, 1856 scpt. F^{drie} de Eck et Durand, 1856*[1]. Dans la face antérieure de la stèle est encastrée une plaque en bronze (H. 0^m 65. L. 0^m 42) sur laquelle est gravé au trait le haut-relief de l'arc de l'Étoile : *Le Départ des volontaires.* Sur la pierre tumulaire est une couronne de laurier en bronze, posée sur un coussin, avec cette inscription : « A *F. Rude,* ses élèves. » (1re div., 1re section.)

Cabet.

CABET (Martine VANDERHAERT, femme de Paul), née en 1833, décédée en 1865. — Au sommet d'un tombeau, stèle en marbre surmontée du buste en bronze (H. 0^m 68) de Mme Cabet. Signé : *P. Cabet, 1866.* Au-dessous du buste est encastré dans la stèle un bas-relief en bronze (H. 0^m 70. L. 0^m 52) : une jeune femme, voilée, en pleurs, est assise sur une borne devant une simple croix de bois fixée en terre

---

1. Le buste de *Rude* a été exposé au Salon de 1857 sous le n° 2762.

au pied d'un saule pleureur; elle est accoudée du bras droit sur le genou et se voile la face; la croix est décorée d'une couronne d'immortelles. Signé : *P. Cabet, 1866* [1]. (1re div., 2e section).

CAPELLARO (Charles-Romain).

Dussoubs (Denis-Gaston), né à Saint-Léonard (Haute-Vienne) en 1820, « tué à la barricade de la rue du Petit-Carreau le 4 décembre 1851, à l'âge de 31 ans ». — Stèle en granit surmontée du buste en bronze de Dussoubs (H. 0^m 60). Signé : *C. Capellaro, 1880. A. Rolland, F^r* [2]. Dans la face antérieure de la stèle est encastré un bas-relief en bronze (H. 0^m 37. L. 0^m 60) : au centre, une barricade; à droite, Dussoubs, debout, étend la main droite dans la direction d'un peloton de soldats qui le mettent en joue ; à gauche, un officier, le sabre levé, commande l'exécution ; au second plan, près de Dussoubs, un soldat, muni d'une lanterne, éclaire la figure du combattant afin qu'on le puisse viser sûrement. Cette clarté permet de lire le nom de la rue « Mauconseil ». Signé : *C. Capellaro.* Une couronne de laurier et une palme en bronze sont fixées dans la stèle au-dessus du bas-relief. Sur la face postérieure du monument, ces mots : « Je meurs avec la République, ce fut sa dernière parole (Victor Hugo, *Histoire d'un crime*, vol. II, p. 152). » Le monument de Dussoubs a été élevé au moyen « d'une souscription démocratique » en 1880. (8e div.)

CARION (Louis).

Charles (Louis), né le 3 janvier 1833, décédé le 21 septembre 1886. — Buste en bronze. Signé : *L. Carion, 1887.* (28e div.)

CARPEAUX (Jean-Baptiste).

Carpezat (Claude-François), né en 1793, inhumé le 19 février 1879. — Médaillon en bronze (Diam. 0^m 40) encastré dans la face antérieure d'une stèle. Signé avec cette mention : *Carpeaux, à son ami Carpezat, 1855.* (6e div.)

---

1. Le modèle de ce bas-relief a été exposé au Salon de 1866 sous le n° 2659.
2. Le buste de Dussoubs a été exposé au Salon de 1880 sous le n° 6159.

CARPEZAT (François-Louis).

Esparon (Jean-Claude), graveur sur métaux, né en 1823, décédé le 28 novembre 1886. — Médaillon en bronze (Diam. 0 m 32) encastré dans la face antérieure d'une stèle. Signé : *Carpezat, 1869*[1]. Au-dessous, deux branches de chêne et de rosier, également en bronze, sont fixées sur la stèle ; les mots suivants sont gravés sur le ruban qui lie les deux branches : « A mon mari ». (27e div.)

CAUNOIS (François-Augustin).

Giraud (Marie-Jeanne-Madeleine Guérard, veuve), née en 1773, décédé en 1858[2]. — Médaillon en stuc (Diam. 0 m 15). Signé : *Caunois, 1846*. (12e div.)

CELLIER (Aloys).

Laussel (Adam), né le 30 juillet 1845, décédé le 28 février 1893. — Stèle en marbre rose dont la face antérieure est décorée du médaillon en bronze (Diam. 0 m 40) de Laussel. Signé : *Cellier*. Au-dessous du médaillon, une lyre brisée, une palme et un cahier de musique. Cette décoration est également en bronze. (9e div.)

CHABAUD (Louis-Félix).

Gaimard (Paul), décédé le 10 décembre 1858, à l'âge de 66 ans. — Stèle surmontée du buste en marbre (H. 0 m 60) de Gaimard. Signé : *F. Chabaud*. Sur le monument est gravé : « Ses amis, souscripteurs. » Gravé par *J.-J. Sulpis*[3]. (6e div.)

Chabaud.

Janson (Louis-Charles), statuaire, né à Arcis-sur-Aube le 4 novembre 1823, décédé le 26 mars 1881. — Médaillon en bronze (Diam. 0 m 12). Signé : *F. Chabaud, 1853*. (10e div.)

CHAMPEIL (Jean-Baptiste).

Longepied (Léon-Eugène), sculpteur, « capitaine de l'ar-

---

1. La terre cuite, qui a servi à l'exécution de ce médaillon, propriété de Mme veuve Esparon, a été retouchée par *J.-B. Carpeaux*, ami d'*Esparon* et de *Carpezat*. — Renseignements fournis par Mme veuve Esparon (23 novembre 1897).
2. Mme Giraud est la mère du littérateur Denis-Auguste Giraud, chef de bureau à l'Assemblée nationale, décédé le 20 mai 1872, à l'âge de 59 ans.
3. *Architecture funéraire contemporaine*, etc., 1re section D, pl. XIV.

mée territoriale », né à Paris le 10 août 1849, décédé le 13 octobre 1888. Bas-relief en bronze (H. 0ᵐ 65. L. 0ᵐ 65) : la figure allégorique de la *Sculpture* est représentée par une jeune femme en pleurs, voilée et légèrement drapée, assise en face d'un monument funéraire ; elle a un maillet dans la main gauche et une épée dans la main droite. Sur un parchemin demi-déroulé on lit : *Hôtel de Ville, Pêcheur trouvant la tête d'Orphée, Immortalité.* Dans la partie supérieure du bas-relief est gravé : « A *Léon Longepied*, 10 août 1849-13 octobre 1888, ses amis. » Signé : *J.-B. Champeil.* (29ᵉ div.)

Champeil.

CHAMPEIL (Jean), né le 8 septembre 1837, décédé le 9 mai 1892. — Médaillon en bronze (Diam. 0ᵐ 35) encastré dans la face antérieure d'une stèle en pierre. Signé : *J.-B. Champeil.* Au-dessous du médaillon est sculpté dans la stèle un bas-relief (H. 1ᵐ 35. L. 0ᵐ 85) : la *Douleur*, sous les traits d'une jeune femme voilée, assise, tient une gerbe de fleurs qu'elle sème sur le tombeau [1]. (18ᵉ div.)

CHAPLAIN (Jules-Clément).

DUMONT (Charles-Albert-Auguste-Eugène), helléniste, membre de l'Institut, né à Scey-sur-Saône le 21 janvier 1842, décédé à Queue-les-Yvélines (Seine-et-Oise) le 11 août 1884. — Buste en marbre (H. 0ᵐ 80), par *Chaplain.* (18ᵉ div.)

Chaplain.

WEY (Francis-Alphonse), littérateur, né à Besançon le 12 août 1812, décédé à Paris le 19 mars 1882. — Tombeau horizontal en marbre blanc sur lequel est sculpté en relief le médaillon de Francis Wey (Diam. 0ᵐ 40). Signé : *J. C. Chaplain.* Le médaillon est entouré d'une double branche de laurier. (13ᵉ div.)

Chaplain.

MAYER (le capitaine Joseph-Armand), né en 1857, tué en duel par de Morès, en 1892 [2]. — Stèle en pierre ; sur la face antérieure est pratiqué un enfoncement circulaire dans lequel est

---

1. Les modèles de ces deux œuvres ont figuré aux Salons de 1892 et de 1893 sous les nᵒˢ 2404 et 2683.
2. L'inhumation du capitaine Mayer a eu lieu le 26 juin 1892.

placé le médaillon en bronze (Diam. 0^{m}45) de Mayer. Signé :
J. C. Chaplain. Une palme, dont le pied est passé dans une
couronne de cyprès, couvre en partie la stèle ; au-dessous est
l'épée de capitaine posée horizontalement. Cette décoration
est en bronze. (25e div.)

CHAPU (Henri-Michel-Antoine).

GUILLAUME (Edmond-Jean-Baptiste), architecte, né à
Valenciennes le 24 juin 1826, décédé le 20 juillet 1894. —
Médaillon en bronze (Diam. 0^{m}30), décorant la face antérieure d'une stèle. Signé : *Rome, 1861, Chapu*. Le monument
a été érigé sur les dessins d'*Henri Guillaume*, architecte, fils
d'*Edmond*. L'inauguration a eu lieu le 20 juin 1895. Trois
discours ont été prononcés par *MM. Moyaux, Jacques Her-
mant* et *Gautier*, architectes. (9e div.)

Chapu.

AXENFELD (Alexandre), médecin des hôpitaux, professeur à la Faculté de médecine de Paris, né en 1827, décédé
le 25 août 1876. — Médaillon en bronze (Diam. 0^{m}46).
Signé : *H. Chapu, 1878*. (10e div.)

CHARDIGNY (Jules).

JOLY (Alfred), artiste du Vaudeville, né en 1839, inhumé
le 10 mai 1891. — Buste en bronze (H. 0^{m}69) surmontant
une stèle en granit. Signé : *J. Chardigny. A. Arnault f.* La face
antérieure de la stèle est en outre décorée d'une palme en
bronze. (18e div.)

CHEDEVILLE (Léon).

CHEDEVILLE (Jean-Baptiste), né en 1791, décédé le
1er octobre 1874. — Médaillon en bronze (Diam. 0^{m}20).
Signé avec la mention : *A mon grand-père, L. Chedeville
8bre 1874*. (2e div., 1re section.)

CHEVALIER (Jacques-Marie-Hyacinthe).

MARTIN-MAGRON (le docteur C.), né le 16 janvier 1809,
décédé le 9 décembre 1870. — Médaillon en bronze (Diam.
0^{m}35). Signé : *H. Chevalier*. (2e div., 1re section.)

CHRISTOPHE (Ernest).

Despois (Eugène), professeur de rhétorique au lycée Louis-le-Grand, « démissionnaire au 2 décembre, » né en 1818, décédé en 1876. — Pyramide en marbre avec base quadrangulaire en granit. Dans la face antérieure est encastré le médaillon ovale en bronze de Despois (H. 0ᵐ 60. L. 0ᵐ 43). Signé : *E. Christophe, 1885.* Le monument de Despois a été érigé par « ses amis ». L'inauguration a eu lieu le 14 juin 1885. (13ᵉ div.)

CLAUSADE (Louis).

Govignon (Henry), ingénieur des arts et manufactures, né en 1831, décédé en 1896. — Médaillon en bronze (Diam. 0ᵐ 40). Signé : *L. Clausade.* (29ᵉ div.)

CLÉSINGER (Jean-Baptiste-Auguste).

Leclère (Edmond), notaire honoraire à Paris, décédé le 27 août 1891, dans sa 60ᵉ année. — Monument en forme de chapelle supporté par des colonnes et ouvert de trois côtés. Une stèle adossée à la paroi du fond est surmontée d'une *Tête de Christ*, en bronze (H. 0ᵐ 60). Signée : *Clésinger, Rome 1858.* Le monument a été érigé sur les dessins de *A. Hubaine,* architecte. (25ᵉ div.)

Clésinger.

Roger (Maurice-Antoine), « ancien élève de l'École normale supérieure », décédé le 12 juillet 1895, à l'âge de 26 ans. — Monument en forme de chapelle supporté par quatre colonnettes avec fronton. Au fond, une *Tête de Christ,* en bronze (H. 0ᵐ 35). Signée : *Clésinger* (11ᵉ div.)

Clésinger.

Joret (Henri), ingénieur, né en 1825, décédé en 1883. — *Tête de Christ,* en bronze (H. 0ᵐ 60). Signée : *Clésinger, Rome, 1858.* (18ᵉ div.)

COLONNA CESARI (Don Joseph).

Gaspari (Simon-Jean, comte de), consul général des États-Unis de la république de Venezuela, né en Corse en

1806, décédé à Paris en 1879. — Buste en bronze (H. 0^m 75). Signé : *Colonna Cesari F., Paris, 1880.* (18e div.)

Colonna Cesari.

LANDIER (Antoine-Alphonse), avocat à la Cour d'appel de Paris, décédé le 1er février 1889, à l'âge de 59 ans. — Buste en plâtre (H. 0^m 65). Signé : *Colonna Cesari, 1869.* (13e div.)

CORBEL (Jacques-Ange).

CORBEL (Victor), sculpteur ornemaniste, né en 1814, décédé en 1874. — Médaillon en marbre blanc encastré dans une stèle en granit (Diam. 0^m 35), par *J.-A. Corbel.* Au-dessous du médaillon sont sculptés dans la stèle un maillet, un compas, un ébauchoir et un crayon. Le monument de *Victor Corbel* a été érigé sur les dessins de *E.-L. Millet*, architecte [1]. (9e div.)

COUGNY (Louis-Edmond).

EGGER (Émile), helléniste, professeur à la Faculté des lettres, membre de l'Institut, né à Paris le 18 juillet 1813, décédé à Royat le 31 août 1885. — Stèle quadrangulaire en granit surmontée du buste en bronze (H. 0^m 60) d'Egger. Signé : *L. E. Cougny.* Ce monument a été érigé par « l'Association pour l'encouragement des études grecques en France. Souscription particulière. » (6e div.)

COURTET (Xavier-Marie-Benoit-Auguste, dit Augustin).

DELOUSTAL (Héloïse-Théophile-Justine JOURDAIN, Mme), « née à Paris le 7 mars 1827, mariée le 25 juin 1844 à M. Deloustal, morte à Bade le 7 juillet 1855. » — Tombeau rectangulaire en marbre surmonté d'une statue également en marbre (grandeur nature) : une jeune femme, voilée, assise, est accoudée du bras gauche sur une stèle sur laquelle sont déposés des roses, des branches de cyprès et des livres ; la main droite tient un chapelet et une rose ; à ses pieds est un petit chien couché. Signée : *A. Courtet, 1859.* Sur la face postérieure de la stèle, on lit : « A ma fille unique... (les noms et dates ci-dessus). Sa mère, Vve Jourdain de Sainte-Preuve. » (13e div.)

---

1. Renseignements fournis par M. *J.-A. Corbel*, fils de *V. Corbel* (30 novembre 1897).

Courtet.

Delaleu de Sainte-Preuve (Marie-Justine Leret, veuve),
décédée le 5 février 1820, dans sa 43ᵉ année. Au-dessous de
l'inscription funéraire de Mᵐᵉ Delaleu, gravée sur la paroi du
fond d'une chapelle, on lit : « Héloïse Deloustal, née Jourdain, mariée le 25 juin 1844 !!! » Cette dernière inscription
se rapporte à l'article précédent. — Buste en marbre (H.
0ᵐ 72) : jeune femme ayant le tête couronnée de lierre. Ce
buste, placé à l'intérieur de la chapelle, est signé : *Courtet,
1855*[1]. (13ᵉ div.)

COUTAN (Jules-Félix), LONGEPIED (Léon) et ROTY (Louis-Oscar).

Herbette (Sépulture Louis). — Édicule dont la partie
supérieure est supportée par deux colonnes ; un vase en
bronze d'où sortent des flammes est placé entre les colonnes.
Sur le tombeau, et adossée à l'édicule, est une statue en marbre
(grandeur nature) : une jeune femme voilée, affaissée sur un
chêne déraciné, s'accoude du bras gauche sur une branche de
l'arbre. Un bas-relief en marbre décore la face postérieure :
une jeune femme agenouillée lève les yeux au ciel ; elle tient
une rose dans la main droite. Dans la partie supérieure du
bas-relief on lit : « S'endormir près de ceux qu'on aime,
revivre et reposer comme on a vécu dans leur amour. » Sur
la face antérieure du monument est gravé : « De tout cœur
à cette œuvre se sont associés *Coutan* et *Longepied, Roty, Poussin*, architecte, 1885-1890 »[2]. (28ᵉ div.)

CRAUK (Gustave-Adolphe-Désiré).

Bouley (Henri-Marie), membre de l'Académie des
sciences, né en 1814, décédé en 1885. — Buste en bronze
(H. 0ᵐ 65). Signé : *Crauk*. (6ᵉ div.)

Crauk.

Cardaillac (Jacques-Étienne, comte de), directeur des
bâtiments civils, membre de l'Institut, né en 1818, décédé en
1879. — Médaillon en bronze (Diam. 0ᵐ 40). Signé avec
cette mention : *Souvenir de fidèle amitié, Crauk.* (18ᵉ div.)

---

1. La chapelle renfermant ce buste est séparée par quelques mètres seulement du
tombeau Deloustal.
2. Il n'a encore été fait aucune inhumation dans ce tombeau.

Crauk.

Lanneau (Régulus-Adolphe de), maire du XIIe arrondissement de Paris, directeur du collège Sainte-Barbe et de l'institution des Sourds-Muets, décédé à Paris où il a été inhumé le 8 septembre 1881, à l'âge de 85 ans. — Buste en marbre (H. 0[m] 60), placé dans une niche pratiquée dans le fronton d'une chapelle. Signé : *Crauk, 1858*[1]. (18e div.)

CUGNOT (Louis-Léon).

Mylius (Henri de), général de brigade, né à Louisbourg le 6 février 1784, décédé à Paris le 23 avril 1866. — Buste en bronze (H. 0[m] 75) placé dans une niche circulaire pratiquée dans la face antérieure d'un stèle en pierre. Signé : *Léon Cugnot.* L'inscription suivante est gravée sur le monument : « Il dota la ville de Paris d'une rente perpétuelle appliquable à l'enseignement gratuit des enfants de trois arrondissements. » Le monument de Mylius a été élevé à sa mémoire par l'intendant militaire A. Orville. (26e div.)

DANTAN (Antoine-Laurent).

Gérard (François-Pascal-Simon, baron), peintre d'histoire, né à Rome le 12 mars 1770, décédé à Paris le 11 janvier 1837. — Pyramide rectangulaire en pierre dont la face est décorée du médaillon en bronze (Diam. 0[m] 50) du peintre. Signé : *Dantan aîné 1848.* Deux bas-reliefs en bronze (H. 0[m] 49. L. 0[m] 30) sont encastrés dans la base de la pyramide : à gauche, *Bélisaire*, signé : *Dantan aîné, d'après Gérard*; à droite, le *Christ*, signé : *D'après Gérard, Dantan aîné, 1849.* (1re div., 1re section.)

Dantan.

Dumont d'Urville (Jules-Sébastien-César), amiral, né à Condé-sur-Noireau le 23 mai 1790, décédé à Meudon le 8 mai 1842, dans la catastrophe du chemin de fer de Versailles. — Monument polychrome à base quadrangulaire dont la face antérieure simule une proue de vaisseau, surmontée d'une pyramide circulaire. Une stèle formant saillie sur la face antérieure de la pyramide supporte le buste en pierre de l'amiral (0[m] 60).

---

1. Ce buste a été exposé au Salon de 1859 sous le n° 3164.

Signé : *Dantan aîné, sculpteur*. Au-desssus du buste est sculptée en bas-relief une sorte d'apothéose de l'amiral qui est
représenté entre sa femme et son fils dominant la vapeur
fumante d'une locomotive. Autour de la pyramide sont
sculptés en creux les différents épisodes de son voyage dans
les mers du Levant et de ses trois voyages autour du monde.
Il est vu naviguant sur la *Chevrette*, la *Coquille* et l'*Astro-
labe*. On a également reproduit la *Vénus de Milo* qu'il rap-
porta en France, ainsi que le monument de Lapérouse dont il
avait pris l'initiative, le 14 mars 1828, à Vanikoro. Le tombeau
de Dumont d'Urville, érigé sur les dessins de *Constant-Dufeux*,
a été gravé par *L. Normand*[1]. (15e div.)

DARAGON (Charles-Laurent).

LEROUX (Jean-Marie), graveur d'histoire, né à Paris le
6 janvier 1788, décédé dans la même ville le 31 décembre
1870. — Médaillon en bronze (Diam. 0ᵐ 40) encastré dans
la face antérieure d'une stèle. Signé : *C. Lᵗ Daragon, 1871*.
(10e div.)

DAVID (Adolphe).

LEJAY (Famille). — Médaillon en bronze (Diam. 0ᵐ 30),
représentant deux femmes : l'une est assise à terre à l'ombre
d'un saule pleureur ; elle tend la main vers l'autre femme,
debout, qui a près d'elle deux enfants jumeaux. Signé :
A. David. (16e div.)

DAVID D'ANGERS (Pierre-Jean).

POUQUEVILLE (François-Charles-Hugues-Laurent), voyageur et littérateur, « consul général de France en Grèce,
membre de l'Académie de médecine », membre de l'Académie
des inscriptions et belles-lettres, né au Merlerault (Orne) le
4 novembre 1770, décédé à Paris le 20 décembre 1838[2]. —
Stèle en marbre blanc dans la face antérieure de laquelle est
sculpté le médaillon de Pouqueville (Diam. 0ᵐ 47). Signé :
P.-J. David d'Angers, 1839. L'inscription funéraire du littérateur se termine ainsi : « Par ses écrits il contribua puissam-

---

1. *Monuments funéraires*, etc., t. I, pl. 1.
2. Lalanne écrit : « 28 décembre 1838. »

ment à rendre aux Grecs asservis leur antique nationalité. »
(2ᵉ div., 2ᵉ section.)

David d'Angers.

ESPERCIEUX (Jean-Joseph), statuaire, né à Marseille le
2 juillet 1757, décédé à Paris le 19 mars 1840. — Médaillon
en bronze (Diam. 0ᵐ 42) encastré dans la face antérieure
d'une stèle. Signé avec cette mention : *A son ami Espercieux,
statuaire, P.-J. David, 1840. Fonderie de Richard, Eck et Durand.*
(6ᵉ div.)

David d'Angers.

HULLIN (Pierre-Augustin, comte), général, né à Paris le
6 septembre 1758, décédé dans la même ville le 9 janvier
1841. — Édicule dans la face antérieure duquel est pratiqué
un enfoncement où se trouve placé le buste en marbre du
général (H. 0ᵐ 40), par *David d'Angers*[1]. Gravé par *L. Normand*[2]. (15ᵉ div.)

David d'Angers.

BESNARD (François-Yves), prêtre constitutionnel, agronome, écrivain, né aux Alleuds (Maine-et-Loire) le 18 octobre
1752, décédé à Paris le 20 novembre 1842. — Médaillon en
bronze (Diam. 0ᵐ 43). Signé : *P.-J. David, 1843.* (11ᵉ div.)

David d'Angers.

BOULAY de la Meurthe (Antoine-Jacques-Claude, comte),
homme politique, né à Chaumousey (Vosges) le 19 février
1761, décédé à Paris le 4 février 1840. — Dans la face antérieure d'un édicule est pratiqué un enfoncement formant
niche où se trouve placé le buste en marbre de Boulay
(H. 0ᵐ 70). Signé : *P. J. David, 1841.* Au-dessous du buste
on lit : « Boulay est certainement un brave et honnête
homme. » — Paroles de Napoléon, *Mémorial de Sainte-
Hélène.* Le monument de Boulay de la Meurthe a été érigé
sur les dessins de *Visconti.* Gravé par *L. Normand*[3] et par
Soudain[4]. (27ᵉ div.)

---

1. Voy. *Inventaire général des richesses d'art de la France. Province, monuments
civils*, t. III, p. 157, 354.
2. *Monuments funéraires*, etc., t. II, pl. LXV.
3. *Monuments funéraires*, etc., t. I, pl. IX.
4. *Architecture funéraire contemporaine*, etc., 1ʳᵉ section C, pl. VI. — César Daly se
trompe en indiquant ce monument comme étant situé au cimetière de l'Est.

David d'Angers.

Houdon (Jean-Antoine), statuaire, membre de l'Institut, né à Versailles le 20 mars 1741, décédé à Paris le 7 juillet 1828. — Médaillon en bronze (Diam. 0ᵐ 17). Signé : *P. J. David.* — Rochette (Désiré-Raoul), antiquaire, né à Saint-Amand (Cher) le 9 mars 1790, décédé à Paris le 3 juillet 1854. — Médaillon en bronze (Diam. 0ᵐ 16). Signé : *David 1840.* (1ʳᵉ div., 1ʳᵉ section.)

DEBAY (Jean-Baptiste-Joseph).

Championnière (Anne-Marie Debay, femme de Paul-Lucas), née à Nantes le 10 novembre 1805, décédée à Paris le 25 avril 1836. — Médaillon en marbre (Diam. 0ᵐ 36), par *J.-B.-J. Debay*, son père[1]. (2ᵉ div., 1ʳᵉ section.)

DEKEYSER (Michel).

Bain (Nicolas), né le 12 avril 1805, décédé le 9 janvier 1876. — Médaillon en marbre blanc (Diam. 0ᵐ 30). Signé : *Dekeyser Michel, 1876*[2]. (13ᵉ div.)

Dekeyser.

Galouzeau de Villepin (Louis-Télesphore), sculpteur, né à Paris le 4 mai 1822, décédé dans la même ville le 31 décembre 1888. — Buste en bronze (H. 0ᵐ 55), surmontant une stèle. Signé : *Keyser Michel, 1881.* Sur la face antérieure de la stèle est gravée l'inscription suivante : « La Société de secours mutuels des sculpteurs praticiens et ornemanistes a édifié ce monument à la mémoire de son bienfaiteur *Louis-Télesphore Galouzeau de Villepin.* » (6ᵉ div.)

DELHOMME (Léon-Alexandre).

Luccioni (Jacques), inhumé le 24 juin 1885, à l'âge de 49 ans. — Médaillon en bronze (Diam. 0ᵐ 28). Signé : *L. Delhomme, 1886.* (14ᵉ div.)

Delhomme.

Hamet (Henri), fondateur de la société centrale d'apicul-

---

1. Renseignements fournis par M. le docteur Championnière, et par M. Championnière, fils de Anne-Marie Debay (17 et 23 novembre 1897).
2. Ce médaillon a figuré au Salon de 1876 sous le nᵒ 3201.

ture et d'insectologie, né en 1815, décédé en 1889. — Médaillon en bronze (Diam. 0^m 35) encastré dans la face antérieure d'une stèle. Signé : *1891, Delhomme*. Une ruche est sculptée en relief sur la stèle, au-dessous du médaillon. Les faces latérales sont décorées d'une abeille. Sur le côté gauche est gravé : « Élevé par souscription à Henry Hamet, professeur d'apiculture au Luxembourg. » (11ᵉ div.)

DELORME (Jean-André).

Verick (Constant), officier d'Académie, né en 1829, décédé en 1892. — Buste en bronze (H. 0^m 60). Signé : *A. Delorme, 1891.* (17ᵉ div.)

DELOYE (Jean-Baptiste-Gustave).

Duarte Silva (Robert), né en 1837, inhumé le 11 février 1889. — Demi-ronde bosse ovale en bronze (H. 0^m 60. L. 0^m 45). Signée : *Deloye, 1890.* Le monument de Duarte Silva lui a été élevé par « ses élèves, ses collègues, ses amis et la société chimique de Paris. » (26ᵉ div.)

DELPECH (Jean-Marie).

Hiolle (Julia), née le 26 juillet 1876, décédée le 5 décembre 1892. — Médaillon en bronze (Diam. 0^m 40). Signé : *J. Delpech.* (17ᵉ div.)

DEMAILLE (Louis).

Demaille (Marie-Louise), décédée en 1874, dans sa 8ᵉ année. — Buste en bronze (H. 0^m 52). Signé : *L. Demaille, 1875.* (10ᵉ div.)

DESBOIS (Jules).

Fleury (Nancy), née à La Châtre (Indre) le 13 décembre 1834, décédée à Paris le 9 avril 1890[1]. — Stèle fruste en pierre de Lorraine. Sur la face antérieure est sculpté un haut-relief (H. 2^m. L. 0^m 90) : une jeune fille, vue de dos, ayant le torse nu, grave, à l'aide d'un style, une pensée, dans la partie supérieure de la stèle, et tient une palme et une gerbe de fleurs qui s'effeuillent à ses pieds. Signé : *Desbois, sculpteur.*

---

1. Louis-Maurice Engelhard, préfet de Maine-et-Loire, puis conseiller municipal de Paris, né en 1819, décédé en 1891, repose dans le même tombeau que Mlle Fleury.

Le monument a été érigé à la mémoire de Mlle Fleury, par « ses amies et ses élèves », sur les dessins de l'architecte *Bouvard*. L'inauguration a eu lieu le 29 février 1892[1]. (27e div.)

DESCHAMPS (Léon).

Delhomme (Léon-Alexandre), statuaire, conseiller municipal de Paris, conseiller général de la Seine, né à Tournon (Ardèche) le 20 juillet 1841, décédé à Paris le 16 mars 1895[2]. — Médaillon ovale en bronze (H. 0^m 48. L. 0^m 37) encastré dans la face antérieure d'une stèle en granit, de forme pyramidale. Signé avec cette mention : *Hommage de l'auteur, Léon Deschamps, 1896*. L'inscription suivante est gravée au-dessous du médaillon : « Le conseil municipal, le conseil général, ses « amis, artistes et politiques, par souscription. » (3e div., 1re section.)

DESPREY (Louis-Antonin-Prudent) et BULLIER (Alexandre-Augustin-Célestin).

Bullier (Famille). — Dans un enfoncement pratiqué au fronton d'une chapelle est un buste d'homme, en marbre (H. 0^m 42). Signé : *A. Desprey, 1870*. Sur le côté droit de la chapelle sont encastrés deux médaillons de femme, en marbre blanc (Diam. 0^m 36). Signés : *A. Bullier*. (20e div.)

Desprey.

Do (Dominique), né en 1825, décédé en 1891. — Stèle en pierre de chaque côté de laquelle est un socle en saillie. Sur le socle de droite est le buste en marbre (H. 0^m 70) de Dominique Do. Signé : *A. Desprey, 1872*. Celui de gauche est surmonté du buste en marbre (H. 0^m 76) de Madeleine-Thérèse Bertrand, veuve Do, née en 1793, décédée en 1872. Signé : *A. Desprey, 1873*[3]. (15e div.)

DESPREZ (Louis).

Serrurier (Jean-Baptiste-Toussaint), docteur en médecine, né à Orléans le 1er novembre 1776, décédé à Paris le

---

1. Voy. *Journal des Arts* du 4 mars 1892.
2. *Delhomme* a d'abord été transporté au cimetière du Père-Lachaise pour y être incinéré. Ses cendres furent rapportées à Montparnasse le 11 avril 1896.
3. Ces deux bustes ont figuré aux Salons de 1872 et de 1873 sous les n°s 1649 et 1616.

23 août 1853. — Médaillon en bronze (Diam. 0 ᵐ 50). Signé : *L. Desprez, 1853.* (6ᵉ div.)

DUBOIS (Alphée).

Patin (Henri), secrétaire perpétuel de l'Académie française, doyen de la Faculté des Lettres de Paris, né le 21 août 1793, décédé le 18 février 1876. — Médaillon en bronze (Diam. 0 ᵐ 29) renfermant une reproduction modelée des *Bergers d'Arcadie*, de *Poussin*. Signé : *Alphée Dubois, d'après N. Poussin.* Au bas on lit : *Et ament meminisse periti.* (12ᵉ div.)

Dubois.

Dumay (Apolline-Claudine-Geneviève), née Moyen, institutrice, décédée le 1ᵉʳ janvier 1879, à l'âge de 86 ans. — Médaillon en bronze (Diam. 0 ᵐ 45). Signé : *Alphée Dubois.* En exergue du médaillon est gravé : « A Madame Dumay, ses élèves. » (11ᵉ div.)

DUBOIS.

Gallais (Jean-Hyacinthe), juge au Tribunal de Commerce, décédé le 5 juin 1859, à l'âge de 67 ans. — Médaillon en pierre (Diam. 0 ᵐ 37). Signé : *Dubois fᵗ.* (10ᵉ div.)

DUCHEZ (E.).

Bigot (Étienne), né en 1847, décédé en 1896. — Au sommet d'un tombeau est un édicule composé d'un fronton avec une colonnette de chaque côté. Le médaillon en bronze (Diam. 0 ᵐ 35) de Bigot est encastré dans la face antérieure de l'édicule. Signé : *E. Duchez.* (25ᵉ div.)

DUMONT (Augustin-Alexandre).

Le Bas (Louis-Hippolyte), architecte, membre de l'Institut, né à Paris le 31 mars 1782, décédé dans la même ville le 12 juin 1867. — Dans le fronton d'une chapelle est placé le médaillon en marbre de *H. Le Bas* (Diam. 0 ᵐ 60). Signé : *Aⁱᵉ Dumont, 1868.* (27ᵉ div.)

DUSEIGNEUR (Jean-Bernard).

Duseigneur (Charlotte-Éléonore), née Biffe, décédée le 8 septembre 1855. — Demi-ronde bosse en pierre (Diam.

o^m 40) : un Ange, ailé, joignant les mains. Nous présumons que cette œuvre est due au ciseau de *J. Duseigneur* dont les restes reposent dans ce tombeau. (13ᵉ div.)

ECHERAC (Auguste-Arthur d').

Asseline (Louis), « philosophe matérialiste, publiciste radical », né en 1829, décédé en 1878. — Médaillon en bronze (Diam. o^m 37). Signé : *A. d'Echerac, 1880.* Au-dessous du médaillon est gravé : « La libre pensée ; la pensée nouvelle. » Le monument d'Asseline lui a été érigé par « ses amis et ses F.·. » (6ᵉ div.)

Echerac (d').

Möring (Michel), directeur général de l'Assistance publique, décédé le 16 avril 1880. — Buste en bronze (H. o^m 75). Signé : *d'Echérac. Rudier & Griffoul et Cie, fondeurs.* (15ᵉ div.)

Echerac (d').

Coudereau (Auguste), docteur en médecine, philosophe matérialiste, fondateur de la société d'autopsie, né en 1832, décédé le 19 janvier 1882. — Médaillon en bronze (Diam. o^m 40) encastré dans la face antérieure d'une stèle, par *d'Echerac*[1]. Ce monument a été érigé à la mémoire de Coudereau par « ses amis ». (19ᵉ div.)

ELSHOECHT (Jean-Jacques-Marie-Carl-Vital).

Carey (Henri-Ferdinand-Chrétien-Édouard), interprète, traducteur-juré près les tribunaux, décédé le 24 mars 1866, à l'âge de 74 ans. — Médaillon en bronze (Diam. o^m 17). Signé : *Carle Elshoecht, sculp. et fond. 1840.* (7ᵉ div.)

Elshoecht.

Ottavi (Joseph), orateur, parent de Napoléon, né à Ajaccio le 4 juillet 1809, décédé à Paris le 9 décembre 1841, « en descendant de la tribune enseignante, publique et gratuite. » — Buste en pierre (H. o^m 75). Signé : *Carle Elshoecht sculp. 1842.* Le monument d'Ottavi a été érigé par « ses amis et ses admirateurs. » (12ᵉ div.)

---

1. Renseignements fournis par M. Labatie, marbrier (21 novembre 1897).

Elshoecht.

LISFRANC (Jacques), chirurgien, membre de l'Académie de médecine, né à Saint-Paul-en-Jarret (Loire) le 2 avril 1790, décédé à Paris le 12 mai 1847. — Tombeau rectangulaire en marbre surmonté du buste en bronze de Lisfranc (H. 0^{m}75). Signé : *Carle Elshoecht, sculp. 1848. Fonderie de Eck et Durand.* Les faces latérales du tombeau sont décorées de deux haut-reliefs en bronze (H. 0^{m}60. L. 1^m). Celui de gauche a pour titre : *Leçons de clinique chirurgicale à l'hôpital de la Pitié*[1] : Lisfranc est assis à son bureau sur lequel est posé un pied ; les élèves, placés devant le professeur, sont attentifs à sa leçon ; l'élève qui est au premier plan prend des notes. Signé : *Carle Elshoecht de Dunkerque sculp. 1848. F^{derie} de Eck et Durand.* Celui de droite s'intitule : *Dernière campagne de Saxe. Leipsick, 1813.* Un officier supérieur, étendu sur un brancard, est entouré de nombreux soldats dont la douleur est exprimée par l'attitude et l'expression ; Lisfranc, debout, tient le pouls du blessé comme pour s'assurer s'il est encore vivant. Signé : *Carle Elshoecht, sculp. 1848.* (13e div.)

ENGRAND (Georges).

VIALAY (Félix-Claude-Marie-Antoine), professeur de mathématiques, né à Château-Chinon le 9 juillet 1818, décédé à Paris le 24 octobre 1886. — Médaillon en bronze (Diam. 0^{m}30). Signé : *G. Engrand, 1887.* Le monument de Vialay a été élevé par l'Association philotechnique. (25e div.)

ESCOULA (Jean).

GENVRAIN (Victorine GUILLAUME, veuve), née en 1853, décédée en 1894. — Stèle en marbre au sommet d'un tombeau en granit. Dans la face antérieure de la stèle est un enfoncement où se trouve placé le buste en bronze (H. 0^{m}64) de Mme Genvrain. Signé : *J. Escoula 1895.* Un bouquet de roses et de marguerites, en bronze, est fixé sur le tombeau, à la base de la stèle. (21e div.)

ÉTEX (Antoine).

DORNÈS (Auguste), représentant du peuple, décédé le

---

1. Lisfranc fut chirurgien en chef de la Pitié depuis 1825 jusqu'à sa mort.

20 juillet 1848. — Médaillon ovale sculpté dans la pierre vive d'un bloc de forme fruste (H. 0^m 46. L. 0^m 40). Signé : *Étex, 1850.* (13e div.)

Étex.

HUET (François), philosophe, né à Villeau (Eure-et-Loir) le 26 décembre 1814, décédé à Paris le 1er juillet 1869. — Stèle en marbre blanc dans la face antérieure de laquelle est sculpté le médaillon du philosophe (Diam. 0^m 40). Signé : *Étex, sculpteur architecte, 1870.* Le monument de Huet lui a été élevé par « ses amis ». (20e div.)

Étex.

ALIGNY (Claude-Félix-Théodore CARUELLE D'), peintre, né à Chaumes (Nièvre) le 24 janvier 1798, décédé à Lyon le 24 février 1871. — Buste en marbre blanc (H. 0^m 75). Signé : *Étex, sculp.-arch., 1873.* (18e div.)

Étex.

LEROUX (Pierre), philosophe et économiste, né à Paris le 17 avril 1797, décédé dans la même ville le 12 avril 1871. — Stèle surmontée du buste en bronze de Leroux (H. 0^m 65). Signé : *Étex, 1843. Ad. Charnod, fondeur, 1872.* Sur la face antérieure de la stèle est gravé : « Érigé par souscription publique sur un terrain concédé par le conseil municipal de Paris, mars 1877. » (9e div.)

Étex.

HERBINGER (Paul-Gustave), lieutenant-colonel du 25e régiment d'infanterie, né le 7 décembre 1839, décédé le 26 mai 1886. — Buste en bronze (H. 1^m) surmontant une stèle. Signé : *A. Étex, 1886. Gruet j^{ne}, fondeur.* Adossée à la stèle est une statue en pierre représentant un *Génie* (H. 1^m 50). Signé : *Étex, 1886.* (28e div.)

Étex.

ÉTEX (Françoise-Clorinde PUGENS, Mme Antoine), née le 2 août 1815, décédée le 18 mai 1893. — Buste en marbre (H. 0^m 60), par *A. Étex*[1]. (7e div.)

1. Renseignements fournis par M. P.-Émile Mangeant, petit-fils d'*Antoine Étex* (31 octobre 1897).

EUDE (Adolphe).

ROEHN (Charles-Eugène), né le 1er janvier 1814, décédé le 9 mars 1859. — Médaillon en marbre (Diam. 0m 26). Signé : *Eude, 1855*. — ROEHN (Amédée-Charles), né le 28 juillet 1824, décédé le 31 août 1855. — Médaillon en marbre (Diam. 0m 26). Signé : *Eude, 1855*. (15e div.)

Eude.

LEPRÊTRE (Charles-Antoine-Emmanuel), né en 1823, décédé en 1884. — Médaillon en bronze (Diam. 0m 33). Signé : *A. Eude*. (13e div.)

FALGUIÈRE (Jean-Alexandre-Joseph).

LA PANOUSE (Marie HEILBRON, Mme), artiste dramatique, née en 1851, inhumée le 5 avril 1886. — Une chapelle, ouverte de trois côtés, est supportée par des colonnes. La paroi du fond est en mosaïque et décorée de fleurs parmi lesquelles court une banderole où sont inscrits les titres des principaux rôles tenus par l'artiste dramatique. Sur un piédestal, au fond de la chapelle, est le buste en bronze (H. 0m 55) de *Marie Heilbron*. Signé : *A. Falguière*. (30e div.)

Falguière.

BERTRAND (Jean-Baptiste, dit James), peintre, né à Lyon en 1825, décédé à Orsay le 26 septembre 1887. — Son portrait en demi-ronde bosse, en bronze (Diam. 0m 40). Signé : *A. Falguière*. (26e div.)

Falguière.

NÉE (Alfred), avocat, né en 1813, décédé en 1890. — Stèle au sommet d'un tombeau en pierre. Dans la face antérieure de la stèle est un enfoncement circulaire où se trouve placé le portrait en demi-ronde bosse, bronze (Diam. 0m 38), de l'avocat. Signé : *A. Falguière*. (25e div.)

FANNIÈRE (François-Auguste).

FAUCONNIER (Pierre-Louis), inhumé le 6 mars 1858, à l'âge de 77 ans. — Médaillon en bronze (Diam. 0m 18). En exergue on lit : « L. Fauconnier, anno MDCCCXXXXVIII. » — FAUCONNIER (A.). — Médaillon de femme, en bronze (Diam. 0m 18). En exergue on lit : « A. Fauconnier.

anno MDCCCXXXXII. — Ces deux médaillons sont signés :
A. Fannière. (15ᵉ div.)

FAROCHON (Jean-Baptiste-Eugène).

BARBET (Jean-François), né en 1799, décédé en 1880.
— Médaillon en bronze (Diam. 0ᵐ 30). Signé : *E. Farochon,
1861.* Le monument de Barbet lui a été érigé par « ses élèves
reconnaissants ». (6ᵉ div.)

FAUTRAS (Albert).

THERVAL (Marie-Hélène de MIRECOURT, Mᵐᵉ), née en
1844, décédée à Nogent le 6 août 1876, et inhumée à Montparnasse le 18 septembre 1876. — Médaillon en bronze
(Diam. 0ᵐ 36). Signé : *A. Fautras, 1877.* (29ᵉ div.)

FESSARD (Pierre-Alphonse).

BOYER (Alexis, baron), chirurgien, né à Uzerche (Corrèze) le 1ᵉʳ mars 1757, décédé à Paris le 25 novembre 1833.
— Tombeau avec édicule au sommet ; dans la face antérieure
est pratiqué un enfoncement où se trouve placé le buste en
marbre (H. 0ᵐ75) du médecin. Signé : *Fessard, Paris, 1837*[1].
Au-dessous est sculpté dans l'édicule, en pierre, une sorte de
caducée sur lequel est gravé : *Orbis salus.* (4ᵉ div., 1ʳᵉ section.)

FEUCHÈRE (Jean-Jacques).

SCHUNCK (Philippe-Henri), compositeur de musique,
conservateur de la galerie de S. A. R. Madame la duchesse
d'Angoulême, né à Worms en 1757, décédé à Paris en 1847.
— Médaillon ovale en bronze (H. 0ᵐ 49. L. 0ᵐ 40). Signé :
J. Feuchère. (13ᵉ div.)

FICATIER.

CANTAGREL (Félix-François-Jean), littérateur, député de
la Seine, né à Amboise (Indre-et-Loire) le 27 juin 1810,
décédée à Paris le 27 février 1887. — Médaillon en bronze
(Diam. 0ᵐ 40). Signé : *Ficatier, conducteur des Ponts et Chaussées, Laporte, ciseleur et Gruer fils fondeur à Auxerre, 1887.* Le
monument de Cantagrel a été élevé à sa mémoire par « les
conducteurs des Ponts et Chaussées. » (26ᵉ div.)

---

1. Ce buste a figuré au Salon de 1837 sous le n° 1924.

FILLEUL (Charles-Alexandre).

Durand (Victoire-Henriette Doron, Mme), décédée le 19 novembre 1885, à l'âge de 47 ans. — Médaillon en bronze (Diam. 0^m 30). Signé : *Ch. Filleul 1886*. (27e div.)

FOYATIER (Denis).

Renzi (Maria-Louisa-Thérésa), née en 1823, décédée en 1833. — Buste en marbre (Diam. 0^m 40). Signé : *Foyatier* (11e div.)

FRANCESCHI (Louis-Julien, dit Jules) et COLLARD (Marie-Anne-Herminie BIGÉ, Mme).

Collard (Marie-Anne-Herminie Bigé, Mme), peintre, née à Paris, décédée dans la même ville le 28 mars 1871. — Monument rectangulaire comprenant un soubassement surmonté d'un fronton porté par quatre colonnes. Sous ce fronton est la statue en marbre de Mme *Collard* (H. 1^m 50) : elle est représentée assise, tenant une palette d'une main et un pinceau de l'autre ; à sa gauche est un petit chien. Signée : *Jules Franceschi, 1876*. Sur la face postérieure du socle de la statue, on lit : « Ce monument a été élevé par Charles Collard à la mémoire de sa femme, Marie-Anne-Herminie Bigé, 1874-1876. » Trois médaillons en marbre (Diam. 0^m 40) décorent en outre le soubassement : 1° face antérieure : Collard (Charles-Claude), décédé le 15 octobre 1882. Signé : *Jules Franceschi, 1875* ; 2° côté droit : Bigé (Louis-Georges-Charles-Emmanuel), inspecteur des finances, décédé le 28 mai 1857. Signé : *Herminie Collard* ; 3° côté gauche : Collard (Marie-Geneviève-Antoinette Thubeuf, Mme), décédée le 30 juin 1873. Signé : *Franceschi*. Le monument a été élevé sur les dessins de *Destailleur*, architecte. La sculpture décorative est due au ciseau de *Doussamy*. (19e div.)

FRÉMY (Édouard-Pierre).

Frémy (Édouard-Pierre), sculpteur, né à Paris en 1829, inhumé le 17 juillet 1888. — Médaillon en bronze (Diam. 0^m 18) encastré dans la face antérieure d'une stèle. Signé : *E. Frémy, 1869*. (26e div.)

GAILLION (C.).

Willaume (Ambroise-Mathis-Louis), docteur médecin,

chirurgien principal des armées, chirurgien en chef de l'hôpital militaire de Metz, né à Metz le 18 juillet 1772, décédé à Paris le 19 mars 1863. — Médaillon en pierre (Diam. 0 ^{m} 35). Signé : *C. Gaillion.* (12e div.)

GAUTHIER (Charles).

Lançon (Auguste), peintre et graveur, né à Saint-Claude (Jura) en 1838, décédé en 1885. — Monument composé d'une pierre tumulaire et d'une stèle. La stèle est surmontée du profil de *Lançon*. Cette figure, en bronze (H. 0 ^{m} 35), repose sur un coussin. Elle a été exécutée d'après un moulage fait par *Gauthier* au lit de mort du peintre-graveur. La face antérieure de la stèle est décorée d'une palette en bronze. Au-dessous, un bas-relief, également en bronze (H. 0 ^{m} 20. L. 0 ^{m} 47), représentant le *Lion qui boit*. Ce bas-relief reproduit l'une des meilleures eaux-fortes de *Lançon*. « La sculpture a été exécutée avec désintéressement, par *Charles Gauthier*. Le monument, inauguré en novembre 1890, a été érigé par les amis de l'artiste avec le concours de la Ville[1]. » (26e div.)

GAUVIN (Alfred).

Gay-Bellille (Nicolas-Auguste), docteur médecin, né le 10 mars 1828, décédé le 15 janvier 1878. — Buste en bronze (H. 0 ^{m} 65 environ). Signé : *A. Gauvin 1878. Nérat, fondeur.* (13e div.)

Gauvin.

Combes (Louis), conseiller municipal de Paris, décédé le 6 janvier 1882. — Portrait en demi-ronde bosse, en bronze (Diam. 0 ^{m} 43). Signé : *A. Gauvin, 1882*[2]. (19e div.)

Gauvin.

Dutour (Alfred), né en 1846, décédé en 1882. — Médaillon en bronze (Diam. 0 ^{m} 50). Sur le médaillon est gravé : « A Dutour, ses amis. » Signé : *A. Gauvin.* (11e div.)

GAYRARD (Raymond).

Petit-Radel (Louis-François), architecte, membre de

1. Voy. *Journal des Arts* du 14 novembre 1890.
2. Ce bronze a figuré au Salon de 1882 sous le n° 4414.

l'Institut, né à Paris le 22 juillet 1740, décédé dans la même ville le 7 novembre 1818. — Médaillon en bronze (Diam. 0^m 14). Signé : *Gayrard, F., 1817.* En exergue du médaillon est gravé : *Pelasgicorum oppidorum indagator.* (4e div., 1re section.)

GIERCKENS (Félix).

LAUBEUF (Louis-Achille), décédé en 1883, à l'âge de 58 ans. — Médaillon ovale en bronze (H. 0^m 32. L. 0^m 24). Signé : *Gierckens Félix, 1860.* (4e div., 1re section.)

GIRARDIN (Eucher).

GAUCHELIN (Claudine DEBIESSE, Mme), née le 17 mai 1810, décédée le 3 août 1885, et GAUCHELIN (Henri-Benjamin), né le 15 juillet 1811, décédée le 22 mai 1890. — Christ en buste, marbre (H. 0^m 47). Signé : *Girardin, 1885.* (4e div., 1re section.)

GOSSIN.

FAVRAIS-POIRIER (Famille). — Stèle surmontée d'une statue en pierre (H. 1^m 55) : une jeune femme en pied, debout, est légèrement drapée d'une tunique sans manches ; de la main droite elle tient, dans sa draperie relevée, des fleurs qu'elle sème de la main gauche. Signée : *Gossin.* (21e div.)

GOURDEL (Pierre).

DUFRENOIS (le docteur Quentin-Pierre-Marie), né le 27 septembre 1788, décédé le 17 juin 1864. — Médaillon en marbre blanc (Diam. 0^m 38). Signé : *P. Gourdel, 1865*[1]. Le monument du docteur Gourdel lui a été érigé par « la Société de secours mutuels de la boucherie de Paris, *les Vrais Amis* ». (12e div.)

Gourdel.

CINTRAT (Frédéric), docteur médecin, décédé en 1877, dans sa 47e année. — Médaillon en terre cuite (Diam. 0^m 28). Signé : *Pierre Gourdel, 1879.* (13e div.)

GRABOWSKI (Félix).

GRABOWSKI (Félix), sculpteur, inhumé le 16 juillet 1889,

---

1. Ce médaillon a figuré au Salon de 1865 sous le n° 3001.

à l'âge de 72 ans, et Joséphine GRABOWSKI, sa sœur, inhumée le 31 janvier 1883, à l'âge de 64 ans. — Haut-relief en marbre blanc (H. 0ᵐ 65. L. 0ᵐ 25) encastré dans la face antérieure d'une stèle en granit : l'*Espérance* est représentée par une jeune femme en pied, debout ; elle lève les yeux au ciel et croise les mains sur sa poitrine ; derrière elle est une ancre. Signé : *Grabowski, 1875.* Au-dessous du haut-relief, sont sculptés dans la stèle une couronne de marguerites, une branche de cyprès, un maillet et un ébauchoir. (18ᵉ div.)

GRANET (Pierre).

FOURGEAUD (Antoine-Alexandre), décédé le 25 février 1890, à l'âge de 59 ans. — Médaillon en bronze (Diam. 0ᵐ 40). Signé : *P. Granet.* (11ᵉ div.)

GRANGER.

GRANGER (Famille). — Buste d'homme, en stuc (H. 0ᵐ 30). Signé : *Granger, 1855.* (8ᵉ div.)

GUILLAUME (Jean-Baptiste-Claude-Eugène).

DUBAN (Félix-Jacques), architecte, membre de l'Institut, né à Paris le 14 octobre 1797, décédé à Bordeaux le 8 octobre 1870[1]. — Tombeau au sommet duquel est une stèle en marbre avec colonnettes, dont la face antérieure est décorée du médaillon en marbre de *F. Duban* (Diam. 0ᵐ 60), par *E. Guillaume.* Une épaisse guirlande de fleurs est sculptée autour de la stèle. La surface du tombeau est décorée d'une guirlande de fleurs et d'une palme. Le monument de *F. Duban* lui a été élevé « par ses amis, ses admirateurs et ses élèves, » sur les dessins de *J.-L. Duc.* L'inauguration a eu lieu le 8 octobre 1873. Deux discours ont été prononcés à cette occasion par *V. Baltard* et *H. Labrouste*[2]. (19ᵉ div.)

Guillaume.

VALETTE (Claude-Denis-Auguste), membre de l'Institut,

---

1. Les biographes ne sont pas d'accord sur le lieu et la date de décès de *F. Duban* : Bellier de la Chavignerie le fait mourir à Paris le 6 octobre 1871 ; d'après Vapereau, *Duban* est bien mort à Bordeaux, mais à la date du 20 décembre 1870. On le voit, les deux écrivains sont dans l'erreur. — Les restes de *F. Duban* ont été rapportés à Paris où l'inhumation a eu lieu le 8 octobre 1871.

2. Renseignements fournis par Mᵐᵉ Maillot, fille de *F. Duban* (14 décembre 1897).

professeur à l'école de droit, président de la société protectrice des animaux, né le 15 août 1805, décédé le 10 mai 1878. — Médaillon en marbre (Diam. 0ᵐ35). Signé : *E. Guillaume, 1879.* (16ᵉ div.)

GUILLEMIN (Emile).

Strauss (Raphaël), né à Hagueneau (Bas-Rhin) le 8 janvier 1825, décédé à Paris le 3 novembre 1879. — Médaillon en bronze (Diam. 0ᵐ 30). Signé : *Eˡᵉ Guillemin, 1880.* (5ᵉ div.)

GUYSKI (Marcelin).

Lewenhard (Henriette Pustawojtow, Mᵐᵉ), patriote polonaise, qui a pris part à l'insurrection de Varsovie en janvier 1863, née à Melgieur (Volhynie) le 15 juillet 1843, décédée à Paris le 2 mai 1881. — Au sommet d'un tombeau est une stèle à fronton triangulaire dont la face antérieure est décorée du médaillon en bronze (Diam. 0ᵐ 40) de Mᵐᵉ Lewenhard. Signé : *M. Guyski, Krakow, 1885* [1]. (18ᵉ div.)

HAMAR (Fernand).

᾿ Mauguin (Pierre-Étienne), ingénieur, né le 28 novembre 1835, décédé le 21 mai 1894. — Médaillon en marbre blanc (Diam. 0ᵐ 40). Signé : *F. Hamar.* (10ᵉ div.)

HÉBERT (Théodore-Martin).

Robert (Jean-Baptiste), décédé le 13 mars 1870, à l'âge de 77 ans. — Médaillon en bronze (Diam. 0ᵐ 52) encastré dans la face antérieure d'une stèle. Signé : *Théodore Hébert, sculpteur, 1861.* Sur le tombeau horizontal sont deux têtes d'homme et de femme, en bronze. (20ᵉ div.)

Hébert.

Morant (Pierre-Félix de), docteur médecin, décédé à Paris le 25 septembre 1880, à l'âge de 63 ans. — Stèle en pierre surmontée du buste en bronze (H. 0ᵐ 58) de Morant.

---

1. Le buste en marbre d'après lequel a été exécuté le médaillon qui nous occupe est la propriété du docteur Lewenhard. — Renseignements fournis par le docteur Lewenhard (27 octobre 1897).

Signé : *Théodore Hébert, scul. 1880. Gruet j^{ne}, fondeur*. Au-dessous du buste, sur la face antérieure de la stèle, est placé un masque (H. o^m 28). (9e div.)

HOGLER.

BOICHARD (A.), décédé le 18 juillet 1832. — Médaillon en pierre (Diam. o^m 25), dans le côté droit d'une stèle. Signé : *Hogler*. — THIERRY (H.), décédé le 11 mai 1828. — Médaillon en pierre (Diam. o^m 24), décorant la face antérieure de la stèle. *Non signé*. (2e div., 1re section.)

HUGO (Léopold-Armand).

LOUIS (Pierre-Charles-Alexandre), membre de l'Académie de médecine, décédé à Paris le 22 août 1872, dans sa 86e année. — Médaillon en plâtre (Diam. o^m 60) placé sur l'autel d'une chapelle. Signé : *Hugo* (18e div.)

HUGUENIN (Jean-Pierre-Victor).

TARDIEU (Jules–Romain) (J. T. de Saint-Germain), éditeur et romancier, né le 28 janvier 1805, décédé le 19 juillet 1868. — Médaillon en bronze (Diam. o^m 22). Signé : *Victor Huguenin*. (3e div., 1re section.)

ISELIN (Henri-Frédéric).

HENRY (Joseph), architecte, né en 1822, décédé le 16 décembre 1882. — Buste en marbre (H. o^m 70), placé dans un enfoncement pratiqué dans le fronton d'une chapelle. Signé : *H. Iselin*. (19e div.)

KLAGMANN (Jean-Baptiste-Jules).

ORFILA (Matthieu-Joseph-Bonaventure), chimiste, « docteur en médecine, fondateur, président et bienfaiteur de l'Association des médecins de la Seine », né à Mahon (Ile de Minorque) le 24 avril 1787, décédé à Paris le 11 mars 1853. — Pyramide à base quadrangulaire, en pierre. Dans la face antérieure est encastré le médaillon en marbre (Diam. o^m 55 environ) du docteur. Signé : *J. K.* [*Klagmann*]. De chaque côté du médaillon en saillie, est un génie nu, ailé, assis, en pierre. Le monument du docteur Orfila a été érigé en 1854 au moyen d'une souscription publique, d'après les dessins de *Gisors*, architecte [1]. Gravé par *Digeon* [2]. (4ᵉ div., 1ʳᵉ section.)

JACQUOT (Georges).

Jacquot (Georges), statuaire, né à Nancy le 15 février 1794, décédé à Paris le 25 novembre 1874. — Demi-ronde bosse en plâtre (Diam. 0ᵐ 30). Signée : *G. Jacquot* [3]. (10ᵉ div.)

JONCHERY (Charles-Emile).

Flamant et Champenois (Familles). — Statue en pierre (H. 0ᵐ 85) : une femme en pleurs est assise sur la base d'une colonne brisée. Elle tient dans ses mains une couronne de roses et se courbe vers la terre dans l'attitude de la douleur. Signée : *E. Jonchery.* (28ᵉ div.)

LANOE (P.).

Lanoe (Jules-Félix), décédé le 5 juin 1895, à l'âge de 62 ans. — Médaillon ovale en bronze (H. 0ᵐ 30. L. 0ᵐ 25). Signé : *P. Lanoë, 1895.* (3ᵉ div., 1ʳᵉ section.)

LEBÈGUE (Paul-Adolphe).

Lebègue (Hippolyte), sculpteur, né le 21 septembre 1800, décédé le 12 novembre 1876. — Dans la face antérieure d'une stèle est sculpté un médaillon en marbre (Diam. 0ᵐ 40), par *Paul Lebègue* [4]. (29ᵉ div.)

LECOMTE DU NOUY (Jules-Jean-Antoine).

Lecomte du Nouy (Valentine Peigné-Crémieux, Mᵐᵉ), née le 21 mars 1855, décédée le 15 octobre 1876. — Tombeau surmonté d'un sarcophage supporté par quatre colonnettes. Sous le sarcophage est placée une statue en pierre (Long. 1ᵐ 65) : la jeune morte est couchée sur son tombeau ; elle a un bouquet de fleurs à son corsage ; les mains, ramenées sur la poitrine, tiennent un parchemin demi-déroulé où est gravée la date fatale du 15 octobre 1876. *Non signée.* Dans la face antérieure du sarcophage est encastré le médail-

---

1. Renseignements fournis par M. Orfila, neveu du docteur (30 novembre 1897).
2. *Architecture funéraire contemporaine*, etc., 3ᵉ section B, pl. v.
3. Cette signature nous rend perplexe, car le masque de *G. Jacquot* semble avoir été exécuté d'après un moulage pris sur nature après le décès de l'artiste.
4. Renseignements fournis par M. Lebègue, marbrier (10 juillet 1895).

lon en bronze (Diam. 0ᵐ 50) de la jeune femme. Signé : *Lecomte du Nouy 1877.* (13ᵉ div.)

LEPIND.

Breton (Mᵐᵉ Émile), née Marie Chertier, décédée à Paris le 13 avril 1834, à l'âge de 23 ans. — Buste en marbre (H. 0ᵐ 60). — Mᵐᵉ Alexandre Chertier, née Anaïs Duflos, décédée le 19 février 1886, à l'âge de 50 ans. — Médaillon ovale en marbre (H. 0ᵐ 22. L. 0ᵐ 15). — Jean-Alexandre Chertier, orfèvre, chevalier de l'ordre de Saint-Silvestre, décédé le 27 septembre 1890, dans sa 65ᵉ année. — Médaillon ovale en marbre (H. 0ᵐ 22. L. 0ᵐ 15). Ces trois œuvres ont été exécutées par *Lepind*[1]. (2ᵉ div. 1ʳᵉ section.)

LEROUX (Frédéric-Etienne).

Koeppel (Élisa Coquerel, Mᵐᵉ), née en 1839, décédée en 1874. — Statue en marbre (Long. 1ᵐ 80) : la jeune femme, légèrement drapée, est représentée couchée sur son tombeau; la main gauche pose sur le cœur ; le bras droit est allongé le long du corps. Signée : *Etienne Leroux.* (29ᵉ div.)

LESCORNÉ (Joseph-Stanislas).

Duchesne (Jean-Pierre), sculpteur marbrier, né en mars 1821, décédé le 8 juillet 1893. — Stèle circulaire surmontée du buste en marbre (H. 0ᵐ 55) de Duchesne, exécuté par *Lescorné* en 1864[2]. (13ᵉ div.)

LETOURNEAU (Edouard).

Marchais-Lagrave (Famille). — Une chapelle ouverte sur trois côtés est portée par quatre colonnes en granit rose. Au fond est placé un haut-relief en bronze (H. 2ᵐ. L. 0ᵐ 95) : une femme légèrement drapée s'élevant au ciel. Signé : *Edouard Letourneau, 1888. Thiébaut frères, fondeurs*[3]. (28ᵉ div.)

---

1. Ancien élève de l'École des Beaux-Arts de Lyon, *Lepind* a travaillé à Paris chez divers orfèvres et bronziers pour lesquels il a exécuté des modèles d'un goût et d'une science dignes d'attention. Il a sa place parmi les artistes innommés qui ont concouru depuis un quart de siècle au relèvement de l'art industriel.

2. Renseignements fournis par M. E. Faucher, gendre de J.-P. Duchesne (12 décembre 1897).

3. Le plâtre de ce haut-relief a figuré au Salon de 1888, avec le titre l' « Ame », sous le n° 4362.

LEVILLAIN (Ferdinand).

Deck (Joseph-Théodore), céramiste, administrateur de la Manufacture de Sèvres, né à Guebwiller (Haut-Rhin) le 2 janvier 1823, décédé à Sèvres le 15 mai 1891. — Stèle au sommet d'un tombeau en pierre. Dans la face antérieure de la stèle est encastré un médaillon en bronze (Diam. 0^m 38). Signé : *Son ami, F. Levillain, 1892.* Des fleurs en céramique sont incrustées sur le tombeau et sur la stèle. (19e div.)

LOISON (Pierre).

Pinçon (Aline), née le 25 décembre 1833, décédée le 26 février 1860. — Médaillon ovale en marbre blanc (H. 0^m 23. L. 0^m 16). Signé : *P. Loison.* (12e div.)

LOUIS-NOEL (Hubert).

Jouin (le R. P. Amédée-Augustin), Religieux de l'Ordre des Frères Prêcheurs, aumônier de l'armée du Nord en 1870-1871, successivement Prieur du couvent de Flavigny, de Saint-Jacques, à Paris, et de Corbara, né à Angers le 28 octobre 1835, décédé à Cannes le 15 avril 1889. — Une chapelle dont le fronton est décoré d'un bas-relief cintré, en bronze, (H. 0^m 63. L. 0^m 74), représentant le Religieux en prière. Les armoiries dominicaines décorent le prie-Dieu sur lequel est agenouillé le moine. Signé : *Louis-Noël.* La croix de la Légion d'honneur, qui avait été décernée au Père Jouin en 1871, est gravée dans le fronton de la chapelle, au-dessus du bas-relief. Le vitrail principal de la chapelle a pour sujet la reproduction de la composition bien connue d'*Ary Scheffer* : « Saint Augustin et sainte Monique. » Ce vitrail a été exécuté par *H. Chabin.* (27e div.)

MABILLE (Jules-Louis).

Maze (Hippolyte), professeur de l'Université, préfet de la Défense nationale, député de Seine-et-Oise, sénateur, né à Arras en 1839, décédé à Paris en 1891. — Médaillon en bronze (Diam. 0^m 40). Signé : *J. Mabille, 1892.* (6e div.)

MAILLARD (Auguste).

Jeanmaire (Ferdinand), né en 1842, inhumé le 14 février

1886. — Médaillon en bronze (Diam. 0^m 45). Signé : *Maillard, 1886.* (10e div.)

Maillard.

Paqueau (Charles-Florent), inhumé le 4 décembre 1896, à l'âge de 36 ans. — Stèle en pierre brute dans laquelle est encastré le médaillon en bronze (Diam. 0^m 42) de Paqueau. Une palette et des pinceaux sont sculptés dans la partie inférieure du médaillon. Signé : *A. Maillard.* (17e div.)

MAILLOT (Mme Pauline).

Maillot (François-Clément), docteur en médecine, ancien inspecteur, président du conseil de santé des armées, né à Briey (Moselle) le 13 février 1804, décédé à Paris le 24 juillet 1894. — Buste en bronze (H. 0^m 45). Signé : *P. Maillot, 25 juillet 1885* [1]. Sur la face antérieure de la stèle supportant le buste est gravé : « Au bienfaiteur de l'humanité et de l'Algérie, ce buste sculpté par sa veuve a été érigé comme un suprême hommage. » (17e div.)

MAINDRON (Étienne-Hippolyte).

Devéria (Laure-Élisabeth-Marie-Louise), peintre de fleurs, née en 1813, décédée le 11 mai 1838. — Bas-relief en marbre (H. 1^m 90. L. 0^m 85) représentant l'artiste, en pied, debout, en action de peindre. Signé : *H. Maindron, 1845* [2]. (17e div.)

Maindron.

Maindron (Étienne-Hippolyte), statuaire, né à Champtoceaux (Maine-et-Loire) le 16 décembre 1801, décédé à Paris le 21 mars 1884, et Julie Chabot, veuve Maindron, née en février 1776, décédée en novembre 1853. — Statue en marbre de la *Foi chrétienne* (H. 2^m) représentée par une jeune femme, en pied, debout, légèrement drapée ; les mains, croisées sur la jambe droite, tiennent une croix. Signée : *H^te Maindron,*

---

1. La terre cuite de ce buste a figuré au Salon de 1886 sous le n° 4244. Mme *Maillot*, décédée le 12 janvier 1897, repose dans le même tombeau que son mari.

2. *Jacques-Marie-Achille Devéria*, peintre, décédé le 23 décembre 1870, repose dans le même tombeau que sa sœur.

1876. Sur le socle de la statue est gravé : *Credo spero* [1]. (1re div., 1re section.)

MANIGLIER (Henri-Charles).

Schaeuffèle (Jean-Martial-Désiré), né le 31 mai 1802, décédé le 26 avril 1882. — Médaillon en bronze (Diam. 0^m 45). Signé : *C. Maniglier, 1882*. (7e div.)

Maniglier.

Lefortier (Jean-Henri), peintre, né en 1819, inhumé le 18 janvier 1886. — Buste en bronze (H. 0^m 50). Signé : *C. Maniglier, 1886*. (17e div.)

Maniglier.

Lefebvre (Eugène), né le 28 mars 1827, décédé le 12 octobre 1888. — Une chapelle avec portique soutenu par des colonnes. Dans le fronton de la chapelle est le médaillon en bronze de Lefebvre (Diam 0^m 50). Signé : *C. Maniglier, 1889*. (17e div.)

MARCELLIN (Jean-Esprit).

Gervais (François-Paul-Louis), naturaliste, membre de l'Institut, né à Paris le 26 septembre 1816, décédé dans la même ville le 10 février 1879. — Médaillon en bronze (Diam. 0^m 15). Signé : *E. Marcellin*. Le médaillon est entouré d'une couronne formée d'une palme et d'une branche de laurier à laquelle est suspendue la croix de la Légion d'honneur. (26e div.)

Marcellin.

Marcellin (Jean-Esprit), statuaire, né à Gap (Hautes-Alpes) le 21 mai 1821, décédé à Paris le 22 juin 1884. — Stèle en marbre blanc ; dans la face antérieure est sculpté le médaillon de *Marcellin* (Diam. 0^m 32). Signé : *E. Marcellin*. La stèle est surmontée d'une urne à demi couverte par une draperie qui retombe jusque sur le médaillon. (8e div.)

Marcellin.

Wilmès (Blanche Léger, Mme), décédée le 4 janvier 1890,

---

[1]. Cette œuvre a figuré au Salon de 1876 sous le n° 3451.

à l'âge de 37 ans. — Médaillon en plâtre (Diam. o ᵐ 24).
Signé : *Marcellin*. (10ᵉ div.)

MARCILLY (Edouard MILLET de).

BARRESWILL (Charles-Louis), chimiste, né à Versailles
en 1817, décédé à Boulogne-sur-Mer le 23 novembre 1870.
— Médaillon en bronze (Diam. o ᵐ 16). Signé : *M. de Marcilly*. (9ᵉ div.)

MARCINKOWSKI (Ladislas).

PATRIOTES POLONAIS (Monument des). — Au sommet
d'un tombeau se dresse une stèle décorée des armes de la
Pologne, en bas-relief en bronze. Sur une banderole traversant les armoiries est gravé : « Boze Zbaw Polske » (Dieu
sauve la Pologne[1]). Ce motif est signé : *Marcinkowski,
Parys*. (17ᵉ div.)

MARQUESTE (Laurent-Honoré).

HUGUIER (Pierre-Charles), chirurgien des hôpitaux,
membre de l'Académie de médecine, né à Sezanne (Marne)
le 18 septembre 1806, décédé à Paris le 12 janvier 1873. —
Médaillon en bronze (Diam. o ᵐ 34) encastré dans la face
antérieure d'une stèle quadrangulaire. Signé : *Marqueste*. (15ᵉ
div.)

MATHIEU-MEUSNIER (Mathieu-Roland, dit).

LAROCHELLE (Henri BOULLANGER, dit), acteur et administrateur, né à Paris le 18 juin 1827, décédé à Meudon le
29 janvier 1881. — Édicule en marbre à fronton triangulaire. Dans la face antérieure est pratiqué un enfoncement où
se trouve le buste en bronze (H. o ᵐ 65) de l'acteur. Signé :
Mathieu-Meusnier. Le monument est en outre décoré de
masques, de palmes, d'un flambeau, de l'attribut de la Folie
et de couronnes de laurier. (27ᵉ div.)

MERLEY (Louis).

DIÉBOLT (Georges), sculpteur, né à Dijon le 7 mai 1816,
décédé à Paris le 7 novembre 1861. — Médaillon en marbre

1. Renseignements fournis par le docteur Lewenhard (10 décembre 1897).

blanc (Diam. o ^{m} 32) encastré dans la face antérieure d'une stèle. Signé : *Merley, F.* Au-dessous du médaillon sont sculptés dans la stèle un maillet, un compas, une règle, des ébauchoirs et la croix de chevalier de la Légion d'honneur. (12e div.)

MICHEL (Célina).

MICHEL (Célina-Maxence-Henriette SILVAIN, veuve de Claude-Pascal), née en 1824, décédée en 1882. — Buste en bronze (H. o ^{m} 70). Signé : *Célina Michel, 1882.* (13e div.)

MILLET (Aimé).

BOUTEVILLE (Marc-Lucien), écrivain, né en novembre 1808, décédé en décembre 1870. — Médaillon en marbre (Diam. o ^{m} 36) encastré dans la face antérieure d'une stèle en granit. Signé : *Aimé Millet sc.* Au-dessous du médaillon sont sculptés dans la stèle une plume et des feuillets sur l'un desquels sont gravés les titres des principaux ouvrages de l'écrivain : *La morale de l'Église et la morale naturelle, Homme ou chrétien.* Le monument de Bouteville a été érigé par « ses enfants et ses amis ». (18e div.)

Millet.

VALENTIN (Marie-Edmond), homme politique, préfet de Strasbourg, sénateur, né à Strasbourg le 27 avril 1823, décédé à Paris le 31 octobre 1879. — Dans la face antérieure d'une stèle en granit est pratiqué en enfoncement où se trouve placé le buste en bronze (H. o ^{m} 60) de Valentin. Signé : *A. Millet.* Au-dessous est encastré dans la base de la stèle un bas-relief en bronze (H. o ^{m} 43. L. o ^{m} 77) : *Arrivée de Valentin à Strasbourg, septembre 1870.* Valentin, qui avait été nommé préfet de Strasbourg par le Gouvernement de la Défense nationale, le lendemain du 4 septembre 1870, réussit à pénétrer dans Strasbourg assiégé en traversant à la nage la rivière de l'Ill et les fossés des fortifications, sous le feu croisé de l'ennemi et de la place (19 septembre). Il est représenté au moment où, arrivé au pied des fortifications, il essaye, par un geste, de se faire reconnaître des assiégés. Le monument de Valentin a été élevé, au moyen d'une souscription, sur les dessins de *Ch. Genuys.* (26e div.)

Millet.

Gorse (Famille). — Stèle surmontée d'une statuette en bronze (H. o^m 50) : une jeune fille, en pied, debout, sème des fleurs de la main droite. Signée : *Aimé Millet* [1]. (6e div.)

MOMBUR (Jean-Ossaye).

Vazeille (Jean-Baptiste-Étienne), professeur à Sainte-Barbe, décédé le 28 janvier 1885, à l'âge de 59 ans. — Médaillon en bronze (Diam. o^m 50). Signé : *J.-O. Mombur, 1885.* Au-dessous du médaillon est gravé : « Ses élèves, ses amis. » (20e div.)

MOREY (Virgile).

Le Bailly (Auguste-Jean), libraire-éditeur de musique et d'œuvres d'instruction populaire, vice-président de la Commission administrative du Bureau Municipal de placement gratuit du VIe arrondissement, né à Paris en 1833, décédé dans la même ville le 27 décembre 1889. — Buste en marbre (o^m 70), placé sur l'autel d'une chapelle. Signé : *V. Morey* [2]. Les parois de la chapelle, en mosaïque exécutée par *Facchina*, sont décorées de fleurs et de feuillage. Le vitrail central représente A.-J. Le Bailly. Au-dessus, sur une banderole, on lit : « Tout par le travail; » et au-dessous, sur un livre ouvert : *Pertransiit benefaciendo.* Ce vitrail a été exécuté par *Gilbert*. Dans le vitrail de gauche est l'effigie de la fille de Le Bailly, Mlle Claire Le Bailly, écrivain, décédée le 7 juillet 1884, à l'âge de 18 ans [3]. Le vitrail de droite se compose d'un trophée comprenant une lyre, un violon, etc. La chapelle a été construite sur les dessins de *H. Champion*, architecte. La façade est ornée de colonnettes en onyx; la frise où est gravé le nom de la famille est également en onyx. (18e div.)

MORICE (Léopold).

Quatrefages de Bréau (Jean-Louis-Armand de), membre de l'Académie des Sciences, professeur au Muséum d'histoire naturelle, né le 10 février 1810, décédé le 12 jan-

---

1. Cette statuette est une réduction de la figure allégorique de la *Jeunesse* qui décore le monument d'Henri Murger au cimetière Montmartre.
2. Ce buste a été exposé au Salon de 1893 sous le n° 3220.
3. Auteur de : *Les guerres du Tonkin, Chine et Cochinchine*, 1877-1885, in-12.

vier 1892. — Stèle quadrangulaire en granit surmontée du buste en bronze (H. 0 m 85) de Quatrefages. Signé : *Morice.* Le monument a été érigé sur les dessins de *Ch. Morice,* architecte [1] (6e div.)

MOULIN (Julius-Hippolyte).

Leconte de Lisle (Charles-Marie-René), poète, membre de l'Académie française, né à Saint-Paul (Réunion) le 23 octobre 1818, décédé à Louveciennes le 17 juillet 1894. — Colonne circulaire en granit rose surmontée du buste en bronze (H. 0 m 55) du poète. Sur le piédouche on lit : « A Leconte de Lisle, ses amis. » Signé : *H. Moulin, 1864.* Au-dessous de l'inscription funéraire est gravé ce vers :

Lumière, où donc es-tu ? peut-être dans la mort.

(17e div.)

MOULY (François-Jean-Joseph).

Bouchut (le Docteur), né en 1818, décédé en 1891. — Buste en bronze (H. 0 m 80). Signé : *F. Mouly, 1883. F. Barbedienne, fondeur.* — Bouchut (Henry), docteur en médecine, licencié ès sciences, décédé le 1er avril 1886, à l'âge de 24 ans. — Médaillon en terre cuite (Diam. 0 m 31). *Non signé.* (11e div.)

MOUNET-SULLY (Jean-Sully, dit).

Mounet-Sully (Georges), décédé le 10 avril 1882, à l'âge de 2 ans et 3 mois, et Mounet-Sully (Jean), décédé le 1er mai 1882, à l'âge de 3 ans et 3 mois. — Édicule formant portique à fronton triangulaire supporté par deux colonnes en granit rose. Sous le portique est un haut-relief en bronze (H. 1 m 65. L. 0 m 60) : un jeune garçon surpris au milieu de ses jeux, est enlevé au ciel par un ange ; l'enfant tient encore dans sa main le ruban brisé qui lui servait à conduire une petite voiture dans laquelle est un jouet. Signé : *Mounet-Sully, 82.* Sur le socle du haut-relief est gravé :

Ils s'aimaient trop tous deux pour vivre l'un sans l'autre.

(8e div.)

---

1. Renseignements fournis par M. Schmidt. marbrier (21 novembre 1897).

NÈGRE (Henri).

Baudoin (Jean), sculpteur, né le 16 septembre 1803, décédé le 8 février 1882. — Médaillon en bronze (Diam. 0^m 35). Signé : *H. Nègre* [1]. (26e div.)

PARIS (Auguste).

Labarthe (le docteur Paul), officier de l'Instruction publique, né en 1844, décédé en 1894. — Buste en bronze (H. 0^m 68). Signé à droite, sur le piédouche : *Paris*, et à gauche : *P. Baur, fondeur*. (6e div.)

PATEY (Henri-Auguste-Jules).

Roty (Jeanne-Élisabeth-Caroline-Marie), née le 11 octobre 1887, décédée le 15 avril 1891. — Sarcophage au sommet duquel est un large cippe en pierre dont le fronton, de forme trilobée, est supporté par des colonnes. Ce fronton est décoré de feuillage et de roses, et dans l'évidement pratiqué entre les colonnes est sculptée en demi-ronde bosse l'effigie de la jeune morte (Long. 1^m 10) : l'enfant est représentée couchée ; elle est enveloppée de son suaire et serre un jouet sur sa poitrine. Cette sculpture est l'œuvre de *H. A. J. Patey* [2]. Le monument a été élevé en 1895 sur les dessins de *E. Vaudremer* [3]. (1re div., 1re section.)

PÉCOU (Jean-William-Henri).

Schœnewerk (Pierre-Alexandre), sculpteur, né à Paris le 18 février 1820, décédé dans la même ville le 22 juillet 1885. — Cippe vertical décoré du médaillon en bronze de *Schœnewerk* (Diam. 0^m 38). Signé : *W. H. Pécou, 1886*. Le médaillon est entouré d'une branche de lierre sculptée dans le cippe. Les titres des principales œuvres de *Schœnewerk* sont gravés sur la pierre tumulaire, à travers les feuilles d'une palme. Le monument, en pierre de Lorraine, a été érigé sur les dessins du statuaire *Adolphe Eude*, l'ami et le camarade de *Schœnewerk*. L'inauguration a eu lieu le 22 juillet 1886. A

---

1. Le modèle en plâtre de ce médaillon a figuré au Salon de 1888 sous le n° 4474.

2. *Pierre-François-Marie Boulanger*, ferronnier, beau-père de M. *Roty*, décédé le 1er juillet 1891, repose dans le même tombeau que sa petite-fille.

3. L'architecture et la décoration ont été exécutées par les soins de *F.* et *A. Jacquier*, de Caen.

cette occasion, M. *J.-G. Thomas*, statuaire, membre de l'Institut, a rendu hommage à la mémoire du défunt. (17ᵉ div.)

PERRAUD (Jean-Joseph).

Larousse (Pierre), éditeur et hommes de lettres, auteur du Dictionnaire qui porte son nom, né à Toucy (Yonne) le 23 octobre 1817, décédé à Paris le 3 janvier 1875. — Au sommet d'un tombeau est une stèle rectangulaire en marbre surmontée du buste en bronze de l'écrivain (H. 0ᵐ 75 environ). Signé : *Perraud, 1876. Boyer et Rolland, fondeurs*[1]. (14ᵉ div.)

PERRIN (Adolphe-Auguste).

Perrin (Julie Legendre, dame), née le 30 avril 1822, décédée le 30 juin 1868. — Médaillon en marbre blanc (Diam. 0ᵐ 30). Nous supposons que ce médaillon est l'œuvre de *A.-A Perrin*, sculpteur, décédé le 28 janvier 1878, qui repose dans ce tombeau. (13ᵉ div.)

PEZIEUX (Jean-Alexandre).

Pezieux (Jean-Alexandre), né en 1822, décédé en 1887. — Stèle circulaire surmontée du buste en marbre de Pezieux (H. 0ᵐ 60). Signé : *J. Pezieux, 1888*[2]. (6ᵉ div.)

Pezieux.

Reitlinger (Abel), banquier, décédé à Villiers-en-Bière (Seine-et-Marne), inhumé le 6 octobre 1895. — La face postérieure d'une chapelle est flanquée d'une sorte d'édicule, en granit bleu, à fronton triangulaire supporté par deux colonnes doriques en granit rouge. Entre ces colonnes est encastré un haut-relief en marbre blanc (H. 2ᵐ. L. 1ᵐ 15) représentant la *Douleur* : une jeune femme, assise sur un rocher, est accoudée du bras droit sur une urne funéraire recouverte d'une draperie ; elle sème des fleurs de la main gauche. Signé : *J. A. Pezieux, 1897*. La chapelle a été construite sur les dessins d'*Adrien Chancel*, architecte. (25ᵉ div.)

---

1. Une réplique de ce buste, également en bronze, décore le monument élevé à Larousse dans son pays natal. Le monument de Coucy est l'œuvre de *E. Vaudremer*, architecte. Il a été inauguré le 14 octobre 1894 (*Journal des Arts* du 20 octobre 1894).
2. Le modèle en plâtre de ce buste est la propriété du statuaire.

PIGALLE (Jean-Marie).

LENOIR (Pierre), décédé le 4 février 1856. — Buste en marbre (H. o ᵐ 50). Signé : *Pigalle, 1852.* (15ᵉ div.)

PLANTAR (Jean-Baptiste-Louis).

ALLOUIS (Pauline-Louise-Sylvie), née le 15 juillet 1812, décédée le 24 juillet 1829. — Stèle en marbre surmontée d'une urne, également en marbre ; dans la face antérieure de la stèle est sculpté le médaillon de Pauline Allouis. Signé : *Plantar.* (2ᵉ div., 1ʳᵉ section.)

PRÉAULT (Auguste).

HUET (Paul), peintre, né à Paris le 3 octobre 1804, décédé dans la même ville le 9 janvier 1869. — Demi-ronde bosse en bronze (Diam. o ᵐ 42), décorant la face antérieure d'un édicule en granit. Signé : *Auguste Préault.* Au-dessous du portrait de *Paul Huet* est sculptée une palette traversée par des branches de laurier. (3ᵉ div., 1ʳᵉ section.)

PUECH (Denys).

GARDET (Joseph-Antoine), statuaire, né à Paris le 22 février 1861, décédé dans la même ville le 24 février 1891. — Dans une stèle en pierre est pratiqué un enfoncement où se trouve le portrait de *J. Gardet* en demi-ronde bosse, en bronze, ayant la forme d'un rectangle (H. o ᵐ 34. L. o ᵐ 30). Signé : *D. Puech, 1893. F. Barbedienne, fondeur.* Le monument de *Gardet* lui a été élevé par « ses amis ». (26ᵉ div.)

PUGET [1].

BAILLARGER (Jules-Gabriel-François), médecin, « fondateur de la société médico-psychologique et des annales médico-psychologiques, fondateur de la société mutuelle des médecins aliénistes de France, » membre de l'Académie de médecine, né à Montbazon (Indre-et-Loire) le 10 avril 1809, décédé à Paris le 1ᵉʳ janvier 1891. — Stèle en pierre surmontée du buste en bronze (H. oᵐ 60) de Baillarger. Signé : *Delafontaine, fondeur, 1891.* Une palme est sculptée dans la face antérieure de la stèle. (25ᵉ div.)

---

1. Cet artiste aurait été aliéné et traité par le docteur dont il a fait le buste. (Renseignements fournis par Mᵐᵉ veuve Baillarger le 23 novembre 1897.)

PULL (Jules-Louis).

PULL (Georges), céramiste, né le 10 mai 1810, décédé le 15 octobre 1889. — Monument en forme de chapelle ; au fond, médaillon en faïence (Diam. 0^m 35). Ce médaillon a été exécuté en 1891, par *J.-L. Pull* [1]. (4e div., 1re section.)

ROBERT (Louis-Valentin-Elias).

DELAFONTAINE (Marie-Désirée ARBOUSSE Mme), née en 1818, décédée en 1850. — Médaillon en bronze (Diam. 0^m 45). Signé : *L. V. E. Robert, 1851.* (16e div.)

Robert.

VIGLA (le docteur Eugène-Napoléon), professeur à la Faculté de médecine, médecin de l'Hôtel-Dieu, membre de l'Académie de médecine, né le 16 octobre 1813, décédé le 18 août 1872. — Buste en bronze (H. 0^m 60). Signé avec cette mention: « A mon cher docteur et ami, *Elias Robert, 1857* [2]. *Léon Leroy, fondeur.* (13e div.)

ROCHEGROSSE (Georges).

BANVILLE (Théodore de), poëte, né le 14 mars 1823, décédé le 13 mars 1891. — Médaillon en bronze (Diam. 0^m 37). Signé : *G. Rochegrosse.* (13e div.)

RODIN (Auguste).

FRANCK (César), compositeur, né en 1828, décédé le 8 novembre 1890. — Médaillon ovale en bronze (H. 0^m 50. L. 0^m 40). Signé : *Rodin.* (26e div.)

ROLARD (François-Laurent).

AUDOUX (Hégésippe Daniel, dame), décédée le 23 octobre 1872, dans sa 49e année. — Médaillon en bronze (Diam. 0^m 30), par *Rolard* [3]. (6e div.)

Rolard.

DAMMAN (Augustine-Héloïse), née le 18 mars 1868,

---

1. Renseignements fournis par M. *J.-L. Pull*, fils de *Georges Pull* (23 novembre 1897).
2. Le modèle en plâtre de ce buste a figuré au Salon de 1859 sous le n° 3466.
3. Renseignements fournis par M. E. Audoux et par M. *F.-L. Rolard* (19 et 23 novembre 1897).

décédée le 13 mai 1874. — Médaillon en bronze (Diam. 0^m 21). Signé : *F. Rolard, 1875.* (9e div.)

ROUGELET (Bénédict).

LIONNET (François-Joseph), professeur, fondateur de l'Association philotechnique, né à Nancy le 9 décembre 1805, décédé à Paris le 26 août 1884. — Buste en bronze (H. 0^m 65). Signé : *Rougelet, 1879*[1]. Le monument de Lionnet a été érigé le 29 mars 1885. (14e div.)

ROULLET (Auguste).

DUVILLERS (François-Joseph), architecte, ingénieur, paysagiste, né à Arc-Ainières (Belgique) le 6 avril 1807, décédé à Paris le 16 novembre 1881. — Stèle en pierre dans la face antérieure de laquelle est sculpté le médaillon ovale de *Duvillers* (H. 0^m 65. L. 0^m 53). Signé : *A. Roullet, 1882.* Au-dessous est une peinture sur porcelaine (H. 0^m 25. L. 0^m 15) : un ange ailé, assis, montre le ciel du doigt de la main droite levée. Signée : *Duvillers, 1881.* (9e div.)

ROUX (Julien).

CORRIER (Charles), prêtre. — Médaillon en bronze (Diam. 0^m 30). Signé : *Julien Roux.* (4e div., 1re section.)

Roux.

MICHAUD et BUISSON (Familles). — Bas-relief en bronze (H. 0^m 58. L. 0^m 32) : une jeune femme ailée s'élève vers le ciel. Signé : *Julien Roux s. Thibault, fondeur.* (13e div.)

SAGE (Jules-Auguste).

ROUILLARD (Jean-Sébastien), peintre, né à Paris en 1789, décédé dans la même ville le 10 octobre 1852 ; Françoise-Julie-Aldrovandine LENOIR, dame ROUILLARD, peintre en miniature, née à Paris le 9 octobre 1796, décédée dans la même ville le 14 juillet 1833, et Étienne-Jules ROUILLARD, leur fils, décédé dans sa 20e année. — Leurs trois portraits accolés dans un médaillon en bronze (Diam. 0^m 35) encastré dans la face

---

1. Le plâtre a figuré au Salon de 1879 sous le n° 5336.

antérieure d'un cippe. Ce médaillon a été modelé par *Auguste Sage* en 1880[1]. (1re div., 1re section.)

SANSON (Justin-Chrysostome).

GRUYÈRE (Théodore-Charles), sculpteur, né à Paris le 17 septembre 1814, décédé dans la même ville le 1er mars 1885. — Demi-ronde bosse en bronze (Diam. 0m 40). Signé : *1885. J. Sanson.* (12e div.)

SCHŒNEWERK (Pierre-Alexandre).

ORTOLAN (Joseph-Louis-Elzéar), jurisconsulte, professeur à la Faculté de droit de Paris, né à Toulon le 21 août 1802, décédé à Paris le 27 mars 1873. — Stèle en granit surmontée du buste en bronze (H. 0m 50) d'Ortolan. Signé : *Al. Schœnewerk, 1873.* Dans la face antérieure de la stèle est encastré un bas-relief en bronze, en forme de trapèze (H. 1 m 30. L. à la base 0m 80, et dans la partie supérieure 0m 40), représentant la *Jurisprudence* : une jeune femme, assise, tient de la main gauche un livre fermé posé sur son genou, et sur lequel on lit : « Jurisprudence », pendant que de la main droite elle trace, à l'aide d'un style, le nom d'Ortolan. Signé : *Al. Schœnewerk, 1873*[2]. (3e div., 1re section.)

SOCHOS (Lazare).

CORAY (Adamantius), helléniste et patriote grec, né à Smyrne en 1748, décédé à Paris le 6 avril 1833. — Stèle circulaire surmontée du buste en bronze (H. 0m 90 environ) de Coray, par *Lazare Sochos*[3]. Le quatrain suivant est gravé sur la stèle :

> Ce noble enfant des Grecs évoquant leur génie
> Fit lever à sa voix un peuple de héros.
> Et la France, ô Coray, ta seconde patrie,
> Te garde avec orgueil dans la paix des tombeaux[4].

(2e div., 1re section.)

---

1. Renseignements fournis par le docteur Rendu, petit-fils de M. et Mme Rouillard et par *Jules-Auguste Sage*, neveu et cousin des personnages représentés (4 et 11 décembre 1897).
2. Ce monument a été exposé au Salon de 1874 sous le n° 3143.
3. Ce bronze a été exposé au Salon de 1895 sous le n° 3496.
4. Ce monument a été élevé à la mémoire de Coray le 25 mars 1895. Les restes du patriote grec avaient été exhumés le 8 mars 1877 pour être transportés au cimetière d'Athènes où il lui a été érigé un superbe monument. — Renseignements fournis par M. Georges Beusis (20 novembre 1897).

SOLLIER (Paul-Louis-Eugène).

Moreau (Aimée), décédée le 5 novembre 1888[1]. — Médaillon en marbre (Diam. 0ᵐ 25). Signé : *E. Sollier, 1889.* (26ᵉ div.)

Sollier.

Déclat (Gilbert), docteur médecin, décédé à Nice le 26 novembre 1896[2]. — Médaillon en plâtre (Diam. 0ᵐ 40). Signé : *E. Sollier, 1897*[3]. (28ᵉ div.)

STECCHI.

Hetzel (Pierre-Jules), éditeur et écrivain (P. J. Stahl), né à Chartres le 16 janvier 1814, décédé à Monte-Carlo le 17 mars 1886. — Médaillon ovale en bronze (H. 0ᵐ 40. L. 0ᵐ 30). Signé : *Stecchi, 87.* (7ᵉ div.)

STILTZ (J.).

Chaumont (Henri), prêtre, chanoine honoraire de Paris et de Nevers, né le 11 décembre 1838, décédé le 15 mai 1896. — Stèle dont la face antérieure est décorée du médaillon en bronze de l'abbé Chaumont (Diam. 0ᵐ 26). Signé : *J. Stiltz.* La stèle est surmontée d'une croix en pierre sur laquelle est fixé un crucifix en bronze. (27ᵉ div.)

TANNRATH (Richard).

Allié (Adolphe-Antoine), docteur médecin, né à Nancy le 21 janvier 1812, décédé à Paris le 18 septembre 1868. — Buste en bronze (H. 0ᵐ 65). Signé : *R. Tannrath, Paris, 1869.* Le monument d'Allié lui a été élevé par « ses amis reconnaissants ». (20ᵉ div.)

THABARD (Adolphe-Martial).

Fournier, médaillé de Sainte-Hélène. — Médaillon en marbre (Diam. 0ᵐ 35) encastré dans le fronton d'une chapelle. Signé : *A. Thabard.* (29ᵉ div.)

---

1. Aimée Moreau avait d'abord été inhumée au cimetière de Bagneux. Ses restes ont été rapportés à Montparnasse le 24 novembre 1888.

2. Les restes du docteur Déclat ont été rapportés à Paris où l'inhumation a eu lieu au cimetière du Sud le 4 février 1897.

3. Ce médaillon, que nous avons vu dans l'atelier de l'artiste, lui a été commandé par Mᵐᵉ Déclat. Il doit être prochainement coulé en bronze pour être placé sur la tombe du docteur *Déclat.*

THIRIOT (Henri).

OLLIER (Pierre), né en 1813, décédé le 24 février 1888. — Médaillon en bronze (Diam. 0ᵐ 23). Signé : *H. Thiriot.* (19ᵉ div.)

THOLENAAR (Théo-Ludovic).

DUBUISSON (Charles-Arthur), décédé le 19 mai 1888, dans sa 47ᵉ année. — Buste en marbre (H. 0ᵐ 42). Signé : *Th. Tholenaar.* (10ᵉ div.)

THOMAS (Gabriel-Jules).

THUASNE (Louis), né à Bourges le 7 mars 1810, décédé à Paris le 25 novembre 1872. — Médaillon en bronze (Diam. 0ᵐ 33). Signé : *G. J. Thomas, 1873.* (18ᵉ div.)

Thomas.

PERRAUD (Jean-Joseph), statuaire, membre de l'Institut, né à Monay (Jura) le 26 avril 1819, décédé à Paris le 2 novembre 1876. — Tombe horizontale au sommet de laquelle se dresse une stèle décorée au centre par un terme en saillie, supportant le buste en pierre (H. 0ᵐ 40) du statuaire. Signé : *G. J. Thomas, 1882* [1]. Sur le tombeau sont sculptés en relief un compas, un maillet et un ébauchoir. Le monument de *Perraud* a été érigé sur les dessins de *E. Vaudremer,* architecte. (18ᵉ div.)

Thomas.

DUMONT (Augustin-Alexandre), sculpteur, membre de l'Institut, né le 4 août 1801, décédé à Paris le 28 janvier 1884. — Buste en marbre (H. 0ᵐ 70). Signé : *Hugoulin d'après G.-J. Thomas, 1886* [2]. (10ᵉ div.)

Thomas.

REY (Édouard-Gabriel-François-Victor), « homme de lettres, professeur et érudit », né le 27 juin 1820, décédé le 2 janvier 1889. — Au sommet d'un tombeau est une stèle en pierre surmontée du buste en bronze de Rey (H. 0ᵐ 50).

---

1. Le modèle en plâtre de ce buste a été exposé au Salon de 1877 sous le n° 4152.
2. Le marbre original du buste de *Dumont*, par *Thomas*, a figuré au Salon de 1879, sous le n° 5383.

Signé : *G. J. Thomas, 1889. Fondu par E. Gonon.* L'inscription suivante est gravée sur la stèle au-dessous du buste : « Ses élèves et ses amis ont élevé ce monument d'affectueux souvenir. » (10ᵉ div.)

THURNER (G.).

THURNER (Marie-Madeleine BERNHARD, Mᵐᵉ), née le 12 mars 1804, décédée le 23 juin 1895. — Médaillon en bronze (Diam. 0ᵐ 35). En exergue est gravé : « Ma mère. » Signé : *G. Thurner, 1896.* (9ᵉ div.)

TRUPHÊME (André-François-Joseph).

HERSENT (Joséphine STERN, Mᵐᵉ veuve), décédée le 27 février 1897, à l'âge de 63 ans. — Médaillon en marbre blanc (Diam 0ᵐ 40). Signé : *Truphême.* (25ᵉ div.)

VARNIER (Pierre-Henri-Léon).

SPIÉGEL (Léontine-Fanny), décédée le 18 juin 1860, à l'âge de 23 ans ; François-Antoine SPIÉGEL, décédé à 56 ans ; Alphonsine-Cécile SPIÉGEL, décédée le 9 avril 1884, à l'âge de 53 ans ; Mᵐᵉ veuve SPIÉGEL, décédée le 20 avril 1886, dans sa 82ᵉ année ; Louise-Charlotte SPIÉGEL, décédée le 27 mai 1889, dans sa 60ᵉ année. — Tombeau quadrangulaire en pierre surmonté de la statue en marbre (grandeur nature) de Léontine-Fanny Spiégel ; la jeune fille, assise, est vêtue d'un costume moderne ; la tête pose dans la main droite ; l'autre main tient un livre. Signée : *Henry Varnier, 1861* [1]. Un portrait d'homme et trois portraits de femme sont sculptés en relief dans la face latérale droite du tombeau. Au centre de ces médaillons sont également sculptés en relief deux enfants ailés s'élevant au ciel. La face latérale gauche comporte un haut-relief (H. 0ᵐ 58. L. 0ᵐ 83) : une jeune femme, voilée, est assise sous un arbre ; elle est accoudée du bras gauche sur un fût de colonne, et de la main droite elle écarte son voile pour lui permettre de voir un monument simulé, surmonté d'une statue, placé devant elle. (13ᵉ div.)

Varnier.

MARIN (Marie-Louise), inhumée le 1ᵉʳ avril 1861, à

1. Cette statue a figuré au Salon de 1861, sous le nᵒ 3642.

l'âge de 16 ans. — Chapelle surmontée de la statue en marbre blanc (grandeur nature) de Mlle Marin : la jeune fille, les bras nus, est légèrement drapée ; elle est assise à terre et accoudée du bras droit sur une borne recouverte de sa draperie ; la main gauche, posée sur ses genoux, tient des fleurs. Signée : *Henry Varnier, 1863*[1]. (14ᵉ div.)

VAURÉAL (Henri, comte de).

LERICHE DE CHEVEIGNÉ (Eulalie-Noël-Augustine de GARY, veuve du conseiller d'État Alexandre-Étienne-Bonaventure), née le 15 juillet 1801, décédée le 26 juillet 1876. — Tombeau en pierre ; au sommet est un piédestal en marbre supportant une statue en marbre blanc (H. 1 ᵐ 15) : une jeune femme, vêtue d'une tunique sans manches, le voile rejeté en arrière, ayant un genou en terre, a les mains jointes dans l'attitude de la prière et de la douleur; à sa gauche sont des livres, un parchemin demi-déroulé et des fleurs. Signée : *Henri de Vauréal, 1876*[2]. (4ᵉ div., 1ʳᵉ section.)

WENDLING (Félix-Henri).

GUÉRIN-MENNEVILLE (Isidore), docteur médecin, décédé le 7 mai 1891, à l'âge de 64 ans. — Médaillon en bronze (Diam. 0ᵐ 30). Signé : *H. Wendling.* (18ᵉ div.)

YSABEAU (Louis) [3].

RIHET (Agathe), décédée le 13 décembre 1840, à l'âge de 11 ans. — Médaillon en marbre blanc (Diam. 0ᵐ 13). Signé avec cette mention : *Par son beau-père, Ysabeau.* (4ᵉ div., 1ʳᵉ section.)

SCULPTURES ANONYMES

I. — STATUES

BESSON (Eugène-Michel), docteur médecin, inhumé le 10 mai 1870, à l'âge de 55 ans. — Statue en bronze (H. 1 ᵐ65) :

---

1. Cette statue a été exposée au Salon de 1863 sous le n° 2569.

2. L'inscription funéraire nous apprend que la jeune femme repose près des tombeaux de son père, Alexandre-François de Gary, trésorier du Sénat, et de son grand-père, le comte de Cornet, sénateur, pair de France.

3. *Louis Ysabeau*, qui était attaché au ministère de la Justice, maniait aussi l'ébauchoir. — Renseignements fournis par Mlle Agathe Ysabeau, sa nièce (10 décembre 1897).

Ange sonnant de la trompette. Gravé par *Alexandre-Marie Soudain*[1]. (3e div., 2e section.)

BOILEAU (Famille). — Statue en bronze (H. 1 m 10) : une jeune femme en pied, debout, vêtue d'une tunique, tient une palme de la main gauche et lève l'index de la main droite. (16e div.)

II. — BAS-RELIEF

MAURICE (Octave-Alexandre), décédé le 21 avril 1856, à l'âge de 7 mois. — Bas-relief en marbre (H. 1 m 10. L. 0 m 45) : un ange ayant une faucille à la ceinture emporte au ciel un enfant mort ; au bas, un vase contenant des fleurs qui s'étiolent ; près du vase est une branche de cyprès. (9e div.)

III. — BUSTES

AMOROS (le colonel), fondateur de la gymnastique en France[2], né à Valence (Espagne) le 19 février 1770, décédé à Paris le 8 août 1848. — Tombeau avec stèle en pierre surmontée du buste en bronze d'Amoros (H. 0 m 45). Sur la face antérieure du tombeau est gravée l'inscription suivante : « Le 22 février 1880, les délégués des sociétés de gymnastique de France et un grand nombre de professeurs de gymnastique ont fait restaurer ce monument et sont venus rendre hommage à la mémoire d'Amoros. » Gravé par *Chappuis*[3]. (7e div.)

BARBIER (Salvador), né à Paris le 26 décembre 1798, décédé le 19 mars 1843. — Buste en marbre (H. 0 m 45). L'inscription funéraire est ainsi conçue : « A Salvador Barbier, à l'homme loyal et modeste, au professeur éclairé, au brave capitaine, ses camarades de la garde nationale. » Le monument de Barbier, érigé sur les dessins de *Baltard*, a été gravé par *L. Normand*[4]. (9e div.)

BERNAERTS (Jean-Baptiste), sculpteur, décédé le 25 février

1. *Architecture funéraire contemporaine*, etc., 2e section A, pl. xx.
2. Amoros, dans son testament, dit qu'il est « mort avec le regret de ne pas avoir assez fait pour la gymnastique à cause des obstacles qui lui ont toujours été opposés. »
3. *Architecture funéraire contemporaine*, 2e section C, pl. xii.
4. *Monuments funéraires*, etc., t. I, pl. v.

1874. — Buste en terre cuite (H. 0ᵐ 55) surmontant une stèle. (9ᵉ div.)

Desenne (Alexandre-Joseph), dessinateur, né à Paris le 1ᵉʳ janvier 1785, décédé le 30 janvier 1827. — Buste en bronze (H. 0ᵐ 50)[1]. Le monument de *Desenne* a été élevé par « sa famille et ses amis ». (3ᵉ div., 1ʳᵉ section.)

Dupré (Louis), peintre, né à Versailles le 9 janvier 1789, décédé à Paris le 13 octobre 1837. — Buste en marbre (H. 0ᵐ 45), placé dans un enfoncement pratiqué dans la face antérieure d'une stèle. (13ᵉ div.)

Langlois (Pierre), né en 1840, décédé en 1889. — Une stèle au sommet d'un tombeau est surmontée d'un buste en bronze (H. 0ᵐ 45). Signé : *Nansot, fondeur*. (6ᵉ div.)

Levasseur (Jossine), décédée à Paris le 29 mars 1862, à l'âge de 26 ans. — Buste en bronze (H. 0ᵐ 64). (8ᵉ div.)

Möller (Justine), décédée le 4 août 1888, à l'âge de 22 ans. — Buste en marbre (H. 0ᵐ 60). (6ᵉ div.)

Ribouillard (Frédéric), décédé le 18 janvier 1889, à l'âge de 59 ans. — Buste en bronze (H. 0ᵐ 20). — Figarol (Anna Ribouillard, Mᵐᵉ Léon), décédée le 4 juillet 1896, à l'âge de 44 ans. — Buste en plâtre teinté (H. 0ᵐ 25). Ces deux œuvres sont placées sur l'autel d'une chapelle. (11ᵉ div.)

Rigault de Beauvais (Mˡˡᵉ Florentine Pascale), décédée le 25 juin 1838, à l'âge de 42 ans. — Buste en bronze (H. 0ᵐ 53). (9ᵉ div.)

IV. — MÉDAILLONS

Aublet (Henri-Hippolyte), chevalier de la Légion d'honneur, décédé le 19 novembre 1863, à l'âge de 56 ans. — Médaillon ovale en marbre (H. 0ᵐ 25. L. 0ᵐ 17). (2ᵉ div.)

Barbot (H.-J.), décédé à Florence le 10 août 1831, à l'âge de 23 ans. — Médaillon en marbre (Diam. 0ᵐ 25) encastré dans la face antérieure d'une stèle. (6ᵉ div.)

---

1. Ce buste a été modelé d'après le portrait de *Desenne*, gravé par *Henriquel-Dupont* (Renseignements fournis par M. Emile Desenne, 1ᵉʳ décembre 1897).

BAUDRAND (Reine-Marguerite LEVACHER, Mme), née le 8 décembre 1787, décédée le 4 novembre 1844. — Médaillon en marbre, placé sous verre (Diam. 0^m 21). Signé illisiblement. L'inscription funéraire nous apprend que c'est Michel-Antoine Baudrand qui a fait élever le « tombeau pour les réunir un jour à perpétuité »[1]. (13e div.)

BEAUMONT (Auguste), né en 1814, décédé en 1881. — Demi-ronde bosse en bronze (Diam. 0^m 42). Dans la partie supérieure du médaillon est gravé le nom d' « Auguste Beaumont »; à gauche, un compas, une équerre, un livre, une plume dans une écritoire; à droite, on lit : « Amour et patrie, les Francs-maçons, Ferdinand VII. » (18e div.)

BELŒUF (Jacques). — Pyramide triangulaire, en pierre; dans l'une des faces est encastré le médaillon en bronze de Belœuf (Diam. 0^m 19). Signé : *A. B. 1831*[2]. (13e div.)

BERNAUDA (Victor), sculpteur, né en 1823, décédé en 1840. — Médaillon en marbre (Diam. 0^m 34) décorant la face antérieure d'une stèle. (9e div.)

BONFILS (Philibert-Auguste), capitaine de vaisseau, gouverneur de la Guadeloupe, décédé à Paris le 5 juin 1871, à l'âge de 62 ans. — Médaillon en bronze (Diam. 0^m 16). Signé : *Camille D...* (7e div.)

BUGNON (Eugène-François-Abraham), chef d'institution, décédé le 9 octobre 1854, dans sa 52e année. — Médaillon en marbre blanc (Diam. 0^m 30) décorant la face antérieure d'une stèle. (13e div.)

CHAUDET (Antoine-Denis), sculpteur, né à Paris le 3 mars 1763, décédé le 19 avril 1810. — Stèle en marbre dans laquelle est sculpté le médaillon du statuaire (Diam. 0^m 32). Gravé par *L. Normand*[3]. (4e div., 1re section.)

CONSTANT-DUFEUX (Simon-Claude), architecte, né à Paris le 5 janvier 1801, décédé dans la même ville le 29 juil-

---

1. Baudrand est décédé le 15 mai 1859, à l'âge de 84 ans.
2. Peut-être *Auguste Barre* qui, au Salon de 1831, expose un médaillon sous le n° 2174 ?
3. *Monuments funéraires*, etc., t. II, pl. v et xl. — C'est par inadvertance que *Normand* indique ce monument comme étant au cimetière de l'Est.

let 1871. — Stèle se dressant au sommet d'un tombeau en pierre. Dans la face antérieure de la stèle est sculpté un médaillon (Diam. 0^m 50) représentant une femme ayant sur la tête une couronne murale ; elle est assise et tient dans sa main un groupe de trois statues debout ; devant elle est un autel romain. (11e div.)

DESEINE (Louis-Pierre), statuaire et écrivain, né à Paris le 20 juillet 1749, décédé dans la même ville le 11 octobre 1822. — Médaillon en marbre (Diam. 0^m 40) encastré dans une stèle en pierre. (3e div., 1re section.)

CHOMETTE (Anna). — Médaillon en bronze (Diam. 0^m 33). Le tombeau d'Anna Chomette lui a été érigé par « ses amis ». (8e div.)

COINY (Joseph), graveur, né à Paris en septembre 1795, décédé en août 1829. — Médaillon en marbre (Diam. 0^m 39), sculpté dans la face antérieure d'une stèle. L'inscription suivante est gravée au-dessous du médaillon : « Sa mère, Marie-Amélie Legouaz, née le 23 juin 1772, qui lui a élevé ce monument, est venue l'y rejoindre le 2 décembre 1840. » (1re div., 1re section.)

FOLLIN (François-Anthyme-Eugène), membre de l'Académie de médecine, président de la société impériale de chirurgie, professeur agrégé à la Faculté de médecine, chirurgien de l'hôpital Cochin, né à Harfleur (Seine-Inférieure) le 25 novembre 1823, décédé le 21 mai 1867. — Médaillon en bronze (Diam. 0^m 45). (4e div., 2e section.)

GANNAL (Jean-Nicolas), chimiste, né à Sarrelouis le 28 juillet 1791, décédé à Paris le 13 janvier 1852. — Demi-ronde bosse en bronze (H. 0^m 25). (10e div.)

GÉRARD (Aimée-Louise-Marie BERTHEMET, Mme), décédée le 31 janvier 1874, dans sa 19e année. — Médaillon en marbre (Diam. 0^m 21). (9e div.)

GUÉNEAU DE MUSSY (Jeanne), née GAUTIER, décédée à Paris le 25 décembre 1880, à l'âge de 29 ans. — Médaillon en marbre blanc (Diam. 0^m 25). (1re div., 1re section.)

La Neuville (Casimir-Benigne-Jean de), intendant militaire, né à Versailles le 8 août 1779, décédé à Paris le 24 juin 1858. — Médaillon en plâtre (Diam. 0ᵐ 25) placé dans une chapelle. (3ᵉ div., 2ᵉ section.)

Marchon (Marie-Augustine Dufrénoy, Mᵐᵉ), décédée le 18 janvier 1883, à l'âge de 34 ans. — Médaillon en bronze (Diam. 0ᵐ 36) encastré dans la face antérieure d'une stèle. (19ᵉ div.)

Olivier (Théodore), géomètre, « ancien élève de l'École polytechnique, professeur-fondateur de l'École centrale des arts et manufactures, du Conservatoire des arts et métiers », né à Lyon le 14 janvier 1793, décédé dans la même ville le 5 août 1853. — Médaillon en marbre blanc (Diam. 0ᵐ 40). Le monument d'Olivier lui a été érigé par « ses élèves et ses collègues. » (18ᵉ div.)

Perroux (Auguste-Jean-Baptiste), administrateur des contributions directes, officier de la Légion d'honneur, né le 24 août 1822, décédé le 19 août 1893. — Médaillon en bronze (Diam. 0ᵐ 30). (26ᵉ div.)

Pisan (Eliodore-Joseph), né en 1822, décédé en 1890. — Médaillon en bronze (Diam. 0ᵐ 40) encastré dans la face antérieure d'une stèle. Au-dessous, une palme. (11ᵉ div.)

Power (Jean-Charles), né le 11 janvier 1857, décédé le 5 avril 1876. — Médaillon en marbre blanc (Diam. 0ᵐ 19) encastré dans la face antérieure d'une stèle. (13ᵉ div.)

Taponier (Alexandre-Camille), lieutenant général, né le 2 février 1749, décédé le 15 avril 1831. — Médaillon en pierre (Diam. 0ᵐ 15) décorant la face antérieure d'une stèle. (3ᵉ div., 1ʳᵉ section.)

Verdier (Antoine-Marcel), peintre, né à Paris le 20 mai 1817, inhumé le 17 août 1856. — Chapelle dont le fronton est décoré du médaillon en stuc (Diam. 0ᵐ 45) de *Verdier*. Signé illisiblement. (13ᵉ div.)

V. — DIVERS

Borniol (Henri de). — Sur un tombeau en granit est placée une couronne de fleurs en bronze avec ruban sur lequel

on lit : « Offert à M. Henri de Borniol par son personnel. »
Une rose glisse sur la face antérieure du tombeau. (21e div.)

CAHIEUX (Henri), sculpteur ornemaniste, inhumé le
23 avril 1854, à l'âge de 28 ans. Tombeau en pierre au sommet duquel se dresse une stèle dont la face antérieure est décorée des attributs du sculpteur, d'une guirlande de fleurs et
d'une palme; un plateau et un vase sont sculptés en relief sur
le côté gauche. A la base de la stèle on lit : « A Henri Cahieux,
sa famille et ses amis. ». Ce monument, qui était très ravagé,
a été reconstruit d'après les dessins de *J.-L. Duc*, architecte [1].
Il a été gravé par *J. Huguenet* [2]. (10e div.)

PARIZOT (Charles-Louis), colonel d'artillerie, directeur
des fonderies de Turin, de Toulouse et de l'atelier de préci-
sion du dépôt central d'artillerie, né à Paris en 1783, décédé
à Paris le 18 juin 1846. — Pyramide octogonale tronquée
surmontée d'un hibou en bronze. (9e div.)

APPENDICE
PEINTURES, VERRIÈRES, MOSAÏQUES, ETC.

I

CIMETIÈRE DE L'EST
(*Le Père-Lachaise.*)

Bessac.

URTH (Famille). — Une chapelle, construite en porphyre et
en granit avec colonnes. Dans le fronton est un groupe en bronze
formé de deux anges agenouillés soutenant un écusson surmonté
d'un sablier. Les lettres U. S., traversées par une croix, sont gravées sur l'écusson. Le vitrail du fond de la chapelle représente
Jésus-Christ entouré de quatre de ses Apôtres. Ce vitrail a été
exécuté par *Bessac* [3]. (53e div.)

---

1. Voy. *Gazette des Beaux-Arts*, année 1879. 2e période, t. XIX, p. 441.
2. *Architecture funéraire contemporaine*, etc., 2e section A, pl. XI.
3. Renseignements fournis par M. Bilger, marbrier (10 septembre 1897).

Bidot (A.).

RICHARD (J.-M.), né à Lyon en 1802, décédé à Paris le 7 octobre 1868. — Son portrait peint sur porcelaine. Signé : *A. Bidot, 1869.* (69e div.)

Billard.

ADAM AÎNÉ (Famille). — Vitrail : Ange ailé au milieu de nuages indiquant le ciel du doigt ; sur le sol, quatre tombes simulées au pied d'un autel. Signé : *Billard à Paris, 1840.* (9e div.)

Brunois (A.)

HALLEY et LANDRY (Familles). — Vitrail : la Religion, assise, tenant un livre dans la main gauche et une croix dans la main droite. Signé : *A. Brunois, Paris.* (18e div.)

Chabin (H.).

DIENER (Famille). — Vitrail : Saint André, debout, tenant sa croix, par *H. Chabin.* Le tympan de la chapelle est décoré d'une composition en mosaïque, par *Facchina,* personnifiant la *Douleur* : jeune femme échevelée, affaissée au pied d'un monument funéraire ; elle entoure de son bras une colonne brisée. Sur le sol, une palette et des pinceaux, une lyre et une couronne d'immortelles. La chapelle, construite en 1886 sur les dessins de *V. Buisson,* architecte, se compose d'une arcade médiane en plein cintre flanquée de chaque côté de deux colonnes ioniques. Au-dessus de l'arcade et des colonnes, un entablement avec architrave, une frise avec cartouche à l'axe, orné de guirlandes. Le fronton triangulaire est surmonté d'une croix ornée et de quatre antéfixes Renaissance. A droite et à gauche de l'arcade maîtresse, bas-côtés avec demicalotte sphérique ; le tout élevé sur un socle en granit poli, en pierre de Commercy ; à chaque angle du socle est une jardinière refouillée dans le granit. Cette chapelle a été érigée à la mémoire d'André Diener, décédé le 11 octobre 1886, dans sa 20e année [1]. (95e div.)

Champigneulle (Ch.).

CHAGOT (Famille Oscar). — Vitrail : le Christ en croix. Signé : *Champigneulle. Paris.* (41e div.)

DEVIN (Famille G.). — Vitrail : la Vierge assise tenant l'Enfant Jésus sur ses genoux. Signé : *Champigneulle.* (42e div.)

Clermont (Hortense).

LEGRAND (Léontine-Marie-Louise), née le 11 décembre 1863,

----

1. Renseignements fournis par M. *V. Buisson,* architecte (22 juin 1897).

décédée le 18 août 1865. — Portrait sur porcelaine. Signé : *Hortense Clermont, 1886.* (46ᵉ div.)

Denis.

 EBRARD (Famille). — Vitraux : la Vierge et l'Enfant Jésus et saint Jean, par *Denis* [1]. (36ᵉ div.)

Galland (L. Jacques).

LE BERTRE (Famille Simon). — Au fond d'une chapelle est une mosaïque ayant pour sujet saint Michel, ailé, vêtu d'une cotte d'arme, la main droite posée sur une croix. Les deux côtés de la chapelle sont formés de vitraux représentant des fleurs, des feuillages, des plantes, etc., « d'après les dessins de *L. Jac. Galland, Paris, 1891.* » (36ᵉ div.)

Gilbert (A.).

DIRIQUEN-DUVAL (Famille). — Vitrail : la Mise au tombeau. Signé : *A. Gilbert.* (47ᵉ div.)

Gsell (Albert).

REISET (Louise-Clémence-Angélie PANTIN WILDER, veuve), inhumée le 20 novembre 1890. — Vitraux : celui du fond est divisé en deux parties. Dans la partie supérieure : Jésus posé sur des nuages tient le globe symbolique dans sa main gauche et montre le ciel de sa main droite ; de chaque côté du Christ est un ange agenouillé lui présentant l'éponge et la croix surmontée de la couronne d'épines. Signé : *A. G.* — Partie inférieure : saint André tenant sa croix est entouré de sainte Marie-Madeleine, de saint Hyacinthe et de sainte Philomène. Signé : *A. G.* Un troisième vitrail, à gauche, représente un portrait d'homme. Signé : *Albert Gsell, Paris, 1892.* (92ᵉ div.)

Lemal et Raquet.

APPEL, imprimeur-lithographe, décédé en 1882. — Vitrail : Jésus-Christ portant sa croix, par *Lemal* et *Raquet*. Le tympan de la chapelle est décoré d'un bas-relief en marbre représentant une veuve pleurant sur les cendres de son époux ; elle est à demi couchée et accoudée sur une urne funéraire ; à droite, un petit génie apporte des fleurs et une couronne d'immortelles ; près de lui, on voit une roue d'engrenage, un livre, des feuilles de papier, un rouleau d'imprimerie. La chapelle a été construite en 1882, sur les dessins de *V. Buisson*, architecte, en pierre de Commercy sur socle en granit poli. Elle se compose d'une arcade médiane en plein cintre

---

1. Renseignements fournis par M. Rocle, marbrier (5 septembre 1897).

avec traverse d'imposte en pierre ; la porte et l'imposte sont en bronze ciselé, flanquées de deux colonnes ioniques surmontées d'un entablement du même ordre avec cartouche à l'axe dans lequel est inscrit le nom de la famille ; le fronton est surmonté d'une croix et de quatre antéfixes Renaissance ; les bas-côtés de droite et de gauche sont demi-sphériques ; à chaque angle du socle il y a une jardinière refouillée dans le granit. Les vitraux des bas-côtés sont des grisailles. Les sculptures ont été exécutées par *Budlot*, de la maison Rouillère et Budlot. Cette chapelle a été érigée à la mémoire de « M. Appel, fondateur, en 1846, de l'imprimerie lithographique de ce nom [1] ». (71e div., 2e section.)

Levêque.

Say (Famille Constant). — Vitraux : saint Henry, saint André, saint Joseph et saint Jean-Baptiste. Signés : *Levêque, à Beauvais*. Trois statues en pied sont placées à l'intérieur de la chapelle. (26e div.)

Mathieu (Henri).

Adam (Famille Martial). — Vitrail : le Christ en croix. Signé : *H. Mathieu, 1891*. (92e div.)

Autz-Vivet et H. Hostein (Familles). — Vitrail : saint André. Signé : *H. M., 1893*. (79e div.)

Bacon (Famille). — Vitrail : Christ tenant l'évangile. Signé : *H. M., 1890*. (95e div.)

Bacquè (Famille). — Vitrail : saint Jean l'Évangéliste ayant son aigle à ses pieds. Signé : *Mathieu, 1890*. (36e div.)

Bain (Familles A. Imbertin et H.). — Vitrail : *Mater dolorosa*. A gauche, dans l'angle inférieur, on lit : *W. Bouguereau, 1877*. Signé à droite : *H. Mathieu, 1890*. (92e div.)

Baude (Famille Eugène). — Vitrail : saint Joseph. Signé : *H. Mathieu, 1887*. (81e div.)

Beau (Marie-Constance-Marguerite Badoulleau, Mme René), née le 20 juillet 1858, décédée le 7 mai 1891. — Vitrail : Vierge assise tenant l'Enfant Jésus sur ses genoux, d'après *Raphaël*. Signé : *Mathieu, 1891*. (36e div.)

Bedhet-Kauffmann (Famille). — Vitrail : la Résurrection de Jésus-Christ, d'après *Vanloo*. Signé : *H. M., 1894*. (82e div.)

Bessan (Famille A.). — Vitrail : Christ portant sa croix. Signé : *H. Mathieu, 1897*. (67e div.)

---

1. Renseignements fournis par M. *V. Buisson* (22 juin 1897).

ROBBIS-VERNET (Famille). — Vitraux : la Résurrection, d'après *Vanloo*; l'Ange de la mort; le Christ portant sa croix. Signés : *H. M., 1897.* (90e div.)

BOUDIN BAUDIER (Famille). — Vitrail : le Christ, d'après *Chazal*. Signé. *H. Mathieu, 1895.* (60e div.)

CHANTIER (Famille). — Vitrail-mosaïque : saint Paul. Signé : *H. M., 1894.* (92e div.)

CHARPENTIER (Famille). — Vitrail : la Vierge. Signé : *H. M., 1886.* (35e div.)

CLACQUESIN (Famille). — Vitrail : saint Alexandre. Signé : *H. M., 1894.* (72e div.)

COLLET (Famille). — Vitrail : Christ rédempteur et Vierge du Sacré-Cœur. Signé : *H. M., 1892.* (82e div.)

COUVREUR (Famille Louis). — Vitrail : Jésus-Christ, debout, pieds nus, indique le ciel du doigt de la main droite, pendant que de l'autre main il tient un livre fermé. Signé : *H. Mathieu, 1889.* (96e div.)

CURLIER (Famille Constant). — Vitrail : Jésus en croix. Signé : *H. Mathieu, 1894.* (96e div.)

DELAHOGUE et M. GUILLOUT (Famille). — Vitrail : Vierge immaculée avec fleurs d'orchidée. Signé : *H. M., 1895.* (89e div.)

DELAUNAY (Familles VERON et). — Vitrail : la Descente de croix. Signé : *H. Mathieu.* (96e div.)

DEMONJAY (Famille). — Vitrail : Christ vu à mi-corps serrant un livre sur son cœur et indiquant le ciel du doigt de la main droite. Signé : *Mathieu.* (36e div.)

DEMOUVEAUX (Marie BECKER, femme), décédée le 13 novembre 1890, à l'âge de 51 ans. — Vitrail : la Vierge à la chaise, d'après *Raphaël.* Signé : *H. Mathieu.* (10e div.)

DESFONTAINES (Famille Ch.). — Vitrail : Christ en croix. Signé : *H. M., 1896.* (74e div.)

DESHAYES (Famille). — Vitrail : Jésus en croix. Signé : *H. Mathieu, 1890.* (41e div.)

DUCHÈNE (Famille Julien). — Vitrail : le Christ en croix. Signé : *H. M., 1896.* (92e div.)

DURAND (Famille Victor). — Vitrail : le Christ en croix, d'après Le Brun. Signé : *H. Mathieu, 1889.* (41e div.)

DURAND-NERET (Famille). — Vitrail : trois portraits. Signé : *H. M., 1894.* (79e div.)

FINET (Famille). — Vitrail : un portrait avec emblèmes symboliques. Signé : *H. Mathieu, 1897.* (81e div.)

FLAVIEN (Famille). — Vitrail : un portrait de femme. Signé : *H. M., 1888.* (74e div.)

FOSSIER (Famille). — Vitrail : la Sainte Famille. Signé : *H. M., 1894.* (72e div.)

FROIDEAU (Famille F.). — Vitrail : Jésus en croix. Signé : *H. Mathieu, 1891.* (96e div.)

GARBE (Famille E. V.). — Vitraux-mosaïque : le Sacré-Cœur; la Vierge au Scapulaire. Signés : *H. M., 1894.* (92e div.)

GASSIER et RUÉ (Familles). — Le Christ en croix. Signé : *H. Mathieu.* (2e div., 2e section.)

GIBAULT (Famille). — Vitrail : la Vierge à la chaise, d'après *Raphaël* : Signé : *H. Mathieu, 1886.* (35e div.)

GIDOIN et ALLIÈS (Familles). — Vitrail : saint Vincent de Paul tenant un enfant dans ses bras ; un deuxième enfant est debout à sa gauche. Signé : *H. Mathieu, 1891.* (92e div.)

GIOJUZZA (Famille). — Vitrail : saint Joseph debout, tenant d'une main un livre et de l'autre une branche de lis. Signé : *H. Mathieu.* (31e div.)

GROS (Famille). — Vitrail : saint Pierre. Signé : *H. M., 1894.* (92e div.)

GUSTINE-CHEVALIER (Famille). — Trois vitraux : au fond, saint Léon. Signé : *H. Mathieu, 1894*; à gauche, sainte Philomène ; à droite, saint Louis portant la couronne d'épines. (24e div.)

JUPOT et GAND (Familles). — Vitrail : sainte Cécile, d'après *Mignard.* Signé : *H. Mathieu.* (36e div.)

KRAFFT (Famille Albert). — Vitraux : sainte Marie et sainte Sophie. Signés : *H. Mathieu.* (70e div.)

LAUMONIER (Famille). — Vitrail : Christ en croix. Signé : *H. M., 1895.* (82e div.)

LEMASSON-GIMENEZ (Famille). — Vitrail : Notre-Dame de Lourdes. Signé : *H. Mathieu, 1885.* (95e div.)

LE SÈVE (Famille). — Vitrail : la Vierge et l'Enfant Jésus, d'après *Raphaël.* Signé : *H. Mathieu, 1892.* (82e div.)

LE VILLAIN (Famille Albert). — Vitrail : Jésus en croix. Signé : *H. Mathieu, 1893.* (96e div.)

LIANDIER (Famille J.). — Vitrail : Jésus-Christ est posé sur des nuages ; du doigt de la main droite, il indique le ciel, pendant que de l'autre main il tient la croix. D'après *Chazal*. Signé : *H. Mathieu, 1891.* (2ᵉ div., 1ʳᵉ section.)

LOYER (Famille L.). — Vitrail : *Mater dolorosa,* d'après *Bouguereau.* Signé : *H. Mathieu, 1889.* (45ᵉ div.)

MANIN-NAVARRON (Famille). — Vitrail : Christ en croix. Signé : *H Mathieu.* (32ᵉ div., 2ᵉ section).

MARCHADE (Famille Daniel). — Vitrail : Vierge des victoires. Signé : *H. M., 1893.* (79ᵉ div.)

MARCHEIX (Famille François). — Vitrail : Christ en croix. Signé : *H. Mathieu, 1897.* (68ᵉ div.)

MIELLE (Famille). — Vitrail : l'Immaculée Conception, d'après *Murillo.* Signé : *H. Mathieu, 1897.* (79ᵉ div.)

MINOT (Famille). — Vitrail : saint Paul. Signé : *H. M., 1894.* (82ᵉ div.)

MINOT-TANTARD (Familles J.). — Vitrail : la Vierge, posée sur un croissant, est entourée de petits anges. Signé : *H. Mathieu,* d'après *Murillo.* (28ᵉ div.)

MORRETTE (Famille). — Vitrail : la Résurrection du Christ, d'après *Vanloo.* Signé : *H. M., 1896.* (95ᵉ div.)

OLLIVIER-BALDY (Famille). — Vitrail : la Vierge du Rosaire. Signé : *H. M., 1897.* (64ᵉ div.)

OUTREY (Famille). — Vitrail : Christ tenant l'évangile. Signé : *H. Mathieu, 1892.* (82ᵉ div.)

PAQUIGNON et PELLARD (Familles). — Vitrail : Christ en croix, d'après Le Brun. Signé : *H. M., 1896.* (85ᵉ div.)

PLESSIS (Léon), décédé le 20 avril 1887, à l'âge de 55 ans. — Vitrail : saint Léon. Signé : *H. Mathieu, 1887.* (9ᵉ div.)

POPELIN-LELOIR (Famille). — Vitrail : Notre-Dame des Victoires. Signé : *H. Mathieu, 1896.* (19ᵉ div.)

RAYNARD (Hippolyte-Vonlatum), artiste dramatique, décédé le 17 mai 1887, à l'âge de 59 ans. — Vitrail : Assomption de la Vierge, d'après *Murillo.* Signé : *H. Mathieu, 1890.* (41ᵉ div.)

RAYNAUD (Marie-Hortense VALLADE, veuve). — Vitrail : Assomption de la Vierge, d'après *Murillo* ; le Christ en croix. Ce dernier vitrail est signé : *H. Mathieu, 1890.* (92ᵉ div.)

RENDON (Famille). — Vitrail : Vierge de *Las Mercedes.* Signé : *H. Mathieu, 1875.* (48ᵉ div.)

ROBERT-FLEURY, peintre. — Vitrail : saint Louis portant la couronne d'épines. Signé : *H. Mathieu, 1890.* (68ᵉ div.)

Rossignol (Famille E.-D.). — Vitrail : Notre-Dame des Victoires. Signé : *H. Mathieu, 1890.* (92ᵉ div.)

Roubaudi (Famille). — Trois vitraux : Assomption de la Vierge, d'après *Murillo*. — Signé : *H. Mathieu, 1890.* Une *Pieta* ; le Christ en croix. (92ᵉ div.)

Rousseau (Famille). — Vitrail : Annonciation de la Vierge. Signé : *H. Mathieu, 1890.* La chapelle a été construite sur les dessins de *Em. Garot*, architecte. (92ᵉ div.)

Roussel et Leturey (Famille). — Vitrail : le Christ en croix. Signé : *H. Mathieu, 1896.* (60ᵉ div.)

Royou (Famille de). — Vitrail : Notre-Dame des Victoires. Signé : *H. Mathieu, 1890.* (92ᵉ div.)

Soucaille (Famille). — Vitrail : la Résurrection de Jésus-Christ, d'après *Vanloo*. Signé : *H. M., 1894.* (79ᵉ div.)

Tarnier-Poudreau (Famille). — Vitrail : sainte Odette. Signé : *H. M., 1897.* (92ᵉ div.)

Thouin (Famille). — Vitrail : portrait de femme sous les traits de sainte Rosalie. Signé : *H. M., 1888.* (95ᵉ div.)

Thory-Frogier (Famille). — Vitrail : le Christ en croix, d'après Le Brun. Signé : *H. Mathieu, 1896.* (60ᵉ div.)

Uherik et Gambs (Famille). — Vitrail : saint Jacques, avec un portrait. Signé : *H. Mathieu, 1896.* (70ᵉ div.)

Vallat (Famille de). — Vitrail : Jésus-Christ montrant le ciel de la main droite et tenant la croix de la main gauche, d'après *Chazal*. Signé : *H. Mathieu, 1892.* (42ᵉ div.)

Vengoheckea (Famille). — Vitrail : le Sacré-Cœur de Jésus. Signé : *H. Mathieu, 1896.* (48ᵉ div.)

Verdier (Jean-Pierre), né à Avezac-Prat (Hautes-Pyrénées) le 17 février 1821, décédé à Bagnères-de-Bigorre le 25 août 1895. — Vitrail : saint Pierre, par *H. Mathieu.* (24ᵉ div.)

Vermond (Famille). — Vitrail : la Résurrection de Jésus-Christ, d'après *Vanloo*. Signé : *H. Mathieu, 1879.* (82ᵉ div.)

Plée (Henri).

Gillet et Vivenot (Familles). — Vitrail : saint Paul, debout, tenant une épée et le livre des épitres. Signé : *Henri Plée à Meaux.* (25ᵉ div.)

Ponsin (J.-A.).

Pécoud (Adèle Borg, Mᵐᵉ), décédée le 29 novembre 1884. — Vitrail : une jeune femme, en buste, se voilant la face. Signé : *J.-A. Ponsin.* (44ᵉ div.)

Rouvière.

Buret-Bréviaire (Sépulture). — Vitrail : ange ailé posant une main sur l'épaule d'un enfant debout et de l'autre lui montrant le ciel ; l'enfant tient une croix à laquelle est fixée une gourde ; à droite de la composition, des fleurs et des arbustes d'où sort un serpent qui menace l'enfant. Signé : *Rouvière*. (9ᵉ div.)

Franchi-Alfaro (Famille de Francisco de). — Vitrail : Vierge couronnée tenant l'Enfant Jésus posé debout sur le globe symbolique. Signé : *Rouvière*. (86ᵉ div.)

Gardet (Famille). — Vitrail : Jésus portant sa croix. Signé : *Rouvière*. (57ᵉ div.)

Harismendy (Famille). — Vitrail : saint Jean dans le désert. Signé : *Rouvière*. (34ᵉ div.)

Joigneaux (Famille). — Vitrail : le Christ en croix. Signé : *Rouvière aîné*. (82ᵉ div.)

Letellier (Famille). — Vitrail : la Vierge assise, tenant l'Enfant Jésus dans ses bras. Signé : *Rouvière*. (54ᵉ div.)

Petit-Rolland (Famille). — Vitrail : la Vierge à la chaise. Signé : *Rouvière*. (62ᵉ div.)

Vantillard (J.).

Delacroix (Victor-Paul), né à La Ferté-Milon le 15 septembre 1823, décédé à Paris le 17 avril 1877, et Juliette Delacroix, née à Paris, le 2 janvier 1830, décédée dans la même ville le 3 juillet 1895. — Vitrail : la Sainte Famille : la Vierge, ayant à sa droite saint Joseph debout, tient l'Enfant Jésus sur ses genoux, pendant que saint Jean présente à l'Enfant une banderole. Signé : *J. Vantillard, 1883*. (85ᵉ div.)

Delmas et Fortin (Familles). — Vitrail : la Sainte Famille, par *Vantillard*. (9ᵉ div.)

Masure (Famille L.) — Vitrail : la Résurrection. Signé : *J. Vantillard*. (92ᵉ div.)

Orban-Saunier (Famille). — Vitrail : la Sainte Famille. Signé : *J. Vantillard, 1880*. (62ᵉ div.)

Renaudet (Famille). — Vitraux : Saint André, saint Augustin et trois portraits. Signés : *Vantillard*. (57ᵉ div.)

Suzor (Famille). — Vitrail : le Christ en croix. Signé : *Vantillard*. (36ᵉ div.)

Vedrine (Louis).

Bonin (Pierre), décédé le 14 avril 1886, dans sa 59ᵉ année, et

Léon Hubert Bonin, décédé le 3 octobre 1889, dans sa 27ᵉ année. — Leurs deux portraits peints sur porcelaine. Signés : *L. Vedrine, 1890.* (53ᵉ div.)

Vuy (Anne-Sophie Hédouin), décédée le 2 mars 1819, à l'âge de 22 ans. — Son portrait peint sur marbre (Diam. 0 ᵐ 15). *Non signé.* (35ᵉ div.)

II

CIMETIÈRE DU NORD

(*Montmartre.*)

Champigneulle (Charles).

Demuy-Badé (Famille). — Vitrail : Vierge assise, tenant l'Enfant Jésus sur ses genoux, par *Champigneulle*, d'après *Hébert* [1]. (31ᵉ div.)

Terrillon (le docteur Octave). — Vitrail : une Mère de douleur. Signé : *Ch. Champigneulle à Paris.* La chapelle a été construite en 1897, d'après les dessins de *E. Popinot*, architecte. (21ᵉ div.)

Fassy.

Prestat, Guérin et Vautrin (Familles). — Vitrail représentant un portrait de femme, par *Fassy* [2]. (28ᵉ div.)

Lecart (F.).

Leprevost (Famille H.). — Vitrail : saint Pierre tenant les clefs d'une main et montrant le ciel de l'autre main. Signé : *F. Lecart.* (1ʳᵉ div.)

Mathieu (Henri).

Fèvre (Famille Th. et Louis). — Vitrail : la Vierge Mère. Signé : *H. Mathieu.* (27ᵉ div.)

Oudinot de la Faverie (Eugène-Amédée-Stanislas).

Vitet (Famille Louis). — Vitrail : portrait de femme exécuté par *Oudinot* en 1860 [3]. (19ᵉ div.)

Vantillard (J.).

Belhomme, Drache et Jarlot (Familles). — Vitrail : la Résurrection. Signé : *J. Vantillard, Paris.* (11ᵉ div.)

---

1. Renseignements fournis par M. Desclers, marbrier (15 octobre 1897).
2. *Fassy*, peintre-verrier, habite Nice. — Renseignements fournis par M. Lhoste, marbrier (15 octobre 1897).
3. Renseignements fournis par M. Lhoste, marbrier (15 octobre 1897).

MARTIN et THUILLIER (Familles). — Vitrail : Vierge couronnée tenant l'Enfant Jésus sur son bras. Signé : *J. Vantillard, Paris.* (22ᵉ div.)

SCOTTI (Michelle), née à Pietroburgo le 27 octobre 1814, décédée à Paris le 21 février 1861. — Médaillon en mosaïque représentant une *Tête de Vierge* (Diam. 0ᵐ 18). *Non signé.* (22ᵉ div.)

III

CIMETIÈRE DU SUD

(*Montparnasse.*)

Bidon (A. de).

VAUX-BIDON (J.-B. Albert de), décédé le 11 juillet 1874, à l'âge de 69 ans. — La Mise au tombeau, peinture sur porcelaine. Signée : *A. de Bidon, 1880.* (11ᵉ div.)

Champigneulle (Charles).

VILLIERS (Henri-Charles de), artiste peintre, né à Paris le 1ᵉʳ janvier 1848, décédé dans la même ville le 2 juillet 1868, et Prosper-Hyacinthe de VILLIERS, artiste peintre, né à Paris, le 13 novembre 1816, décédé dans la même ville le 7 décembre 1879. — Vitrail : Assomption de la Vierge. Signé : *Ch. Champigneulle, de Paris.* (3ᵉ div., 1ʳᵉ section.)

REMY-ROBEQUIN (Famille). — Vitrail : la Sainte Famille. Signé : *Ch. Champigneulle.* La chapelle a été érigée sur les dessins de *G. Bowé*, architecte. (17ᵉ div.)

Deck (H.).

DREYFUS (Mᵐᵉ Paul), décédée le 29 décembre 1893, à l'âge de 21 ans. — Tombeau composé d'une stèle et d'une pierre tumulaire. Ce tombeau, en granit, est incrusté de fleurs en céramique portant la signature *H. Deck.* (25ᵉ div.)

Fillez.

BERGER (Georges-Armand), décédé à Paris le 26 mars 1896, dans sa 18ᵉ année. — Son portrait lithographié. Signé : *Fillez.* (25ᵉ div.)

François (V.).

THERNAY et DESCROUX (Familles). — Vitrail : Sainte Agathe. Signé : *V. François, Paris.* (17ᵉ div.)

Gebel (Ch.).

BASTIER (Famille). — Vitrail : jeune fille gardant son troupeau. Signé : *Ch. Gebel, 1875.* (8ᵉ div.)

GUÉRIN, décédé le 27 juin 1879, à l'âge de 62 ans. — Vitrail : la Sainte Famille. Signé : *Ch. Gebel.* (18ᵉ div.)

DESMADRYL-ELLIES (Familles). — Vitrail : la Sainte Famille : l'Enfant Jésus prend des fruits dans une corbeille que saint Joseph vient de poser sur les genoux de la Vierge assise. Signé : *Gebel, 1880.* (3ᵉ div., 1ʳᵉ section.)

Gsell (Ch.).

ROUX DE ROCHELLE (Famille). — Vitrail : Vierge couronnée tenant l'Enfant Jésus. Signé : *Ch. Gsell.* (15ᵉ div.)

Imlé (H.).

COMTE (Famille). — Vitrail : Christ en croix. Au-dessous on lit : *Bene scripsisti de me Thoma.* Signé : *H. Imlé.* (19ᵉ div.)

Latteux-Bazin.

HUBERT-PATIN. — Vitrail : Vierge tenant l'Enfant Jésus qui bénit. Signé : *Latteux Bazin, Mesnil Sᵗ Firmin (Oise), 1892.* (18ᵉ div.)

Lechevalier (H.).

LECHEVALIER (Paul), né en 1868, décédé en 1887. — Portrait au crayon placé sous verre (Diam. 0 ᵐ 55). Signé avec cette mention : *A la mémoire de son fils. H. Lechevalier, 1887.* (17ᵉ div.)

Mathieu (Henri).

MARQUELET (Pierre-Émile), décédé le 30 janvier 1888, dans sa 58ᵉ année. — Vitrail : le Christ en croix. Signé : *H. Mathieu, 1888.* (6ᵉ div.)

Rouvière.

LA BEAUME DE TARTERON. — Vitrail : la Résurrection. Signé : *Hʳⁱ Rouvière.* (18ᵉ div.)

BAYARD, DARGENT et CORNET (Familles). — Vitrail : le Christ en croix. Signé : *Rouvière jeune.* (1ʳᵉ div., 1ʳᵉ section.)

Vantillard (J.).

JENTY (Famille). — Vitrail : le Christ en croix. Signé : *J. Vantillard.* (9ᵉ div.)

ADDITIONS ET CORRECTIONS

I

ADDITIONS

(*Le Père-Lachaise.*)

BONNARDEL.

W ALFERDIN (Hippolyte), représentant du peuple (Haute-Marne) en 1848, né en 1795, décédé en 1880. — Buste en marbre blanc (0ᵐ 57), par *Bonnardel*, de Nice [1]. (24ᵉ div.)

DAMÉ (Ernest).

R ASPAIL (Émile), ingénieur civil, maire d'Arcueil-Cachan (Seine), né à Paris le 7 mai 1831, décédé à Arcueil le 9 juin 1887. — Monument de caractère étrusque. Il est composé d'un soubassement en granit de Vire, de forme rectangulaire, couronné d'un attique orné de pilastres. Une corniche avec frise comprenant des motifs sculptés se rattachant à la flore médicinale contourne le monument. Un sarcophage avec couronne pose sur le soubassement. La porte du caveau est en bronze ; elle a été exécutée par *E. Legrain* sur les dessins d'*Ulysse Gravigny*, architecte de ce monument, qui a été érigé en 1894[2]. A l'intérieur du monument est placé le buste en bronze (H. 0ᵐ 60) de Raspail. Ce buste, exécuté en 1894, est l'œuvre de *E. Damé*[3]. (18ᵉ div.)

FONTAINE (Emmanuel).

L A P OMMERAYE (Pierre-Henri-Victor B ERDALLE de), littérateur, journaliste et conférencier, né à Rouen le 20 octobre 1839, décédé à Paris le 23 décembre 1891. — Tombe au sommet de laquelle se dresse une stèle en pierre avec socle en saillie supportant le buste en bronze (H. 0ᵐ 60) de l'écrivain. Signé : *Fontaine, 1897*[4]. Au-dessous sont sculptées une palme et la croix d'officier de la Légion d'honneur. Dans un évasement pratiqué à la base de la stèle est encastré un bas-relief en bronze (H. 0ᵐ 35. L. 0ᵐ 63) représentant une salle de conférence : La Pommeraye, vu de dos, est debout

---

1. Renseignements fournis par *Gustave Deloye*, statuaire (25 octobre 1897).
2. Renseignements fournis par *U. Gravigny* (25 décembre 1897). — Il n'a encore été fait aucune inhumation dans ce tombeau. Les restes d'Émile Raspail, destinés à reposer sous ce monument, sont actuellement dans le caveau de son père, situé également dans la 18ᵉ division.
3. Le modèle en plâtre de ce buste est la propriété du statuaire. — Renseignements fournis par *E. Damé* (21 décembre 1897).
4. Ce buste a été exposé au Salon de 1897 sous le nᵒ 2941.

devant une table; le conférencier fait un geste explicatif de la main droite; l'assistance est nombreuse. Signé : *Emm. Fontaine.* L'inscription suivante est gravée sur la pierre tumulaire : « A Henri de La Pommeraye, l'Association polytechnique, la Société amicale des anciens élèves, ses amis, 1839-1891. » Ce monument, érigé d'après les dessins de *F.-E.-G. Delmas*, architecte, a été inauguré le 21 novembre 1897. (6e div.)

(*Montmartre.*)

COLIN (Louis-Alphonse-Georges).

CARTON (Georges), « chevalier de la Légion d'honneur, président de la société de protection mutuelle des voyageurs de commerce », né en 1851, décédé en 1896. — Tombeau en granit au sommet duquel s'élève une haute stèle, également en granit, surmontée du buste en bronze (H. 0^m 80 environ) de G. Carton. Signé : *Colin, 1897.* Une branche de chêne et une palme en bronze sont fixées dans la partie supérieure de la stèle. A la base est gravé : « Monument élevé par souscription. Ses collègues, ses amis. » Ce monument, inauguré le 14 novembre 1897, a été élevé sur les dessins de *Cadours*, architecte. (9e div.)

GRANET (Pierre).

LEMAITRE (Frédéric), artiste dramatique, né au Havre le 9 juillet 1800, décédé à Paris le 26 janvier 1876. — Tombe horizontale au sommet de laquelle se dresse une stèle quadrangulaire en granit surmontée du buste en plâtre (H. 0^m 80) de l'artiste dramatique, par *Pierre Granet.* Le monument de *Frédéric Lemaître* lui est élevé, au moyen d'une souscription, par « ses amis et ses admirateurs [1]. » (28e div.)

II

CORRECTIONS

P. 35, l. 26. GUÉRINOT (Antoine-Gaëtan). — La statue symbolisant l'*Architecture* qui décore son tombeau a été exposée au Salon de 1893 sous le n° 2544.

P. 67, l. 9. BAZIN (François-Emmanuel-Joseph). — Son buste a été exposé au Salon de 1879 sous le n° 4980.

P. 81, l. 35. Au lieu de *Fromangerit*, lisez : *Fromanger.*

P. 104, l. 5. Au lieu de retraite, lisez : saillie.

---

1. Lors de l'inauguration du monument de *Frédéric Lemaître*, qui doit avoir lieu dans le courant du mois de janvier 1898, le modèle en plâtre sera remplacé par un buste en bronze. — Voy. le *Moniteur des arts* du 17 décembre 1897.

P. 112, l. 25. MICHELET (Jules). — Le modèle du bas-relief qui décore son monument a été exposé au Salon de 1879 sous le n° 5227.

P. 117, lig. 8. MORIS (Mme). — Le modèle du groupe en bronze qui décore son tombeau a été exposé au Salon de 1877 (n° 4025) sous le titre : « Dernier Adieu. »

P. 140, lig. 7. Au lieu de Vernier (Émile-Séraphine), lisez : Vernier (Émile-Séraphin).

P. 153, lig. 25. BRONGNIART (Alexandre-Théodore). — Le bas-relief allégorique de l'*Architecture* est de *Charles-Rémi Laitié*, et la sculpture décorative a été exécutée par *Joseph-Antoine Romagnesi*. Le monument entier a été dessiné par *Hippolyte Le Bas*. Brongniart est l'auteur du plan du cimetière du Père-Lachaise, antérieurement cimetière de Mont-Louis [1].

P. 154, lig. 2. BRONGNIART (Alexandre). — Au lieu de « Vase en bronze », lisez : Vase en biscuit. Ce vase est une reproduction faite à la Manufacture de Sèvres d'un vase antique dans le col duquel on a incrusté une réduction du médaillon de Brongniart par *David d'Angers* [2].

P. 156, lig. 27. MOLZ (Famille Henry). — La chapelle est située dans la 54ᵉ division. Le bas-relief qui la décore a été exécuté par *François-Laurent Rolard* [3].

P. 162, lig. 29. PRAZMOWSKI (Adam). — Son médaillon a été exécuté par *Ladislas Marcinkowski* [4].

P. 165, lig. 29. PEZON (Famille). Le groupe qui surmonte le monument de la famille Pezon a été exécuté par *Prosper Lecourtier* [5].

P. 166, lig. 28. Au lieu de Astruc (Astruc), lisez : Astruc (Zacharie).

P. 181, lig. 29. Au lieu de retraite, lisez : saillie.

P. 207, lig. 24. FOUASSIER (Mme). — Le médaillon qui décore son tombeau a été exécuté par *Alphonse Barthélemy Barthez*. Comme on le verra plus haut, nous n'avons pas osé être affirmatif dans notre texte. Un renseignement tardif nous autorise à préciser le fait [6].

P. 260, lig. 30. GÉRARD (Mme). — Le médaillon qui décore son tombeau a été exécuté par *Edmond-Léon Perrault* [7].

HENRY JOUIN.

---

1. Renseignements fournis par M. Edouard Brongniart (1ᵉʳ février 1898).
2. Renseignements fournis par le même.
3. Renseignements fournis par F.-L. *Rolard*, statuaire (23 novembre 1897).
4. Renseignements fournis par le docteur Lewenhard (10 décembre 1897).
5. Renseignements fournis par M A. Pezon fils (25 novembre 1897).
6. Renseignement fourni par Mme Villemain, née Fouassier (31 décembre 1897).
7. Renseignements fournis par Mme veuve Gérard (24 décembre 1897).

LE JOUR DE L'AN DES TRÉPASSÉS

Vous n'y avez peut-être jamais songé. L'un des jours que nous préférons dans l'année est celui où ceux qui nous sont chers s'acheminent le front souriant vers notre demeure. Dès qu'ils apparaissent, nous nous levons joyeux, les mains tendues pour les bien accueillir. La meilleure place au coin du foyer leur est offerte, et les souhaits de santé, de succès, de bonheur sont échangés. Puis vient le tour des souvenirs. On évoque le passé ; on revit sa jeunesse, on compte les disparus !

Les disparus ! La liste en est longue. Grande est leur foule ! Où sont-ils ? A pareille date, il y a un an, ils étaient des nôtres, mais le fatal billet ourlé de noir s'est un jour glissé dans notre courrier du matin, et depuis lors un frère, un ami, un maître a cessé de se mêler aux vivants ; il est allé grossir la foule mystérieuse des absents.

> Où vivent-ils ? Quel astre à leur paupière
> Répand un jour plus durable et plus doux ?
> Vont-ils peupler ces îles de lumière ?
> Ou planent-ils entre le ciel et nous ?

Ainsi parle Lamartine, le poëte sans rival dans l'expression de la douleur. Au surplus, Lamartine n'a pas eu en ce siècle le privilège des appels douloureux en faveur des êtres pleurés. Victor Hugo, s'adressant à sa fille, n'a-t-il pas écrit ces vers à jamais célèbres :

> Oh ! dis-moi, quand tu vas, jeune, et déjà pensive,
> Errer au bord d'un flot qui se plaint sur sa rive,
> Sous des arbres dont l'ombre emplit l'âme d'effroi,
> Parfois, dans les soupirs de l'onde et de la brise,
> N'entends-tu pas de souffle et de voix qui te dise :
> — Enfant ! quand vous prierez, prierez-vous pas pour moi ?

C'est la plainte des morts ! — Les morts pour qui l'on prie
Ont sur leur lit de terre une herbe plus fleurie.
Nul démon ne leur jette un sourire moqueur.
Ceux qu'on oublie, hélas ! — leur nuit est froide et sombre,
Toujours quelque arbre affreux, qui les tient sous son ombre,
Leur plonge sans pitié ses racines au cœur !

Comment pourrions-nous oublier après une pareille supplication ! L'homme de cœur a donc cherché à rétablir, au profit des morts, une coutume chère aux vivants, et c'est à la date du 2 novembre qu'il a fixé le « Jour de l'an des Trépassés ».

Ce jour-là, vous le pensez bien, je me suis mis en devoir d'aller rendre visite aux maîtres de tout ordre, aux artistes dont les toiles ou les marbres sont l'enchantement durable de nos yeux ; à ceux qui ont rythmé le rire ou les larmes dans des pages inoubliables, aux interprètes du poète et du musicien, traducteurs de la pensée des maîtres.

Au moment où je me disposais à entreprendre mon triste pèlerinage, un feuillet jauni par le temps me tomba sous la main. Je transcris ici ce feuillet d'une époque déjà lointaine :

« M. Osiris vient de demander au préfet de la Seine l'autorisation de procéder, à ses frais, à divers travaux de construction ou de réparation de divers tombeaux d'hommes illustres qui reposent dans les cimetières parisiens et dont les sépultures sont « indignes de leur gloire », soit par leur état d'abandon, soit que rien ne les signale à l'attention de la postérité. Telles sont par exemple, au cimetière de l'Est : celles de Bellini, Grétry, Méhul, Delille, Laharpe, Boufflers, la Dugazon, la Raucourt, la Duchesnoy, Prud'hon, Lakanal, Fourcroy, l'abbé Sicard, celles des maréchaux Serrurier et Perignon, des frères Lameth, Camille Jordan, Tallien et de Sèze. Au cimetière du Sud : les tombes de l'abbé Grégoire et de Rude. Au cimetière d'Auteuil : celle du savant Legendre. Le préfet accorde à M. Osiris, avec quelques réserves administratives, l'autorisation demandée. »

A une époque plus ancienne, en 1879, si je ne me trompe, M. Charles Gueullette s'était inquiété de l'oubli qui s'était fait autour de la tombe de Prud'hon. Notre confrère avait dû procéder à une enquête presque laborieuse pour retrouver cette tombe sur laquelle n'est inscrit aucun nom. La patience, la ténacité de M. Gueullette lui font honneur, aussi je le laisse parler lui-même :

« Voici ce que je copiai sur les registres du cimetière :
« 1822. — Du 27 mars, acquis par Pierre-Paul Prud'hon,
« peintre d'histoire, un terrain, n° 14870, 29ᵉ division, à
« 8 mètres de l'allée du Dragon, à l'entrée, sur la droite, à
« 3 mètres d'Hippolyte. — Réuni au n° 12792 : Demoiselle
« Mayer Lamartinière, Marie-Françoise-Constance, âgée de
« 46 ans. — 4 mètres. »

« Le document était précis et m'apprenait déjà que les deux corps avaient été « réunis » dans le même terrain ; mais il me restait à connaître s'il existait un monument, et je me fis montrer, dans l'espoir d'y trouver un indice, la liste alphabétique de toutes les tombes : pas une n'est inscrite au nom de Prud'hon, ni à celui de Mˡˡᵉ Mayer. Je n'hésitai point alors à me rendre à l'allée du Dragon, où je rencontrai sans peine la 29ᵉ division. Mais là devaient se présenter de nouvelles difficultés : toutes les tombes que je consultai successivement portent des inscriptions étrangères à mes recherches. Déjà je commençais à désespérer lorsque, précisément à l'endroit désigné sur le registre, mes yeux furent attirés par un mausolée très reconnaissable à sa couleur artistique. Un tilleul protège le monument de son tronc nerveux. Tout autour se dressent des arbres aux branches dépouillées maintenant, mais qui l'ombragent, durant l'été, de leurs rameaux verts. Sur le soubassement, formé de pierres tout unies, repose un sarcophage d'une grande simplicité. Aucun ornement sur les façades ; sur les faces latérales, deux couronnes de chêne et de laurier, entrelacées dans leur cadre de pierre, désignent une double renommée ; une torche renversée de chaque côté des couronnes ; des palmettes d'angle entre chaque fronton ; sur les frontons latéraux, un sablier entre deux ailes, symbole de la nuit et de la mort ; sur les frontons principaux, une étoile, image de la lumière et de l'immortalité ; sur le couronnement, un chien qui incline légèrement la tête vers la gauche et entr'ouvre la gueule pour gémir. Nul doute ! j'étais devant le tombeau de Prud'hon, et le grand artiste, voulant dormir ignoré auprès de son amie, avait défendu qu'on y inscrivît son nom ou même un numéro d'ordre. »

Ainsi s'exprimait, il y a seize ans, M. Gueullette.

Ces révélations pénibles me dictaient l'itinéraire que je devais suivre moi-même; elles étaient un ordre. Je résolus de ne pas me mêler à la foule des visiteurs; il me parut plus digne de m'acheminer vers les oubliés. C'est donc au seuil des tombes délaissées que j'invite mon lecteur à m'accompagner.

Nous ne serons pas nombreux, cher lecteur, dans notre visite à la tombe de Prud'hon au cimetière du Père-Lachaise. L'absence d'inscription nuit au culte que seraient heureux de lui garder ses admirateurs s'il ne se dérobait à leurs hommages par une excessive modestie. Je demande, et vous penserez comme moi, que les noms à jamais aimés de Prud'hon et de Constance Mayer soient inscrits sur le monument qui renferme leurs restes.

A quelques pas, nous sommes chez Jean-Jacques Lagrenée. Vous connaissez comme moi son plafond de l'*Hiver* dans la Galerie d'Apollon, et son tableau *la Mélancolie* au Musée du Louvre. Hélas! Lagrenée n'a plus de tombe. Une simple borne portant le n° 32940 marque l'emplacement où il repose.

Dans un autre quartier, spécialement réservé aux peintres et aux musiciens, nous voici chez Vandaël, le peintre de fleurs justement célèbre au début du siècle. Il n'est que temps de sauver sa tombe.

Voici une grille à demi brisée, clôture ironique de l'espace occupé par la tombe de Vincent, peintre d'histoire, membre de l'ancienne Académie de peinture en 1782 et de l'Institut en 1795. Son *Zeuxis choisissant pour modèles les plus belles filles de la ville de Crotone* est connu. Ce qui l'est moins, c'est une lettre du 29 décembre 1812, écrite à Pierre-Jean David, qui, plus tard, s'appellera David d'Angers et qui, en ce moment, est pensionnaire de l'Académie de France. Dans cette lettre, Vincent annonce au jeune David qu'il prend soin des intérêts de son père, humble sculpteur sur bois, dont la situation touche au dénuement. Vincent ne se borna donc pas à être un peintre estimable : ce fut un homme de cœur.

Girodet, le peintre acclamé d'une époque disparue, l'auteur du *Sommeil d'Endymion*, d'*Une Scène du Déluge*, d'*Atala au tombeau*, est perdu dans notre nécropole parisienne. Encore un jour, encore une saison et la dalle brisée, souillée, déshonorée qui le recouvre ne protégera plus sa mémoire. Des pieds indifférents fouleront la dépouille du maître, moins respectée que celle de la fille des forêts dont il a rappelé les humbles funérailles avec une si pénétrante émotion.

Que veulent dire ces troncs coupés qui entourent la tombe de Grétry ? A quoi songent donc ceux qui ont ainsi dépouillé la dernière demeure de l'auteur applaudi de *Richard Cœur de lion*, mort en 1813 dans la délicieuse retraite de l'Ermitage, à Montmorency, jadis habitée par Jean-Jacques Rousseau ! Vite un peu d'ombre et de verdure au tombeau délaissé de Grétry !

Le plus bel éloge qui ait été fait de Grétry est signé de Méhul. Approchons-nous des restes de l'auteur inspiré du *Chant du Départ*. La tombe est dévastée. Le cippe qui la surmonte tient encore debout. Pour combien de jours ? La grille qui l'entourait est renversée. Indice douloureux. Et cependant Méhul a-t-il beaucoup de rivaux dans notre école ?

Les rangs se reforment dans le champ des morts. Lesueur, l'auteur des *Bardes*, le compositeur de la messe et du *Te Deum* qui furent exécutés lors du couronnement de Napoléon Ier, le successeur de Grétry à l'Institut, repose non loin de son émule. Son buste surmontait sa tombe. Ce n'est plus qu'une ruine informe. Qui prendra souci de cette œuvre d'art et de l'homme qu'elle rappelle ?

Le temps est une force aveugle, mais non moins aveugles parfois sont les hommes. Comment expliquer l'outrage perpétuel des visiteurs de la tombe de Bellini, l'auteur de *Norma*, si magnifiquement interprétée par la Malibran ? Bellini mort à trente-quatre ans, sans ennemis, tant son caractère aimable lui avait conquis d'universelles sympathies ! Je déchiffre cent noms d'oisifs sur ce tombeau ! Que me font ces signatures ridicules au crayon, à la plume, au canif ? Je ne veux pas les lire : elles me rendraient cruel pour leurs auteurs.

Les tombes de Panseron, de Gaveaux, deux compositeurs de second plan, s'effondrent dans le sol. L'architecte Bellangé n'aura bientôt plus de monument. Un arbre démesuré ronge l'entourage du tombeau de Mme Dugazon dont la jeunesse s'était prolongée au delà de la soixantième année. Nos pères nous ont dit le charme, la puissance, la passion de cette artiste consommée dans *Nina ou la folle par amour*. Elle faisait verser des larmes lorsqu'elle chantait la célèbre cantilène *Quand le bien-aimé reviendra*. Il y va de notre honneur : sauvons de la dévastation le dernier asile de cette femme de haut talent, afin de ne pas être taxés d'indifférence... quand le bien-aimé reviendra !

Molière, Marivaux, Beaumarchais m'invitent à chercher la tombe de Louise Contat, l'incomparable Suzanne du *Mariage de Figaro*. Je n'y parviens pas sans guide. Sa pierre est brisée ; les ronces me cachent un nom si souvent applaudi par un parterre enthousiaste.

Voici Clairon, dont la tombe, tardivement restaurée par les soins de la Comédie-Française, est ornée d'un médaillon modelé par M. Louis-Noël. A quelques pas est la place où sommeille Raucourt. C'est en vain que j'essaye d'approcher du buste de l'artiste que Dorat a qualifiée « la plus belle des Didons » : une véritable forêt défend l'abord du monument. La végétation jalouse forme un rempart autour de ce tombeau dont la trace se dérobe chaque jour davantage aux regards du curieux.

Au cimetière Montmartre, je cours à la tombe de Greuze et, chemin faisant, je me rappelle la mort désolée de ce peintre séduisant.

Arsène Houssaye, qui a raconté cette agonie d'un maître, poursuit en ces termes : « Une des filles de Greuze était morte avant lui, l'autre le pleura. Elle prit tout à la fois l'aiguille et le pinceau ; elle vécut seule sans autre secours, avec l'amitié de Mme de Valori. Toute pauvre qu'elle était, elle trouva assez de temps et d'argent pour cultiver la tombe de son père. Depuis l'aube printanière jusqu'aux premières gelées de l'automne, c'était un petit jardin égayé de roses : « Tant « que je vivrai, disait-elle, les roses refleuriront. »

Apparemment, la fille de Greuze est morte aujourd'hui, car il n'y a plus de roses sur la tombe de son père. Les broussailles l'ont envahie. C'est à grand'peine si le nom populaire du peintre de *la Cruche cassée* demeure visible.

Et Murger ! Murger dont on entoure d'hommages la riante effigie au Jardin du Luxembourg, qui donc sauvera de la ruine sa tombe décorée de la statue de la *Jeunesse* semant des fleurs ? Ce chef-d'œuvre d'Aimé Millet attend qu'une main secourable le délivre des lichens qui le corrodent.

Au cimetière du Sud, le sculpteur Deseine, un ancien membre de l'Académie royale de peinture, statuaire en titre du prince de Condé, dont les œuvres décorent Chantilly, la Chambre des Députés, l'église de Notre-Dame, la chapelle de Vincennes et vingt autres édifices, n'a plus sa tombe. Le marbre en est invisible ; la terre recouvre déjà les lettres de l'inscription lapidaire, et la grille, qui servait de limite à ce dernier abri d'un habile statuaire, se disloque sous la rouille.

Pourquoi Ferdinand Gaillard, le graveur prestigieux des portraits de Pie IX et de Léon XIII, décédé le 19 janvier 1887, n'a-t-il pas, après neuf années, son nom gravé sur la pierre qui recouvre sa dépouille ?

En revanche, un ami de Rude m'avertit que M. Osiris s'est trompé en réclamant de l'aide au profit de l'auteur du *Départ des Volontaires*. Sa tombe est respectée. Des mains fidèles en prennent soin.

A Montrouge, Oliva est moins heureux. Une croix de bois surmonte le tertre où ses amis l'ont déposé. Le bois n'a pas résisté. L'inscription peinte a pâli. De clôture, il reste à peine la trace. Et les herbes folles grandissent, effaçant le lieu où dort le sculpteur de tant de bustes remarqués : Parisis, Cazalas, Deguerry, Ventura, Gerbet, de Mercey, Fould, Lefuel, le cardinal Guibert, dont la statue se dressera tout à l'heure à Montmartre sous la main robuste d'un statuaire dont nous parlons plus haut, Louis-Noël, l'ami d'Oliva.

Je pourrais prolonger cette nomenclature attristée, ce dur pèlerinage aux tombes délaissées de nos artistes. Ce n'est là que l'ébauche d'une étude à faire, d'une cause à défendre et à gagner devant l'opinion.

Il y a cinq ans de cela, M. Henry Havard plaidait cette cause. Il demandait avec toute raison que les tombes abandonnées de nos hommes célèbres fussent classées par l'État à titre de monuments historiques, et il terminait ainsi son plaidoyer :

« La seule objection qu'on pourrait opposer à ce classement, c'est l'absence d'un crédit spécial. Bien qu'il semble difficile d'admettre que l'on ne puisse sur 1.300.000 francs prélever les dix ou quinze mille francs nécessaires, cette impossibilité ne serait même pas une excuse suffisante. Le vote du budget est prochain ; que le ministre sollicite de la Chambre le modeste subside indispensable à cette œuvre pieuse, il ne lui sera pas refusé ; — ou à défaut du ministre, toujours un peu suspect quand il réclame un crédit, qu'un député, dont les ancêtres glorieux reposent dans une de nos nécropoles, prenne l'initiative de cette demande. Il faudrait supposer le Parlement bien peu respectueux de nos gloires nationales pour penser qu'il puisse leur marchander l'hommage auquel elles ont droit. »

J'interroge des hommes politiques : ils m'assurent qu'aucune motion n'a encore été faite dans ce sens à la tribune. L'appel d'Henry Havard n'a pas trouvé d'écho.

Le silence gardé jusqu'ici se prolongera-t-il encore ? J'ai peine à le penser. Mais pendant que je remue ces cendres froides, que je heurte les tombes abandonnées de nos artisans de gloire, les vers toujours vrais du poète des *Feuilles d'automne* chantent dans ma mémoire :

> Voyageur ! voyageur ! Quelle est notre folie !
> Qui sait combien de morts à chaque heure on oublie,
> Des plus chers, des plus beaux ?
> Qui peut savoir combien toute douleur s'émousse,
> Et combien sur la terre un jour d'herbe qui pousse
> Efface de tombeaux !

Novembre 1895.

TABLE

PLANCHE

TEXTE

MÂCON, PROTAT FRÈRES, IMPRIMEURS